Das Rechnungswesen als Führungsinstrument

Lösungen

**Jürg Leimgruber
Urs Prochinig**

Das Rechnungswesen als Führungsinstrument

Lösungen

VERLAG:SKV

Dr. Jürg Leimgruber und Dr. Urs Prochinig sind Masters of Business Administration und Masters of Advanced Studies in Secondary and Higher Education. Nebst ihrem wissenschaftlichen Know-how verfügen die Autoren über langjährige Erfahrung als Dozenten in der Erwachsenenbildung, in der Unternehmensberatung und als Mitglieder zahlreicher Prüfungsgremien.

9. Auflage 2020

Jürg Leimgruber, Urs Prochinig: Das Rechnungswesen als Führungsinstrument

ISBN 978-3-286-33099-3

© Verlag SKV AG, Zürich
www.verlagskv.ch

Alle Rechte vorbehalten.
Ohne Genehmigung des Verlages ist es nicht gestattet, das Buch oder Teile daraus in irgendeiner Form zu reproduzieren.

Gestaltung: Peter Heim
Titelbild: Weg ins Licht von Benno Schulthess, Widen

Haben Sie Fragen, Anregungen oder Rückmeldungen?
Wir nehmen diese gerne per E-Mail an feedback@verlagskv.ch entgegen.

Vorwort zur 9. Auflage

Die 8. Auflage fand bei der Leserschaft eine sehr gute Aufnahme, sodass die Neuauflage praktisch keine Änderungen aufweist und im Unterricht problemlos mit der Vorauflage zusammen verwendet werden kann.

Die Aufgaben 23.06, 44.25 und 44.26 sind neu und ersetzen die bisherigen.

Der Lösungsband wurde erweitert um ergänzende Lösungshinweise zu fünf Finanzplänen und einigen Investitionsrechnungen.

Wir wünschen weiterhin viel Spass und Erfolg beim Lernen und Lehren.

Zürich, Sommer 2020   Die Autoren

Inhaltsverzeichnis

1. Teil	Geldflussrechnung	9
12	Geldflussrechnung	9
13	Finanzplanung	44

2. Teil	Bilanz- und Erfolgsanalyse	71
22	Aufbereitung des Zahlenmaterials	71
23	Bilanzbezogene Analyse	92
24	Erfolgsbezogene Analyse	102
25	Cashflow-Analyse	112
26	Aktivitäts-Analyse	117

3. Teil	Kostenrechnung	127
31	Einleitung	127
32	Fixe und variable Kosten, Break-even-Analyse	130
33	Divisionskalkulation	145
34	Zuschlagskalkulation	150
35	Deckungsbeitragsrechnung	192
36	Normalkostenrechnung	222

4. Teil	Investitionsrechnung	234
43	Statische Rechenverfahren	234
44	Dynamische Rechenverfahren	251
45	Cashflow-basierte Unternehmungsbewertung	274

12

1. Teil Geldflussrechnung

12.01

a) Die flüssigen Mittel umfassen das Bargeld in der Kasse, die sofort verfügbaren Gelder auf Bankkonten und andere Geldanlagen, die nur einem geringen Wertschwankungsrisiko unterliegen und sehr kurzfristig in Geld umgewandelt werden können:

Flüssige Mittel

Geld	Das sind die Zahlungsmittel, d.h. das Bargeld in der Kasse sowie die Sichtguthaben bei Banken.
Geldnahe Mittel +	Das sind die Zahlungsmitteläquivalente, d.h. rasch liquidierbare Geldanlagen mit geringem Wertschwankungsrisiko bis maximal 90 Tage Restlaufzeit wie Festgelder oder Geldmarktanlagen.
= Flüssige Mittel	Zahlungsmittel und Zahlungsmitteläquivalente

b) Das operative Fremdkapital entsteht durch den Geschäftsprozess (Umsatzprozess, Betriebstätigkeit) automatisch und ist zinsfrei, zum Beispiel: Verbindlichkeiten L+L, passive Rechnungsabgrenzungen, Garantierückstellungen.

Das finanzielle Fremdkapital wird durch einen bewussten Finanzierungsakt aufgenommen und muss verzinst werden, zum Beispiel: Kontokorrentkredite, Darlehen, Hypotheken, Obligationenanleihen.

c) Das Eigenkapital stellt den Überschuss der Aktiven (Vermögen) über das Fremdkapital (Verbindlichkeiten) dar.

d) Durch den Aufwand vermindert sich das Eigenkapital, weil entweder das Vermögen abnimmt oder die Schulden zunehmen; man wird ärmer.

Durch den Ertrag erhöht sich das Eigenkapital, weil entweder das Vermögen zunimmt oder die Schulden abnehmen; man wird reicher.[1]

e) Einnahmen sind Zunahmen der flüssigen Mittel.

Ausgaben sind Abnahmen der flüssigen Mittel.

---

[1] In der Erfolgsrechnung unberücksichtigt bleiben die Zu- und Abnahmen des Eigenkapitals, welche durch den Verkehr mit den Eigentümern des Unternehmens entstehen, zum Beispiel Kapitalerhöhungen und -rückzüge sowie Gewinnausschüttungen.

Geldflussrechnung 12

f)

Nr.	Geschäftsfall	Buchungssatz	Einnahme	Ausgabe	Aufwand	Ertrag
1	Barkauf einer Maschine (= **Investition**)	Maschinen/Flüssige Mittel		X		
2	Erhöhung des Aktienkapitals durch Barliberierung (= **Aussenfinanzierung**)	Flüssige Mittel/Aktienkapital①	X			
3	Rückzahlung einer Hypothek (= **Definanzierung**)	Hypothek/Flüssige Mittel		X		
4	Barverkauf eines gebrauchten Fahrzeugs zum Buchwert (= **Desinvestierung**)	Flüssige Mittel/Fahrzeuge	X			
5	Warenverkauf gegen bar	Flüssige Mittel/Warenertrag	X			X
6	Warenverkauf gegen Rechnung	Forderungen L+L/Warenertrag				X
7	Bankbelastung für Mietzinse	Raumaufwand/Flüssige Mittel		X	X	
8	Abschreibung einer Maschine	Abschreibungen/Maschinen			X	
9	Bankbelastung für Lohnzahlungen	Personalaufwand/Flüssige Mittel		X	X	

Einnahme, Ausgabe: Geldflussrechnung
Aufwand, Ertrag: Erfolgsrechnung

① Erträge sind Nutzenzugänge der Berichtsperiode durch Zunahme von Aktiven und/oder Abnahme von Fremdkapital, die zu einer Erhöhung des Eigenkapitals führen, ohne dass die Eigentümer eine Einlage leisten.
Deshalb handelt es sich bei Geschäftsfall Nr. 2 nicht um einen Ertrag, obwohl das Eigenkapital durch die Aktienkapitalerhöhung zunimmt.

12.02

a)

Erfolgsrechnung 20_1

Aufwand		Ertrag	
Personalaufwand	150	Schulgeldertrag	300
Übriger Baraufwand	110		
Abschreibungen	30		
Gewinn	10		
	300		300

b)

Cashflow-Berechnung

Direkte Berechnung

Einnahmen von Schulgelderträgen	300
./. Ausgaben für Personalaufwand	– 150
./. Ausgaben für übrigen Aufwand	– 110
= Cashflow	40

Indirekte Berechnung

Gewinn	10
Differenz zwischen Gewinn und Cashflow	
+ Abschreibungen	30
= Cashflow	40

c)
Geldflussrechnung 20_1 (in Kontoform)

Einnahmen			Ausgaben		
Cashflow (Innenfinanzierung)			**Investierung**		
Gewinn	10		Kauf Sachanlagen		60
Abschreibungen	30	40			
Aussenfinanzierung			**Definanzierung**		
Erhöhung Aktienkapital		50	Teilrückzahlung Darlehen		20
Desinvestierung					
Verkauf Sachanlagen		5	Zunahme flüssige Mittel (= Saldo)		15
		95			95

d)
Schlussbilanz 31. 12. 20_1

Aktiven		Passiven	
Flüssige Mittel	35	Darlehen	50
Sachanlagen	225	Aktienkapital	150
		Gewinnreserven	60
	260		260

e)
Geldflussrechnung (in Berichtsform)

Geldfluss aus Betriebstätigkeit (Cashflow)		
Gewinn	10	
+ Abschreibungen	30	40
Geldfluss aus Investitionstätigkeit		
./. Kauf Sachanlagen	–60	
+ Verkauf Sachanlagen	5	–55
Geldfluss aus Finanzierungstätigkeit		
+ Erhöhung Aktienkapital	50	
./. Rückzahlung Darlehen	–20	30
= Zunahme flüssige Mittel		15

Geldflussrechnung — Lösung 02

f)

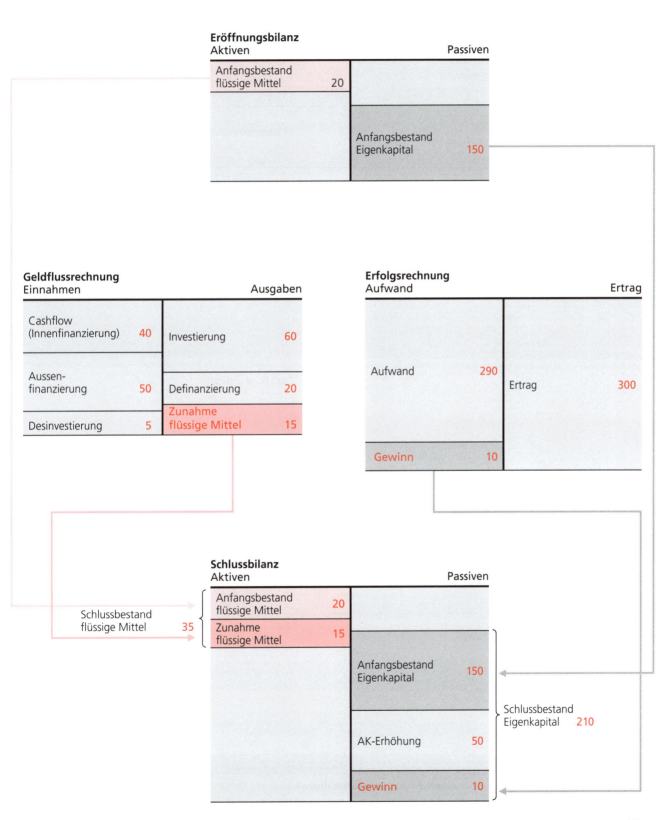

Geldflussrechnung 12

12.03

Eröffnungsbilanz

Aktiven		Passiven	
Flüssige Mittel	18	Darlehen	28
Sachanlagen	100	Eigenkapital	90
	118		118

Geldflussrechnung

Geldfluss aus Geschäftstätigkeit[1]		
Einnahmen Gartenarbeiten	200	
./. Ausgaben Personalaufwand	– 110	
./. Ausgaben übriger Aufwand	– 65	25

Geldfluss aus Investitionstätigkeit			
./. Kauf	Werkzeuge	– 7	
./. Kauf	Fahrzeug	– 30	
+ Verkauf	Fahrzeug zum Buchwert	9	– 28

Geldfluss aus Finanzierungstätigkeit		
./. Rückzahlung Darlehen		– 8
= **Abnahme flüssige Mittel**		**– 11**

Erfolgsrechnung

Ertrag Gartenarbeiten (bar)	200
./. Personalaufwand (bar)	– 110
./. Abschreibungen	– 10
./. Übriger Aufwand (bar)	– 65
= **Gewinn**	**15**

Cashflow indirekt

Gewinn	15
+ Abschreibungen	10
= **Cashflow**	**25**

Schlussbilanz

Aktiven		Passiven	
Flüssige Mittel	7	Darlehen	20
Sachanlagen	118	Eigenkapital	105
	125		125

[1] Für den operativen Cashflow werden unterschiedliche Bezeichnungen verwendet:
  ▷ OR 961b: **Geldfluss aus Geschäftstätigkeit**
  ▷ Swiss GAAP FER 4: **Geldfluss aus Betriebstätigkeit**

Geldflussrechnung

12.04

a) Einzelunternehmung

b) Benzinverbrauch, Fahrzeugsteuern und -versicherungen, Unterhalt, Reparaturen, Ersatzteile, Telefon, Darlehenszinsen, Werbung.

c)

Geldflussrechnung 20_1

Geldfluss aus Geschäftstätigkeit (direkt)		
Einnahmen Taxifahrten	280	
./. Personalausgaben	– 200	
./. Übriger Baraufwand	– 25	55
Geldfluss aus Investitionstätigkeit		
./. Kauf Fahrzeug	– 50	
+ Verkauf Fahrzeug	7	– 43
Geldfluss aus Finanzierungstätigkeit		
./. Rückzahlung Darlehen	– 10	
./. Gewinnausschüttung	– 16	– 26
= Abnahme flüssige Mittel		– 14

Erfolgsrechnung 20_1

Ertrag Taxifahrten	280
./. Personalaufwand	– 200
./. Übriger Baraufwand	– 25
./. Abschreibungen Fahrzeuge	– 35
= Gewinn	20

Cashflow (indirekt)

Gewinn	20
Differenzen zwischen Gewinn und Cashflow	
+ Abschreibungen Fahrzeug	35
= Cashflow	55

Schlussbilanz 31. 12. 20_1

Aktiven		Passiven	
Flüssige Mittel	6	Darlehen	60
Fahrzeuge	138	Eigenkapital	84
	144		144

d) Als Faustregel gilt: Eine finanziell gesunde Unternehmung kann aus dem operativen Cashflow mindestens die Gewinnausschüttungen (hier die Privatbezüge) sowie die Nettoinvestitionen (das ist die Differenz zwischen Investitionen und Desinvestitionen) zahlen. Auch die Definanzierungen (hier Rückzahlung Darlehen) sollten möglichst aus dem Cashflow finanziert werden.

Die Geldflussrechnung dieses Taxiunternehmens zeigt, dass der Cashflow von 55 nicht ausreicht, die Gewinnausschüttung von 16 sowie die Nettoinvestitionen von 43 zu zahlen. Da ausserdem noch das Darlehen abbezahlt werden muss, hat sich die Liquidität des Betriebs drastisch vermindert (von 20 Anfang Jahr auf 6 Ende Jahr).

Um nächstes Jahr eine finanzielle Gesundung zu erreichen, könnten folgende Massnahmen ins Auge gefasst werden:

▷ R. Schmidt vermindert seine Gewinnbezüge.

▷ Die Investitionen werden zurückgefahren, d.h., es wird kein altes Taxi durch ein neues ersetzt. Allerdings besteht dabei die Gefahr des Veraltens der Taxiflotte.

▷ Mit dem Darlehensgeber wird um die Aufschiebung von Rückzahlungspflichten verhandelt.

▷ Die Preise für Taxifahrten werden angehoben. Dies geht nur, wenn die anderen Taxibetriebe ihre Preise ebenfalls erhöhen.

▷ Die Taxis werden wirtschaftlicher genutzt (weniger Leerfahrten, weniger Stillstandszeiten).

▷ Lohnkürzungen für die eigenen Taxifahrer vornehmen, was aber aus sozialer Sicht problematisch ist. Ausserdem ist mit Kündigungen zu rechnen.

12.05

a)

Forderungen aus L+L (Debitoren)

Anfangsbestand	50	Kundenzahlungen	390
Kundenrechnungen	400	Schlussbestand	60
	450		450

Verbindlichkeiten aus L+L (Kreditoren)

Lieferantenzahlungen	56	Anfangsbestand	8
Schlussbestand	12	Lieferantenrechnungen	60
	68		68

Mobile Sachanlagen

Anfangsbestand	270	Verkauf	20
Kauf	90	Abschreibungen	40
		Schlussbestand	300
	360		360

Freiwillige Gewinnreserven

Gesetzl. Gewinnres.	2	Anfangsbestand	36
Gewinnausschüttung	9	Gewinn	30
Schlussbestand	55		
	66		66

b)

Geldflussrechnung 20_7

Geldfluss aus Geschäftstätigkeit		
Zahlungen von Kunden (400 – 10)	390	
./. Zahlungen für Personal	– 140	
./. Zahlungen für Treibstoff (60 – 4)	– 56	
./. Zahlungen für übrigen Aufwand	– 130	64
Geldfluss aus Investitionstätigkeit		
./. Kauf Fahrzeug	– 90	
+ Verkauf Fahrzeug	20	– 70
Geldfluss aus Finanzierungstätigkeit		
+ Erhöhung Aktienkapital	20	
./. Rückzahlung Bankdarlehen	– 4	
./. Gewinnausschüttung	– 9	7
= Zunahme flüssige Mittel		1

Geldfluss aus Geschäftstätigkeit 20_7 (indirekt)

Gewinn	30
+ Abschreibungen	40
./. Zunahme Forderungen L+L	– 10
+ Zunahme Verbindlichkeiten L+L	4
= Operativer Cashflow	64

12.06
a)

Geldflussrechnung 20_1

Geldfluss aus Geschäftstätigkeit		
Zahlungen von Kunden	120	
./. Zahlungen ans Personal	– 65	
./. Zahlungen für Miete	– 30	
./. Zahlungen diverser Aufwand	– 20	5
Geldfluss aus Investitionstätigkeit		
./. Kauf Büromobiliar/IT-Anlagen		– 11
Geldfluss aus Finanzierungstätigkeit		
./. Rückzahlung Darlehen	– 4	
./. Gewinnausschüttung	– 5	– 9
= Abnahme flüssige Mittel		– 15

Erfolgsrechnung 20_1

Honorarertrag	140
./. Personalaufwand	– 65
./. Mietaufwand	– 30
./. Diverser Baraufwand	– 21
./. Abschreibungen	– 13
= Gewinn	11

Cashflow indirekt (Überleitung)

Gewinn	11
+/– Differenzen zwischen Gewinn und Cashflow	
+ Abschreibungen	13
./. Zunahme Forderungen L+L	– 20
+ Zunahme Verbindlichkeiten L+L	1
= Cashflow	5

Schlussbilanz 31. 12. 20_1

Aktiven / Passiven

Umlaufvermögen			Fremdkapital		
Bank		2	Verbindlichkeiten L+L	2	
Forderungen L+L	35	37	Darlehen	17	19
Anlagevermögen			**Eigenkapital**		
Büroeinrichtung		38	Stammkapital	20	
			Gesetzliche Gewinnreserve	9	
			Freiwillige Gewinnreserven	27	56
		75			75

Geldflussrechnung — Lösung 06

b)

| Eigenkapitalrendite | $\dfrac{\text{Gewinn}}{\varnothing \text{ Eigenkapital}}$ | $\dfrac{11}{(50+56):2}$ | $\dfrac{11}{53}$ | = 20,8% |

Zur Beurteilung benötigt man einen Beurteilungsmassstab. Das kann zum Beispiel der landesübliche Zinsfuss für erstklassige Anlagen (wie zum Beispiel Obligationen der Schweizerischen Eidgenossenschaft oder Hypotheken an erstklassige Schuldner im ersten Rang) sein, der im langjährigen Schnitt bei etwa 5% p.a. liegt. Da das Risiko für die Eigenkapitalgeber dieser GmbH vergleichsweise grösser ist, wird in der Praxis ein Risikozuschlag erhoben, hier vielleicht nochmals 5%. Dies ergibt als Zielgrösse für die Eigenkapitalrendite 10%. So betrachtet, ist die in der GmbH erreichte Eigenkapitalrendite von 20% als sehr hoch zu beurteilen.

Zusätzlicher Hinweis: Vor allem bei kleinen Unternehmungen muss auch die Höhe der an die Eigentümer bezahlten Löhne mit ins Urteil einbezogen werden. Hier fehlen die notwendigen Angaben.

c) Bezüglich der Liquiditätsentwicklung gibt die Geldflussrechnung erschöpfend Auskunft:

Das Cashflow-Aufkommen des vergangenen Jahres ist viel zu klein. In einer finanziell gesunden Unternehmung müssten mit dem Cashflow folgende Zahlungen geleistet werden können:

▷ Gewinnausschüttung (hier 5)
▷ Investitionen (hier Kauf Mobiliar/IT-Anlagen von 11)
▷ Definanzierungen (hier Rückzahlung Darlehen von 4)

So betrachtet, müsste der Cashflow mindestens 20 betragen. Da er effektiv nur 5 betrug, haben die flüssigen Mittel letztlich um 15 abgenommen, sodass der in der Bilanz per Ende 20_1 ausgewiesene Zahlungsmittelbestand von 2 bedrohlich tief ist.

Grundsätzlich wäre diese Treuhand-Unternehmung in der Lage, aus der Geschäftstätigkeit einen wesentlich höheren Cashflow zu erwirtschaften. Im abgelaufenen Jahr wurde dies durch den schleppenden Zahlungseingang der fakturierten Honorare verhindert (Zunahme Forderungen L+L 20). Hier muss die genaue Ursache abgeklärt werden:

▷ Handelt es sich um eine einmalige kleine Verzögerung bei den Kundenzahlungen?
▷ Sind Forderungsverluste zu erwarten?
▷ Besteht ein so genanntes Klumpenrisiko (das ist ein einzelner Kunde mit einem grossen Anteil am Honorarumsatz)?

Um die Zahlungsfähigkeit (und somit den Fortbestand) der Unternehmung im nächsten Jahr zu sichern, könnten auch die Lohnzahlungen und die Gewinnausschüttungen an die Gesellschafter der GmbH gesenkt werden.

Geldflussrechnung 12

12.07

a)

Forderungen L+L

Anfangsbestand	30	Kundenzahlungen	295
Kundenrechnungen	300	Schlussbestand	35
	330		330

Verbindlichkeiten L+L

Lieferantenzahlungen	199	Anfangsbestand	14
Schlussbestand	17	Lieferantenrechnungen	202
	216		216

Warenvorrat

Anfangsbestand	15	Warenaufwand	200
Wareneinkauf	202	Schlussbestand	17
	217		217

Sachanlagen

Anfangsbestand	70	Verkauf	7
Kauf Fahrzeug	37	Abschreibungen	20
		Schlussbestand	80
	107		107

Freiwillige Gewinnreserven

Gesetzl. Gewinnres.	1	Anfangsbestand	9
Dividende	7	Gewinn	10
Schlussbestand	11		
	19		19

b)

Geldflussrechnung 20_2

Geldfluss aus Geschäftstätigkeit		
Zahlungen von Kunden (300 – 5)	295	
./. Zahlungen an Lieferanten (200 + 2 – 3)	– 199	
./. Zahlungen für diversen Aufwand	– 70	26
Geldfluss aus Investitionstätigkeit		
./. Kauf	– 37	
+ Verkauf	7	– 30
Geldfluss aus Finanzierungstätigkeit		
+ Aktienkapitalerhöhung (nominal)	10	
+ Agio aus Aktienkapitalerhöhung	2	
./. Rückzahlung langfristiges Darlehen	– 4	
./. Dividendenzahlung	– 7	1
= Abnahme flüssige Mittel		– 3

Cashflow indirekt 20_2

Gewinn	10
+ Abschreibungen	20
./. Zunahme Forderungen L+L	– 5
./. Zunahme Warenvorrat	– 2
+ Zunahme Verbindlichkeiten L+L	3
= Cashflow	26

Geldflussrechnung

12.08

Geldflussrechnung 20_1

Geldfluss aus Geschäftstätigkeit		
Zahlungen von Kunden	1 160	
./. Zahlungen an Lieferanten	– 780	
./. Zahlungen ans Personal	– 250	
./. Zahlungen für übrigen Aufwand	– 70	60
Geldfluss aus Investitionstätigkeit		
./. Kauf Einrichtungen	– 42	
./. Kauf Fahrzeug	– 38	
+ Verkauf Fahrzeug	5	– 75
Geldfluss aus Finanzierungstätigkeit		
+ Aktienkapitalerhöhung	100	
./. Rückzahlung Hypothek	– 60	
./. Dividendenauszahlung	– 34	6
= Abnahme flüssige Mittel		– 9

Erfolgsrechnung 20_1

Warenertrag	1 200
./. Warenaufwand	– 830
./. Personalaufwand	– 250
./. Übriger Aufwand	– 70
./. Abschreibungen Einrichtungen	– 12
./. Abschreibungen Fahrzeuge	– 8
= Gewinn	30

Cashflow (indirekt)

Gewinn	30
+/– Differenzen zwischen Gewinn und Cashflow	
+ Abschreibungen Einrichtungen	12
+ Abschreibungen Fahrzeuge	8
./. Zunahme Forderungen L+L	– 40
+ Abnahme Vorräte	30
+ Zunahme Verbindlichkeiten L+L	20
= Cashflow	60

Schlussbilanz 31. 12. 20_1

Aktiven / Passiven

Umlaufvermögen			Fremdkapital		
Flüssige Mittel	61		Verbindlichkeiten L+L	200	
Forderungen L+L	190		Hypotheken	240	440
Warenvorrat	130	381			
Anlagevermögen			**Eigenkapital**		
Einrichtungen	92		Aktienkapital	300	
Fahrzeuge	73		Gesetzliche Gewinnreserven	79	
Immobilien	400	565	Freiwillige Gewinnreserven	127	506
		946			946

12.09

a)

Geldflussrechnung 20_1

Geldfluss aus Betriebstätigkeit		
Zahlungen von Kunden	1 790	
./. Zahlungen an Lieferanten	– 980	
./. Zahlungen für Personalaufwand	– 400	
./. Zahlungen für übrigen Aufwand	– 320	90
Geldfluss aus Investitionstätigkeit		
./. Kauf Mobiliar	– 32	
+ Verkauf Land	11	– 21
= Free Cashflow		69
Geldfluss aus Finanzierungstätigkeit		
+ Aktienkapitalerhöhung nominal	15	
Agio bei AK-Erhöhung	5	
./. Tilgung Hypothek	– 30	
./. Gewinnausschüttung	– 38	– 48
= Zunahme flüssige Mittel		21

Erfolgsrechnung 20_1

Warenertrag	1 800
./. Warenaufwand	– 1 000
./. Personalaufwand	– 400
./. Übriger Baraufwand	– 320
./. Abschreibung Mobilien	– 20
./. Abschreibung Liegenschaft	– 15
= Gewinn	45

Geldfluss aus Geschäftstätigkeit (indirekt)

Gewinn	45
+/– Differenzen zwischen Gewinn und Cashflow	
+ Abschreibung Mobilien	20
+ Abschreibung Liegenschaft	15
./. Zunahme Forderungen L+L	– 10
+ Zunahme Verbindlichkeiten L+L	8
+ Abnahme Warenvorrat	12
= Cashflow	90

Schlussbilanz 31. 12. 20_1

Aktiven			Passiven		
Umlaufvermögen			**Fremdkapital**		
Flüssige Mittel	41		Verbindlichkeiten L+L	58	
Forderungen L+L	50		Hypotheken	40	98
Warenvorrat	68	159			
			Eigenkapital		
Anlagevermögen			Aktienkapital	165	
Mobilien	62		Kapitalreserven	25	
Immobilien	134	196	Gewinnreserven	67	257
		355			355

b) Ein Free Cashflow bedeutet, dass die Unternehmung
  ▷ durch die Geschäftstätigkeit mehr flüssige Mittel erarbeitete, als für die Finanzierung der Nettoinvestitionen notwendig waren (und hohe Nettoinvestitionen ermöglichen wiederum hohe künftige Cashflows)
  ▷ nicht auf Aussenfinanzierung angewiesen ist
  ▷ fähig ist, Gewinne auszuzahlen und Schulden zu tilgen.

12.10

Nr.	Geschäftsfall	Gewinn	Cash-flow	Flüssige Mittel
1	Bankzahlung von Zinsen	–	–	–
2	Abschreibung auf Mobiliar	–	0	0
3	Barkauf eines Fahrzeugs	0	0	–
4	Rückzahlung einer Hypothek durch Bankzahlung	0	0	–
5	Warenverkauf gegen Barzahlung	+	+	+
6	Warenverkauf auf Kredit	+	0	0
7	Erhöhung des Aktienkapitals mit Agio durch Barliberierung	0	0	+
8	Aktienkapitalerhöhung durch Sacheinlage einer Liegenschaft	0	0	0
9	Bildung von Rückstellungen	–	0	0
10	Auflösung einer Rückstellung	+	0	0
11	Bankzahlung für Lohnaufwand	–	–	–
12	Verkauf mobiler Sachanlagen zum Buchwert gegen Barzahlung	0	0	+

12.11

a)	Der Geldfluss aus Betriebstätigkeit wird oft als Cashflow bezeichnet.	X
b)	Der Cashflow kann in der Geldflussrechnung direkt oder indirekt ausgewiesen werden.	X
c)	Durch die Erhöhung der Abschreibungen steigt der Cashflow.	
d)	Ein grösserer Warenertrag führt zwingend zu einem höheren Cashflow.	
e)	Ein negativer Cashflow wird auch Cashdrain genannt.	X
f)	Ein negativer Cashflow ist nur bei gleichzeitigem Verlust möglich.	
g)	Das schweizerische Obligationenrecht schreibt für die Geldflussrechnung eine Gliederung der Geldflüsse in die drei Bereiche Betriebs-, Investitions- und Finanzierungstätigkeit vor.	
h)	Innenfinanzierung und Selbstfinanzierung sind nicht dasselbe: ▷ Innenfinanzierung bedeutet Geldfluss aus Betriebstätigkeit ▷ Selbstfinanzierung ist die Reservenbildung aus der Zurückbehaltung von Gewinnen.	X

Lösungshinweise

c) Materiell gesehen fliesst kein Geld. Formell werden die höheren Abschreibungen durch den resultierenden tieferen Gewinn kompensiert.

d) Das Geld fliesst erst, wenn die Kunden zahlen.

f) Verlust und Cashdrain haben keinen direkten Zusammenhang. Wenn zum Beispiel der Verlust zufolge hoher Abschreibungen entstand, ist der Cashflow trotzdem positiv.

g) OR 961b spricht von Geschäftstätigkeit; Betriebstätigkeit wird von Swiss GAAP FER 4 verwendet.

12.12

Eröffnungsbilanz

Aktiven		Passiven	
Flüssige Mittel	16	Verbindlichkeiten L+L	108
Forderungen L+L	65	Aktienkapital	100
Warenvorrat	52	Gewinnreserven	55
Sachanlagen	130		
	263		263

Geldflussrechnung

Geldfluss aus Betriebstätigkeit		
Zahlungen von Kunden	590	
./. Zahlungen an Warenlieferanten	−390	
./. Zahlungen für übrigen Aufwand	−145	55
Geldfluss aus Investitionstätigkeit		
./. Barkauf von Sachanlagen	−90	
+ Barverkauf Sachanlagen zum Buchwert	8	−82
Geldfluss aus Finanzierungstätigkeit		
+ Erhöhung Aktienkapital	20	
./. Dividendenauszahlung	−6	14
= **Abnahme flüssige Mittel**		−13

Erfolgsrechnung

Warenertrag	600
./. Warenaufwand	−400
./. Abschreibungen	−40
./. Übriger Aufwand	−145
= **Gewinn**	15

Cashflow indirekt

Gewinn	15
+ Abschreibungen	40
./. Zunahme Forderungen L+L	−10
./. Zunahme Warenvorrat	−20
+ Zunahme Verbindlichkeiten L+L	30
= **Cashflow**	55

Schlussbilanz

Aktiven		Passiven	
Flüssige Mittel	3	Verbindlichkeiten L+L	138
Forderungen L+L	75	Aktienkapital	120
Warenvorrat	72	Gewinnreserven	64
Sachanlagen	172		
	322		322

Geldflussrechnung

12.13

Geldflussrechnung 20_1

Geldfluss aus Betriebstätigkeit		
Zahlungen von Kunden	2 010	
./. Zahlungen an Lieferanten	– 1 315	
./. Zahlungen ans Personal	– 400	
./. Zahlungen für übrigen Aufwand	– 270	25
Geldfluss aus Investitionstätigkeit		
./. Kauf Liegenschaft	– 45	
./. Kauf Fahrzeug	– 11	
+ Verkauf Land	14	
+ Verkauf Fahrzeug	3	– 39
Geldfluss aus Finanzierungstätigkeit		
+ Aktienkapitalerhöhung (Nominalwert)	20	
+ Agio aus Aktienkapitalerhöhung	10	
+ Ausgabe Obligationenanleihe	25	
./. Amortisation Hypothek	– 15	
./. Gewinnausschüttung	– 30	10
= **Abnahme flüssige Mittel**		– 4

Erfolgsrechnung 20_1

Warenertrag	2 000
./. Warenaufwand	– 1 300
./. Personalaufwand	– 400
./. Übriger Baraufwand	– 270
./. Abschreibung Mobilien	– 6
= **Gewinn**	24

Betriebstätigkeit (indirekt)

Gewinn	24
+/– Differenzen zwischen Gewinn und Cashflow	
+ Abschreibung Mobilien	6
+ Abnahme Forderungen L+L	10
./. Zunahme Warenvorrat	– 20
+ Zunahme Verbindlichkeiten L+L	5
= **Cashflow**	25

Schlussbilanz 31. 12. 20_1

Aktiven				Passiven		
Umlaufvermögen			**Fremdkapital**			
Flüssige Mittel	6		Verbindlichkeiten L+L	60		
Forderungen L+L	30		Hypotheken	35		
Warenvorrat	90	126	Obligationen	25	120	
Anlagevermögen			**Eigenkapital**			
Immobilien	161		Aktienkapital	140		
Mobilien	32	193	Kapitalreserven	20		
			Gewinnreserven	39	199	
		319			319	

Geldflussrechnung 12

12.14
a)

Geldflussrechnung 20_4

Geldfluss aus Geschäftstätigkeit		
Barverkauf im Laden	110	
+ Zahlungen von Geschäften	250	
./. Zahlungen an Lieferanten	– 82	
./. Zahlungen für Personalaufwand	– 190	
./. Zahlungen für übrigen Aufwand	– 70	18
Geldfluss aus Investitionstätigkeit		
./. Umbau Ladeneinrichtung	– 63	
./. Kauf Fahrzeug	– 54	
+ Verkauf Fahrzeug	40	– 77
Geldfluss aus Finanzierungstätigkeit		
+ Erhöhung Hypothek	65	
./. Dividendenzahlung	– 20	45
= Abnahme flüssige Mittel		– 14

Erfolgsrechnung 20_4

Verkaufsertrag Laden	110
+ Verkaufsertrag Geschäfte	260
./. Materialaufwand	– 94
./. Personalaufwand	– 190
./. Übriger Aufwand	– 70
./. Abschreibung Einrichtungen	– 9
./. Abschreibung Fahrzeug	– 12
= Verlust	– 5

Cashflow 20_4 (indirekt)

Verlust	– 5
Differenzen zwischen Gewinn und Cashflow	
+ Abschreibung Einrichtung	9
+ Abschreibung Fahrzeug	12
./. Zunahme Forderungen L+L	– 10
+ Abnahme Vorräte	4
+ Zunahme Verbindlichkeiten L+L	8
= Cashflow	18

Schlussbilanz 31. 12. 20_4

Aktiven			Passiven		
Umlaufvermögen			**Fremdkapital**		
Flüssige Mittel	6		Verbindlichkeiten L+L	33	
Forderungen L+L	55		Hypotheken	265	298
Vorräte	1	62			
Anlagevermögen			**Eigenkapital**		
Einrichtungen	144		Aktienkapital	200	
Fahrzeug	42		Gesetzliche Gewinnreserve	54	
Liegenschaft	400	586	Freiwillige Gewinnreserven	96	350
		648			648

b) Die finanzielle Lage ist problematisch:
- ▷ Die Erfolgsrechnung schliesst mit einem Verlust ab.
- ▷ Die Liquiditätssituation ist sehr angespannt, sanken doch die flüssigen Mittel gemäss Bilanz binnen Jahresfrist von 20 auf nur noch 6.
- ▷ Die Forderungen L+L sind weiter angestiegen. Ist eine Wertberichtigung notwendig?
- ▷ Die Vorräte können nicht mehr weiter gesenkt werden, und die störungsfreie Produktion scheint mangels genügend Vorräten gefährdet zu sein.
- ▷ Die Verbindlichkeiten L+L werden nur schleppend bezahlt. Die Materialeinkäufe betrugen letztes Jahr 90; davon sind noch 33 unbezahlt, was offenen Rechnungen von fast vier Monaten entspricht. Wird die Bäckerei von den Lieferanten künftig noch auf Kredit beliefert?
- ▷ Die Investitionen in die Ladeneinrichtung und das neue Fahrzeug konnten nicht aus dem Cashflow finanziert werden. Stattdessen wurde eine Hypothek aufgenommen (die verzinst werden muss und künftig zu noch kleineren Gewinnen und Cashflows führen wird).
- ▷ Die Gewinnausschüttung (aus dem Gewinn des Vorjahres) war im Verhältnis zur finanziellen Situation im Jahr 20_4 zu hoch und konnte nicht vollumfänglich aus der Betriebstätigkeit (Cashflow) bezahlt werden. Im Prinzip wurde ein Teil der aufgenommenen Hypothek zur Finanzierung der Dividende verwendet.

12.15

a)

Erfolgsrechnung 20_5

Warenertrag	500
./. Warenaufwand	− 365
./. Abschreibungen Sachanlagen	− 20
./. Übriger Aufwand (= Ausgaben)	− 100
= **Gewinn**	**15**

b)

Netto-flüssige Mittel

	1.1.20_5	31.12.20_5	Veränderung
Kasse	2	1	− 1
+ PostFinance	5	3	− 2
./. Bank-Kontokorrent	− 12	− 7	5
= **Netto-flüssige Mittel**	**− 5**	**− 3**	**2**

c)

Geldflussrechnung 20_5

Geldfluss aus Betriebstätigkeit		
Zahlungen von Kunden	493	
./. Zahlungen an Lieferanten	− 362	
./. Zahlungen für übrigen Aufwand	− 100	31
Geldfluss aus Investitionstätigkeit		
./. Kauf von Sachanlagen	− 41	
+ Verkauf von Sachanlagen	5	− 36
Geldfluss aus Finanzierungstätigkeit		
+ Aktienkapitalerhöhung nominal	10	
+ Agio aus Aktienkapitalerhöhung	4	
+ Erhöhung Bankdarlehen	5	
./. Dividendenauszahlung	− 12	7
= **Zunahme netto-flüssige Mittel**		**2**

Geldfluss aus Betriebstätigkeit (indirekt) 20_5

Gewinn	15
+ Abschreibungen Sachanlagen	20
./. Zunahme Forderungen L+L	− 7
+ Abnahme Warenvorrat	6
./. Abnahme Verbindlichkeiten L+L	− 3
= **Cashflow**	**31**

Geldflussrechnung 12

12.16

Nr.	Bestände	Flüssige Mittel	Netto-flüssige Mittel
1	CHF 30 000.– Bargeld in der Kasse	X	X
2	CHF 400 000.– Sichtguthaben bei einer Schweizer Grossbank (Kontokorrent)	X	X
3	Aktien der Biotechnologie AG zum Börsenkurswert von CHF 80 000.–		
4	CHF 150 000.– Kassenobligationen (Kauf am 23. April 20_2, Fälligkeit am 23. April 20_5).		
5	CHF 30 000.– Habensaldo im Kontokorrent bei einer Bank, das für die Abwicklung des Zahlungsverkehrs benötigt wird.		X
6	CHF 200 000.– Festgeldanlage bei einer Schweizer Grossbank (Abschluss am 30. 11. 20_4, Fälligkeit am 28. 02. 20_5)	X	X
7	CHF 60 000.– Guthaben bei der Raiffeisen Bank auf einem Sperrkonto (voraussichtlich nicht beanspruchte Kaution zur Sicherung eines Mietvertrags)		

Lösungshinweise

3 Die Aktien gehören nicht zu den flüssigen Mitteln, weil sie einem wesentlichen Wertschwankungsrisiko unterliegen.

4 Die Restlaufzeit der Kassenobligationen liegt über 90 Tagen.

7 Gelder, deren Verwendung beschränkt ist, können nicht zu den flüssigen Mitteln gezählt werden.

Geldflussrechnung

12.17

Geldflussrechnung

	Geldfluss aus Gschäftstätigkeit		
	Gewinn①	20	
+	Abschreibungen	40	
+	Abnahme Forderungen L+L	5	
./.	Zunahme Warenvorräte	– 6	
./.	Abnahme Verbindlichkeiten L+L (Waren)	– 4	55
	Geldfluss aus Investitionstätigkeit		
./.	Kauf von Sachanlagen (30 – 3)	– 27	
+	Verkauf von Sachanlagen②	23	– 4
	Geldfluss aus Finanzierungstätigkeit		
./.	Rückzahlung Hypothek	– 10	
./.	Dividendenauszahlung	– 5	– 15
=	**Zunahme flüssige Mittel**		**36**

① Der Gewinn lässt sich mithilfe der Erfolgsrechnung berechnen:

Erfolgsrechnung

	Warenertrag	900
./.	Warenaufwand	– 600
=	**Bruttogewinn**	**300**
./.	Abschreibungen	– 40
./.	Übriger Aufwand	– 240
=	**Gewinn**	**20**

② Am sichersten lässt sich der Betrag durch Skizzieren der betroffenen Konten ermitteln:

Sachanlagen

Anfangsbestand	220	Verkauf	38
Kauf	30		
Sacheinlage	65	Schlussbestand	277
	315		315

Wertberichtigung Sachanlagen

Verkauf	15	Anfangsbestand	100
		Abschreibungen	40
Schlussbestand	125		
	140		140

Der Buchwert der verkauften Sachanlagen ergibt sich als Differenz:

	Anschaffungswert der verkauften Sachanlage	38
./.	Wertberichtigung auf verkaufter Sachanlage	– 15
=	Buchwert der verkauften Sachanlage (= Barerlös)	23

Geldflussrechnung 12

12.18

a)

Geldflussrechnung Variante 1

Betriebstätigkeit (direkt)
Zahlungen von Kunden	300	
./. Zahlungen an Lieferanten	– 130	
./. Zahlungen für diversen Aufwand	– 80	
+ Veräusserungsgewinn	30	120

Investitionstätigkeit
./. Kauf von Anlagevermögen	– 110	
+ Verkauf von Land	70	– 40

Finanzierungstätigkeit
./. Rückzahlung Hypothek	– 50	
./. Dividendenauszahlung	– 20	– 70
= Zunahme flüssige Mittel		10

Betriebstätigkeit (indirekt)
Gewinn	80	
+ Abschreibungen	50	
./. Veränderung NUV	– 10	
		120

Geldflussrechnung Variante 2

Betriebstätigkeit (direkt)
Zahlungen von Kunden	300	
./. Zahlungen an Lieferanten	– 130	
./. Zahlungen für diversen Aufwand	– 80	
		90

Investitionstätigkeit
./. Kauf von Anlagevermögen	– 110	
+ Verkauf von Land	100	– 10

Finanzierungstätigkeit
./. Rückzahlung Hypothek	– 50	
./. Dividendenauszahlung	– 20	– 70
= Zunahme flüssige Mittel		10

Betriebstätigkeit (indirekt)
Gewinn	80	
+ Abschreibungen	50	
./. Veränderung NUV	– 10	
./. Veräusserungsgewinn	– 30	90

b) Die alleinige Ursache für den Geldzufluss von 100 ist der Verkauf des Landes, weshalb nur die Buchungsvariante 2 korrekt ist.

12.19

Geldflussrechnung 20_1

Geldfluss aus Geschäftstätigkeit		
Zahlungen von Kunden	306	
./. Zahlungen an Lieferanten	– 187	
./. Zahlungen ans Personal	– 38	
./. Mietzinszahlungen	– 12	
./. Zinszahlungen	– 5	
./. Zahlungen für übrigen Aufwand	– 21	43
Geldfluss aus Investitionstätigkeit		
./. Kauf Einrichtungen	– 19	
./. Kauf Fahrzeug	– 28	
+ Verkauf Fahrzeug	5	– 42
Geldfluss aus Finanzierungstätigkeit		
+ Erhöhung Stammkapital	20	
./. Rückzahlung Darlehen	– 10	
./. Dividendenausschüttung	– 9	1
= Zunahme flüssige Mittel		2

Indirekter Cashflow-Nachweis

Gewinn	17
+ Abschreibungen	8
+ Rückstellungsbildung	2
+ Abnahme Forderungen L+L	6
+ Abnahme Warenvorrat	9
+ Zunahme Verbindlichkeiten L+L	4
./. Zunahme vorausbezahlte Mietzinse	– 2
./. Abnahme aufgelaufene Zinsen	– 1
= Cashflow	43

Schlussbilanz 31. 12. 20_1

Aktiven

Umlaufvermögen		
Flüssige Mittel	18	
Forderungen L+L	28	
Aktive Rechnungsabgrenzung	7	
Warenvorrat	15	68
Anlagevermögen		
Anlagevermögen	165	
./. Wertberichtigung	– 41	124
		192

Passiven

Fremdkapital		
Verbindlichkeiten L+L	32	
Passive Rechnungsabgrenzung	2	
Darlehen	51	
Rückstellungen	9	94
Eigenkapital		
Stammkapital	60	
Gesetzliche Gewinnreserve	11	
Freiwillige Gewinnreserven	27	98
		192

Geldflussrechnung

12.20

Warenverkäufe

Warenertrag	900
./. Zunahme Forderungen L+L	– 5
= Zahlungen von Kunden	895

Wareneinkäufe

Warenaufwand	650
./. Abnahme Warenvorrat	– 4
= Wareneinkäufe (Rechnungen)	646
./. Zunahme Verbindlichkeiten L+L	– 6
= Zahlungen an Lieferanten	640

Mietzinse

Raumaufwand	60
+ Zunahme ARA	3
= Zahlungen für Raumaufwand	63

Zinsen

Zinsaufwand	8
+ Abnahme PRA	1
= Zahlungen für Zinsen	9

Veräusserung von Sachanlagen

Anschaffungswert	19
./. Wertberichtigung Sachanlagen	– 16
= Buchwert	3
+ Veräusserungsgewinn	2
= Einnahmen aus Verkauf	5

Geldflussrechnung

Geldfluss aus Geschäftstätigkeit

Zahlungen von Kunden	895	
./. Zahlungen an Lieferanten	– 640	
./. Zahlungen für Mietzinse	– 63	
./. Zahlungen sonstiger Betriebsaufwand	– 105	
./. Zahlungen für Zinsen	– 9	
./. Zahlungen für Steuern	– 7	71

Geldfluss aus Investitionstätigkeit

./. Ausgaben für Kauf Sachanlagen	– 42	
+ Einnahmen aus Verkauf Sachanlagen	5	– 37

Geldfluss aus Finanzierungstätigkeit

./. Rückzahlung Finanzverbindlichkeiten	– 30	
./. Gewinnausschüttung	– 10	– 40
= **Abnahme flüssige Mittel**		– 6

Geldfluss aus Geschäftstätigkeit (indirekt)

Gewinn	27
+ Abschreibungen	45
./. Zunahme Forderungen L+L	– 5
+ Abnahme Warenvorrat	4
+ Zunahme Verbindlichkeiten L+L	6
./. Zunahme ARA Miete	– 3
./. Abnahme PRA Zinsen	– 1
./. Veräusserungsgewinn	– 2
= **Geldfluss aus Geschäftstätigkeit**	71

12.21

Eröffnungsbilanz 1. 1.20_7

Flüssige Mittel	50	Verbindlichkeiten L+L	160
Forderungen L+L	200	Finanzverbindlichkeiten	300
Vorräte	150	Rückstellungen	22
Sachanlagen	700	Aktienkapital	300
./. Wertberichtigung Sachanlagen	– 200	Gewinnreserven	118
	900		900

Geldflussrechnung 20_7

Geldfluss aus Betriebstätigkeit (direkt)		
Zahlungen von Kunden	1 170	
./. Zahlungen an Lieferanten	– 790	
./. Zahlungen Rückstellungen (Verwendung)	– 11	
./. Zahlungen übriger Aufwand	– 260	109
Geldfluss aus Investitionstätigkeit		
./. Kauf Sachanlagen	– 70	
+ Verkauf Sachanlagen	10	– 60
Geldfluss aus Finanzierungstätigkeit		
./. Verminderung Finanzverbindlichkeiten	– 50	
./. Dividendenauszahlung	– 35	– 85
= Abnahme flüssige Mittel		– 36

Erfolgsrechnung 20_7

Warenertrag	1 200
./. Warenaufwand	– 800
./. Abschreibungen	– 80
./. Bildung Rückstellungen	– 15
+ Auflösung Rückstellungen	3
./. Übriger Aufwand	– 260
= Gewinn	**48**

Geldfluss aus Betriebstätigkeit (indirekt)

Gewinn	48
+ Abschreibungen	80
+ Bildung Rückstellungen	15
./. Auflösung Rückstellungen	– 3
./. Verwendung Rückstellungen	– 11
./. Zunahme Forderungen L+L	– 30
./. Zunahme Warenvorrat	– 10
+ Zunahme Verbindlichkeiten L+L	20
= Operativer Cashflow	**109**

Schlussbilanz 31. 12. 20_7

Flüssige Mittel	14	Verbindlichkeiten L+L	180
Forderungen L+L	230	Finanzverbindlichkeiten	250
Vorräte	160	Rückstellungen	23
Sachanlagen	740	Aktienkapital	300
./. Wertberichtigung Sachanlagen	– 260	Gewinnreserven	131
	884		884

Geldflussrechnung

12.22

Geldflussrechnung

Geldfluss aus Betriebstätigkeit		
Zahlungen von Kunden	906	
./. Zahlungen an Lieferanten	– 502	
./. Zahlungen für Raumaufwand	– 82	
./. Verwendung Rückstellungen	– 3	
./. Zahlungen für Zinsen	– 9	
./. Diverser Baraufwand	– 220	90
Geldfluss aus Investitionstätigkeit		
./. Kauf Sachanlagen	– 70	
+ Verkauf Sachanlagen	9	– 61
Geldfluss aus Finanzierungstätigkeit		
+ Erhöhung Aktienkapital mit Agio	45	
./. Rückzahlung Finanzverbindlichkeiten	– 40	
./. Dividendenausschüttung	– 24	– 19
= Zunahme flüssige Mittel		**10**

Erfolgsrechnung

Warenertrag	900
./. Warenaufwand	– 500
./. Raumaufwand	– 80
./. Abschreibungen	– 60
./. Bildung Rückstellungen	– 6
+ Auflösung Rückstellungen	7
./. Zinsaufwand	– 8
./. Diverser Aufwand	– 220
= Gewinn	**33**

Geldfluss aus Betriebstätigkeit

Gewinn	33
+ Abschreibungen	60
+ Abnahme Forderungen L+L	6
./. Zunahme Warenvorrat	– 5
+ Zunahme Verbindlichkeiten L+L	3
./. Zunahme ARA	– 2
./. Abnahme PRA	– 1
./. Abnahme Rückstellungen	– 4
= Geldfluss aus Betriebstätigkeit	**90**

Geldflussrechnung

12.23

Geldflussrechnung

Geldfluss aus Betriebstätigkeit		
Zahlungen von Kunden	1 490	
./. Zahlungen an Lieferanten	– 927	
./. Zahlungen für diversen Aufwand	– 518	
./. Zahlungen Rückstellungen	– 3	
./. Zinsausgaben	– 12	
./. Steuerausgaben	– 6	24
Geldfluss aus Investitionstätigkeit		
./. Kauf Sachanlagen	– 120	
+ Verkauf Sachanlagen (20 – 15 + 8)	13	– 107
Geldfluss aus Finanzierungstätigkeit		
+ Aktienkapitalerhöhung mit Agio	140	
./. Abnahme Finanzverbindlichkeiten	– 50	
./. Dividendenzahlung	– 15	75
= Abnahme flüssige Mittel		– 8

Geldfluss aus Betriebstätigkeit	
Gewinn	26
+ Abschreibungen	45
./. Zunahme Forderungen L+L	– 10
./. Zunahme Vorrat	– 7
./. Abnahme Verbindlichkeiten L+L	– 20
./. Zunahme ARA (Versicherung)	– 1
./. Abnahme PRA (Zins)	– 2
+ Zunahme Rückstellungen	1
./. Veräusserungsgewinn	– 8
= Cashflow	**24**

Diverser Aufwand

Zahlungen diverser Aufwand	518	Auflösung Rückstellungen	2
Bildung Rückstellungen	6	Zunahme ARA	1
		Saldo	**521**
	524		524

Veräusserung von Sachanlagen

Anschaffungswert	20
./. Kumulierte Abschreibungen (Wertberichtigung)	– 15
= Buchwert	5
+ Veräusserungsgewinn	8
= Einnahme aus Verkauf	13

Geldflussrechnung 12

12.24

Raumaufwand

Raumaufwand	53
+ Zunahme ARA	3
= Zahlungen für Raumaufwand	56

Kapitalzinsen

Zinsaufwand	4
./. Zunahme PRA	– 1
= Zinszahlungen	3

Rückstellungsspiegel

Anfangsbestand	12
+ Bildung	8
./. Auflösung	– 7
./. Verwendung (Zahlungen)	– 3
= Schlussbestand	10

Verkauf von Sachanlagen

Anschaffungswert	19
./. Ausbuchung WB beim Verkauf	– 8
= Buchwert	11
+ Veräusserungsgewinn	4
= Verkaufserlös	15

Sachanlagen

Anfangsbestand	200	Verkäufe	19
Käufe	69	Schlussbestand	250
	269		269

Wertberichtigung Sachanlagen

Ausbuchung	8	Anfangsbestand	80
Schlussbestand	102	Abschreibungen	30
	110		110

Geldflussrechnung 20_1

Geldfluss aus Geschäftstätigkeit

Gewinn	27	
+ Abschreibungen	30	
+ Abnahme Forderungen aus L+L	7	
+ Abnahme Warenvorräte	2	
./. Abnahme Verbindlichkeiten aus L+L	– 6	
./. Zunahme ARA (Mietzinse)	– 3	
+ Zunahme PRA (Zinsen)	1	
+ Bildung Rückstellungen	8	
./. Auflösung Rückstellungen	– 7	
./. Verwendung Rückstellungen	– 3	
./. Veräusserungsgewinn Sachanlagen	– 4	52

Geldfluss aus Investitionstätigkeit

./. Käufe von Sachanlagen	– 69	
+ Verkäufe von Sachanlagen	15	– 54

Geldfluss aus Finanzierungstätigkeit

+ Zunahme Finanzverbindlichkeiten	6	
+ Erhöhung Aktienkapital mit Agio	14	
./. Dividendenausschüttung	– 26	– 6
= **Abnahme flüssige Mittel**		– 8

Geldfluss aus Geschäftstätigkeit direkt

Zahlungen von Kunden (720 + 7)	727
./. Zahlungen an Lieferanten (460 – 2 + 6)	– 464
./. Zahlungen für Raumaufwand	– 56
./. Zahlungen für Rückstellungen (Verwendung)	– 3
./. Zahlungen für diversen Betriebsaufwand	– 143
./. Zahlungen für Kapitalzinsen	– 3
./. Zahlungen für Steuern	– 6
= **Geldfluss aus Geschäftstätigkeit**	52

12.25

Geldflussrechnung 20_5

Geldfluss aus Betriebstätigkeit		
Zahlungen von Kunden	870	
./. Zahlungen an Lieferanten	− 355	
./. Zahlungen übriger Aufwand	− 400	115
Geldfluss aus Investitionstätigkeit		
./. Kauf Sachanlagen	− 60	
+ Verkauf Sachanlagen	10	− 50
Geldfluss aus Finanzierungstätigkeit		
./. Verminderung Finanzverbindlichkeiten	− 40	
./. Dividendenauszahlung	− 30	− 70
= Abnahme flüssige Mittel		**− 5**

Erfolgsrechnung 20_5

Verkaufserlös (Produktionserlös)	900
+ Bestandesänderung Erzeugnisse	20
= **Produktionsertrag**	**920**
./. Materialaufwand	− 350
./. Abschreibungen	− 100
./. Übriger Aufwand (= Ausgabe)	− 400
= **Gewinn**	**70**

Geldfluss aus Betriebstätigkeit (indirekt)

Gewinn	70
+ Abschreibungen	100
./. Veränderung Forderungen L+L	− 30
+ Veränderung Materialvorrat	5
+ Veränderung Verbindlichkeiten L+L	− 10
+ Bestandesänderung Erzeugnisse	− 20
= **Operativer Cashflow**	**115**

Schlussbilanz 31. 12. 20_5

Flüssige Mittel	15	Verbindlichkeiten L+L	90
Forderungen L+L	160	Finanzverbindlichkeiten	260
Materialvorrat	75	Aktienkapital	250
Vorrat unfertige und fertige Erzeugnisse	80	Gewinnreserven	200
Sachanlagen	470		
	800		**800**

Geldflussrechnung

12.26

Geldflussrechnung

Geldfluss aus Betriebstätigkeit		
Zahlungen von Kunden	1 507	
./. Zahlungen an Lieferanten	− 654	
./. Zahlungen für Raumaufwand	− 124	
./. Verwendung Rückstellungen	− 4	
./. Zahlungen für Zinsen	− 39	
./. Diverser Baraufwand	− 560	126
Geldfluss aus Investitionstätigkeit		
./. Kauf Sachanlagen	− 90	
+ Verkauf Sachanlagen	6	− 84
Geldfluss aus Finanzierungstätigkeit		
+ Erhöhung Aktienkapital mit Agio	75	
./. Rückzahlung Finanzverbindlichkeiten	− 100	
./. Dividendenausschüttung	− 28	− 53
= **Abnahme flüssige Mittel**		**− 11**

Erfolgsrechnung

Verkaufserlös (Produktionserlös)	1 500
+ Bestandesänderungen Erzeugnisse	10
./. Materialaufwand	− 650
./. Raumaufwand	− 120
./. Abschreibungen	− 90
./. Bildung Rückstellungen	− 7
+ Auflösung Rückstellungen	5
./. Zinsaufwand	− 40
./. Diverser Aufwand	− 560
= **Gewinn**	**48**

Geldfluss aus Betriebstätigkeit

Gewinn	48
+ Abschreibungen	90
+ Abnahme Forderungen L+L	7
./. Zunahme Materialvorrat	−12
./. Bestandesänderung Erzeugnisse	−10
+ Zunahme Verbindlichkeiten L+L	8
./. Zunahme ARA	− 4
+ Zunahme PRA	1
./. Abnahme Rückstellungen	− 2
= Geldfluss aus Betriebstätigkeit	126

12.27

Geldflussrechnung 20_7

Geldfluss aus Betriebstätigkeit		
Zahlungen von Kunden	204	
./. Zahlungen an Lieferanten	− 75	
./. Zahlungen sonstiger Betriebsaufwand	− 89	
./. Verwendung Rückstellungen	− 3	
./. Zinszahlungen	− 2	
./. Steuerzahlungen	− 5	30
Geldfluss aus Investitionstätigkeit		
Kauf Sachanlagen	− 30	
Verkauf Sachanlagen	3	− 27
Geldfluss aus Finanzierungstätigkeit		
./. Gewinnausschüttung	− 15	
+ Erhöhung Finanzverbindlichkeiten	10	− 5
= **Abnahme flüssige Mittel**		− 2

Geldfluss aus Betriebstätigkeit	
Gewinn	20
+ Abschreibungen	10
+ Abnahme Forderungen L+L	4
./. Zunahme Materialvorrat	− 3
+ Bestandesänderungen Erzeugnisse	3
./. Abnahme Verbindlichkeiten L+L	− 2
+ Zunahme PRA	1
./. Abnahme Rückstellungen	− 2
./. Veräusserungsgewinn	− 1
= **Geldfluss aus Betriebstätigkeit**	30

Schlussbilanz 31.12.20_7

Flüssige Mittel	9	Verbindlichkeiten L+L (Materiallieferanten)	23
Forderungen L+L (Kunden)	46	Passive Rechnungsabgrenzung (Zinsen)	2
Übrige kurzfristige Forderungen	3	Übriges kurzfristiges Fremdkapital	3
Materialvorrat	18	Langfristige Finanzverbindlichkeiten	70
Unfertige und fertige Erzeugnisse	6	Rückstellungen	6
Sachanlagen	159	Aktienkapital	60
./. Wertberichtigung Sachanlagen	− 36	Kapitalreserven	5
		Gewinnreserven	36
	205		**205**

Geldflussrechnung 12

12.28

Geldflussrechnung 20_8

Geschäftstätigkeit		
Zahlungen von Kunden	720	
./. Zahlungen an Lieferanten	– 298	
./. Zahlungen ans Personal	– 197	
./. Zahlungen zulasten Rückstellungen	– 3	
./. Zahlungen für übrigen Aufwand	– 134	
./. Zahlungen für Zinsen	– 8	
./. Zahlungen für Steuern	– 6	74
Investitionstätigkeit		
./. Kauf von Sachanlagen	– 50	
+ Verkauf von Sachanlagen	22	– 28
Finanzierungstätigkeit		
./. Rückzahlung Bankdarlehen	– 30	
./. Dividendenauszahlung	– 15	– 45
= Zunahme flüssige Mittel		1

Cashflow indirekt 20_8

Gewinn	19
+ Abschreibungen	70
+ Abnahme Forderungen L+L	20
./. Zunahme Materialvorrat	– 10
./. Zunahme Vorrat Erzeugnisse	– 15
./. Abnahme Verbindlichkeiten L+L	– 8
./. Veränderung Rückstellungen	– 2
+ Zunahme PRA (Ferienguthaben)	3
./. Abnahme PRA (Schuldzinsen)	– 2
+ Zunahme PRA (geschuldete Steuern)	1
./. Veräusserungsgewinn	– 2
= **Cashflow**	**74**

12.29

Erfolgsrechnung 20_1

Warenertrag	904
./. Warenaufwand	– 574
./. Personalaufwand	– 191
./. Abschreibungen	– 45
./. Zinsaufwand	– 5
./. Übriger Aufwand	– 65
+ Veräusserungsgewinn Fahrzeug	2
= Gewinn	**26**

Schlussbilanz 31. 12. 20_1

Aktiven / Passiven

Umlaufvermögen			Fremdkapital		
Liquide Mittel	30		Verbindlichkeiten L+L	62	
Forderungen L+L	57		Passive Rechnungsabgrenzung	6	
Aktive Rechnungsabgrenzung	2		Hypotheken	150	218
Warenvorrat	62	151			
			Eigenkapital		
Anlagevermögen			Aktienkapital	140	
Sachanlagen	540		Kapitalreserven	60	
./. Wertberichtigung	– 147	393	Gewinnreserven	126	326
		544			544

Geldflussrechnung 12

12.30

Netto-flüssige Mittel

	1. 1. 20_7	31. 12. 20_7	Veränderung
Kasse	1	1	0
+ PostFinance	3	2	– 1
./. Bank-Kontokorrent	– 7	– 13	– 6
= **Netto-flüssige Mittel**	– 3	– 10	– 7

Geldflussrechnung 20_7

Geldfluss aus Betriebstätigkeit		
Zahlungen von Kunden	1 396	
./. Zahlungen an Lieferanten	– 1 008	
./. Zahlungen ans Personal	– 150	
./. Zahlungen für Mietzinse	– 61	
./. Zahlungen zulasten Rückstellungen	– 2	
./. Zahlungen für übrigen Aufwand	– 87	
./. Zahlungen für Kapitalzinsen	– 15	
./. Zahlungen für Steuern	– 8	65
Geldfluss aus Investitionstätigkeit		
./. Kauf von Sachanlagen	– 183	
+ Verkauf von Sachanlagen	30	– 153
Geldfluss aus Finanzierungstätigkeit		
+ Aktienkapitalerhöhung nominell	40	
+ Agio aus Aktienkapitalerhöhung	10	
+ Aufnahme Bankdarlehen	50	
./. Dividendenauszahlung	– 19	81
= **Abnahme netto-flüssige Mittel**		– 7

Cashflow indirekt 20_7

Gewinn	30
+ Abschreibungen Sachanlagen	50
+ Zunahme Rückstellungen①	4
./. Zunahme Forderungen L+L	– 4
./. Zunahme Warenvorrat	– 5
./. Abnahme Verbindlichkeiten L+L	– 3
./. Zunahme vorausbezahlte Mietzinse	– 1
+ Zunahme aufgelaufene Zinsen	1
./. Veräusserungsgewinn	– 7
= **Cashflow**	65

① Die Rückstellungsveränderungen können auch einzeln aufgeführt werden:

+ Erfolgswirksame Bildung von Rückstellungen	9
./. Erfolgswirksame Auflösung von Rückstellungen	– 3
./. Zahlung zulasten der Rückstellungen (Verwendung)	– 2
= **Zunahme Rückstellungen**	4

Finanzplanung

13.01

Schlussbilanzen

	20_0 (Ist)	20_1 (Ist)	20_2 (Budget)
Flüssige Mittel	20	2	14
Forderungen L+L	60	65	57
Warenvorräte	30	36	28
Sachanlagen	130	143	144
	240	246	243

	20_0 (Ist)	20_1 (Ist)	20_2 (Budget)
Verbindlichkeiten L+L	46	47	35
Diverses Fremdkapital	90	97	77
Aktienkapital	70	70	80
Gesetzliche Kapitalreserve			3
Gesetzliche Gewinnreserve	15	16	17
Freiwillige Gewinnreserven	19	16	31
	240	246	243

Erfolgsrechnungen

	20_1 (Ist)	20_2 (Budget)
Warenertrag	500	570
./. Warenaufwand	− 300	− 342
./. Personalaufwand (= Ausgaben)	− 90	− 95
./. Abschreibungen	− 30	− 33
./. Zinsaufwand (= Ausgaben)	− 5	− 4
./. Übriger Aufwand (= Ausgaben)	− 60	− 70
= **Gewinn**	**15**	**26**

Geldflussrechnungen

	20_1 (Ist)	20_2 (Budget)
Zahlungen von Kunden	495	578
./. Zahlungen an Lieferanten	− 305	− 346
./. Zahlungen ans Personal	− 90	− 95
./. Zahlungen für Zinsen	− 5	− 4
./. Zahlungen für diversen Aufwand	− 60	− 70
= **Cashflow**	**35**	**63**
./. Investitionen	− 49	− 42
+ Desinvestitionen	6	8
= **Free Cashflow**	**− 8**	**29**
+ Aussenfinanzierung	7	13
./. Definanzierung		− 20
./. Gewinnausschüttung	− 17	− 10
= **Veränderung flüssige Mittel**	**− 18**	**12**

Finanzplanung

13.02

Plan-Geldflussrechnung 20_6

Geldfluss aus Betriebstätigkeit (direkt)

	Position	Betrag	Total
	Einnahmen Tageskarten Winter	340	
+	Einnahmen Einzelbillette Sommer	460	
./.	Personalausgaben	−310	
./.	Pachtzinsausgaben	−36	
./.	Unterhalt- und Reparaturausgaben	−30	
./.	Energieausgaben	−60	
./.	Versicherungsausgaben	−22	
./.	Werbeausgaben	−72	
./.	Übrige Betriebsausgaben	−68	202

Geldfluss aus Investitionstätigkeit

	Position	Betrag	Total
./.	Bau Rutschbahn	−600	
./.	Kauf Beschneiungsanlage	−450	−1 050

Geldfluss aus Finanzierungstätigkeit

	Position	Betrag	Total
+	Erhöhung Aktienkapital	500	
+	Darlehen	400	
./.	Rückzahlung Darlehen	−80	820

=	**Abnahme flüssige Mittel**		**−28**

Plan-Erfolgsrechnung 20_6

	Ertrag Tageskarten Winter	340
	Ertrag Einzelbillette Sommer	460
./.	Personalaufwand	−310
./.	Pachtzinsaufwand	−36
./.	Aufwand für Unterhalt und Reparaturen	−30
./.	Energieaufwand	−66
./.	Versicherungsaufwand	−22
./.	Werbeaufwand	−72
./.	Diverser Betriebsaufwand	−68
./.	Abschreibung Sesselbahn	−60
./.	Abschreibung Pistenfahrzeuge	−45
./.	Abschreibung diverse Anlagen	−25
./.	Rückstellung für Grossrevision	−20
=	**Gewinn**	**46**

Betriebstätigkeit (indirekt)

	Gewinn	46
+	Abschreibung Sesselbahn	60
+	Abschreibung Pistenfahrzeuge	45
+	Abschreibung diverse Anlagen	25
+	Rückstellung für Grossrevision	20
+	Zunahme Verbindlichkeiten L+L	6
=	**Cashflow**	**202**

Plan-Bilanz 31. 12. 20_6

Aktiven		Passiven	
Kasse, Bank	72	Verbindlichkeiten L+L	26
Sesselbahn	940	Darlehen	1 120
Pistenfahrzeuge	455	Rückstellung	20
Rutschbahn	600	Aktienkapital	1 500
Beschneiungsanlage	450	Gewinnreserven	226
Diverse Anlagen	375		
	2 892		**2 892**

13.03

Plan-Erfolgsrechnung (Erfolgsbudget) 20_1

Text	Sept.	Oktober	November	Dezember	Total
Honorarertrag (Umsatz)		40	60	80	180
./. Lohnaufwand	– 18	– 18	– 18	– 18	– 72
./. Mietaufwand	– 5	– 5	– 5	– 5	– 20
./. Kapitalzinsaufwand	– 6	– 8	– 7	– 8	– 29
./. Abschreibungen	– 4	– 4	– 4	– 4	– 16
./. Übriger Baraufwand	– 6	– 6	– 6	– 6	– 24
./. Gründungsaufwand	– 10				– 10
= **Erfolg**	– 49	– 1	20	39	9

Plan-Geldflussrechnung (Liquiditätsbudget, Finanzplan) 20_1

Text	Sept.	Oktober	November	Dezember	Total
Zahlungen von Kunden			40	60	100
./. Lohnzahlungen	– 15	– 15	– 15	– 27	– 72
./. Mietzinszahlungen	– 15			– 15	– 30
./. Kapitalzinszahlungen	– 6			– 23	– 29
./. Übriger Baraufwand	– 6	– 6	– 6	– 6	– 24
./. Gründungsaufwand	– 10				– 10
= Cashflow	– 52	– 21	19	– 11	– 65
./. Investitionen	– 160				– 160
= **Kapitalbedarf (Finanzierungslücke)**	– 212	– 21	19	– 11	– 225
+ Aussenfinanzierung (AK-Erhöhung)	100				100
= **Veränderungen der flüssigen Mittel**	– 112	– 21	19	– 11	– 125
Bestand der Kontokorrentschuld jeweils Ende Monat	112	133	114	125	

Planbilanz 31. 12. 20_1

Aktiven		Passiven	
Forderungen L+L	80	Bank	125
Aktive Rechnungsabgrenzung	10	Aktienkapital	100
Anlagevermögen	144	Gewinn	9
	234		234

Finanzplanung

13.04

Erfolgsrechnung 1. 1. bis 30. 6. 20_1

	Januar	Februar	März	April	Mai	Juni	Total
Verkaufsertrag	300	200	400	500	600	400	2 400
./. Warenaufwand	– 180	– 120	– 240	– 300	– 360	– 240	– 1 440
./. Zinsaufwand	– 1	– 1	– 1	– 1	– 1	– 1	– 6
./. Abschreibungen Sachanlagen	– 6	– 6	– 6	– 6	– 7	– 7	– 38
./. Übriger Aufwand	– 145	– 140	– 150	– 152	– 160	– 150	– 897
= **Gewinn**	– 32	– 67	3	41	72	2	19

Wareneinkäufe 1. 1. bis 30. 6. 20_1

	Januar	Februar	März	April	Mai	Juni	Total
Wareneinkäufe	120	240	300	360	240	500	1 760

Liquiditätsbudget 1. 1. bis 30. 6. 20_1

	Januar	Februar	März	April	Mai	Juni	Total
Zahlungen von Kunden	500	300	200	400	500	600	2 500
./. Zahlungen an Lieferanten	– 150	– 180	– 270	– 330	– 300	– 370	– 1 600
./. Zahlungen für Zinsen					– 12		– 12
./. Zahlungen für übrigen Aufwand	– 145	– 140	– 150	– 152	– 160	– 150	– 897
= Operativer Cashflow	205	– 20	– 220	– 82	28	80	– 9
./. Kauf Sachanlagen						– 59	– 59
+ Aktienkapitalerhöhung mit Agio					70		70
./. Dividendenausschüttung					– 40		– 40
= Veränderungen flüssige Mittel	205	– 20	– 220	– 82	58	21	– 38

Bestände an flüssigen Mitteln per Ende Monat

	Januar	Februar	März	April	Mai	Juni
Flüssige Mittel	255	235	15	– 67	– 9	12

Schlussbilanz 30. 6. 20_1

Flüssige Mittel	12	Verbindlichkeiten L+L	250
Forderungen L+L	400	Passive Rechnungsabgrenzung	1
Warenvorrat	500	Darlehen	200
Sachanlagen	321	Aktienkapital	450
		Kapitalreserven	50
		Gewinnreserven	263
		Gewinn	19
	1 233		1 233

Finanzplanung

13.04 Ergänzende Lösungshinweise

Es empfiehlt sich, zuerst die Erfolgsrechnung zu vervollständigen.

Die Bruttogewinnmarge von 40% bedeutet, dass der Warenaufwand 60% des Warenertrags beträgt. Für den Monat Januar beträgt der Warenaufwand zum Beispiel 180.

Warenertrag	300	100%
./. Warenaufwand	– 180	– 60%
= Bruttogewinn	120	40%

Der Jahreszins für das Darlehen beträgt 12 (6% von 200), das ergibt einen Zinsaufwand von 1 pro Monat. Da der Zinstermin Ende Mai liegt, ist in der Eröffnungsbilanz 20_1 eine Passive Rechnungsabgrenzung von 7 (7 Monate zu 1) aufgeführt. Die Passive Rechnungsabgrenzung in der Bilanz von Mitte 20_1 beträgt 1 (Monat Juni).

Für die Ermittlung der Abschreibungen ist der Kauf eines neuen Fahrzeugs zu berücksichtigen. Die Abschreibungen beginnen mit der Inbetriebnahme Anfang Mai.

Anschaffungswert	59
./. Restwert	– 11
= Total abzuschreibender Betrag	48
Zusätzliche Abschreibung pro Jahr	12
Zusätzliche Abschreibung pro Monat	1

Die Abschreibungen betragen nach Inbetriebnahme des Fahrzeugs 7 pro Monat. In den Vormonaten sind sie um 1 tiefer, nämlich 6.

Die Wareneinkäufe erfolgen einen Monat vor dem Lagerausgang. Der Lagerausgang entspricht dem Einstandswert der verkauften Waren, d. h. dem Warenaufwand. Zum Beispiel werden die 180 Lagerausgänge des Januars im Dezember eingekauft.

	Dezember	Januar	Februar	März	April	Mai	Juni
Warenaufwand		180	120	240	300	360	240
Wareneinkauf	180	120	240	300	360	240	500
Zahlungen 50% im laufenden Monat		60	120	150	180	120	250
Zahlungen 50% des Vormonats		90	60	120	150	180	120
Zahlungen total		150	180	270	330	300	370

Ende Juni betragen die Verbindlichkeiten L+L gemäss Schlussbilanz 250. Das sind die 50% der Einkaufsrechnungen des Monats Juni, die noch nicht bezahlt sind. Die Juni-Wareneinkäufe betragen somit 500 (2 · 250).

Ergänzende Lösungshinweise zu 04

Der Zusammenhang zwischen Warenaufwand, Wareneinkauf und Zahlungen an Lieferanten lässt sich mithilfe der Totalspalten überprüfen:

Warenaufwand	1 440
+ Zunahme Warenvorrat	320
= Wareneinkauf	1 760
./. Zunahme Verbindlichkeiten L+L	– 160
= Zahlungen an Lieferanten	1 600

Die Zahlungen von Kunden erfolgen einen Monat nach der Rechnungstellung, zum Beispiel beträgt der Warenertrag im Februar 200, was zu Zahlungen von Kunden im März von 200 führt.

Die Zahlungen von Kunden im Januar von 500 entsprechen dem Bestand an Forderungen L+L in der Eröffnungsbilanz.

Der Schlussbestand an Forderungen L+L per Ende Juni entspricht dem Warenertrag im Juni von 400.

Der Zusammenhang zwischen Warenertrag und Zahlungen von Kunden lässt sich mithilfe der Totalspalten überprüfen:

Warenertrag	2 400
+ Abnahme Forderungen L+L	100
= Zahlungen von Kunden	2 500

Die Dividendenausschüttung beträgt 40 (10% des Aktienkapitals von 400), wodurch sich die Gewinnreserven um 40 vermindern. Die Aktienkapitalerhöhung ist erst ab nächstem Jahr dividendenberechtigt. Im Mai werden 26 (65%) an die Aktionäre ausbezahlt und 14 (35%) als Verrechnungssteuer an die ESTV.

Die (in der Aufgabenstellung nicht genannte) obligationenrechtliche Zuweisung an die gesetzlichen Gewinnreserven ist nicht sichtbar, da die *Gewinnreserven* nach Swiss GAAP FER sowohl die freiwilligen als auch die gesetzlichen Gewinnreserven nach Obligationenrecht umfassen.

Die Aktienkapitalerhöhung führt zu einer Zunahme des Aktienkapitals von 50 und einer Zunahme der Kapitalreserven von 20 (40% von 50).

13.05

Erfolgsbudget 1. Quartal 20_1

	Januar	Februar	März	Total
Verkaufsertrag	60	50	80	190
./. Warenaufwand	– 36	– 30	– 48	– 114
./. Personalaufwand	– 13	– 13	– 13	– 39
./. Abschreibungen	– 2	– 2	– 3	– 7
./. Übriger Aufwand (= Ausgabe)	– 9	– 8	– 10	– 27
+ Veräusserungsgewinn	6			6
= Gewinn	6	– 3	6	9

Geplante Wareneinkäufe 1. Quartal 20_1

	Januar	Februar	März	Total
Wareneinkäufe	30	48	42	120

Liquiditätsbudget 1. Quartal 20_1

	Januar	Februar	März	Total
Zahlungen von Kunden	50	55	65	170
./. Zahlungen an Lieferanten	– 33	– 39	– 45	– 117
./. Zahlungen für Personalaufwand	– 12	– 12	– 12	– 36
./. Zahlungen für übrigen Aufwand	– 9	– 8	– 10	– 27
= Operativer Cashflow	– 4	– 4	– 2	– 10
./. Kauf Sachanlagen			– 70	– 70
+ Verkauf Sachanlagen	26			26
= Free Cashflow	22	– 4	– 72	– 54
+ Aktienkapitalerhöhung mit Agio 10%			55	55
./. Dividende			– 4	– 4
= Veränderungen flüssige Mittel	22	– 4	– 21	– 3

Plan-Schlussbilanz per 31. 3. 20_1

Flüssige Mittel	6	Verbindlichkeiten L+L	21
Forderungen L+L	40	Passive Rechnungsabgrenzung	3
Warenvorrat	42	Finanzverbindlichkeiten	40
Sachanlagen	170	Aktienkapital	100
./. Wertberichtigung Sachanlagen	– 57	Kapitalreserven	11
		Gewinnreserven	17
		Gewinn	9
	201		201

13.05 Ergänzende Lösungshinweise

Es empfiehlt sich, zuerst die Erfolgsrechnung zu vervollständigen.

Die Bruttogewinnmarge von 40% bedeutet, dass der Warenaufwand konstant 60% des Warenertrags beträgt.

Auf der leeren Zeile ist der Veräusserungsgewinn von 6 einzutragen. Er wird wie folgt ermittelt:

Anschaffungswert	50
./. Kumulierte Abschreibungen	– 30
= Buchwert	20
+ Veräusserungsgewinn	6
= Einnahme gemäss Finanzplan	26

Anschliessend sind die Wareneinkäufe zu bestimmen. Die Einkäufe erfolgen einen Monat vor den Verkäufen (Einstandswert der Verkäufe = Warenaufwand). Die Einkäufe im Monat März von 42 entsprechen dem Warenvorrat in der Schlussbilanz.

Nachfolgend können der Finanzplan und die Schlussbilanz vervollständigt werden.

Die Zahlungen an Lieferanten lassen sich am besten mithilfe einer Tabelle bestimmen, wobei noch Überlegungen zum Dezember nötig sind:

	Dezember	Januar	Februar	März
Warenaufwand		36	30	48
Wareneinkauf	36	30	48	42
Zahlungen 50% im laufenden Monat		15	24	21
Zahlungen 50% des Vormonats		18	15	24
Zahlungen total		33	39	45

Basierend auf diesen Überlegungen lässt sich der Bestand an Verbindlichkeiten L+L in der Schlussbilanz bestimmen. Offen ist noch die Hälfte der Märzeinkäufe, das sind 21.

Der Zusammenhang zwischen Warenaufwand, Wareneinkauf und Zahlungen an Lieferanten lässt sich mithilfe der Totalspalten überprüfen:

Warenaufwand	114
+ Zunahme Warenvorrat	6
= Wareneinkauf	120
./. Zunahme Verbindlichkeiten L+L	– 3
= Zahlungen an Lieferanten	117

Finanzplanung

 Ergänzende Lösungshinweise zu 05

Die Zahlungen von Kunden werden wie folgt ermittelt:

	Dezember	Januar	Februar	März
Warenertrag	40	60	50	80
Zahlungen 50% im laufenden Monat		30	25	40
Zahlungen 50% des Vormonats		20	30	25
Zahlungen total		50	55	65

Der Bestand an Forderungen L+L beträgt in der Eröffnungsbilanz 20. Dies entspricht der Hälfte des Dezemberumsatzes, der somit 40 beträgt.

Der Bestand an Forderungen L+L in der Schlussbilanz beträgt 40, d. h. die Hälfte des Märzumsatzes.

Der Zusammenhang zwischen Warenertrag und Zahlungen von Kunden lässt sich mithilfe der Totalspalten überprüfen:

Warenertrag	190
./. Zunahme Forderungen L+L	– 20
= Zahlungen von Kunden	170

Der gesamte Personalaufwand des Jahres beträgt 156 (12 Monate zu 13). Ausbezahlt werden die Löhne in 13 Tranchen, weil im Dezember 2 Monatslöhne ausbezahlt werden. In den übrigen Monaten beträgt die Lohnzahlung 12 (156 : 13).

Der im Dezember auszuzahlende 13. Monatslohn von 12 wird zeitlich abgegrenzt. Die Abgrenzung beträgt 1 je Monat, sodass die Passive Rechnungsabgrenzung für die Löhne per Ende März 3 beträgt.

Für die Ermittlung der Schlussbestände bei den Sachanlagen und den Wertberichtigungen Sachanlagen können die Konten skizziert werden:

	Sachanlagen		Wertberichtigung SA	
Anfangsbestand	150			80
Verkauf		50	30	
Kauf	70			
Abschreibung				7
Salden		**170**	**57**	

Die im Finanzplan aufgeführte Aktienkapitalerhöhung von 55 (= 110%) lässt sich aufteilen in eine Erhöhung des Aktienkapitals von 50 (= 100%) und ein Agio von 5 (= 10%). Das Agio führt zu einer Erhöhung der Kapitalreserven.

Die Gewinnausschüttung beträgt 4 (8% von 50), wodurch sich die Gewinnreserven um 4 vermindern. Die Aktienkapitalerhöhung ist erst ab nächstem Jahr dividendenberechtigt. Die (in der Aufgabenstellung nicht genannte) obligationenrechtliche Zuweisung an die gesetzlichen Gewinnreserven ist hier nicht sichtbar, da die *Gewinnreserven* nach Swiss GAAP FER sowohl die freiwilligen als auch die gesetzlichen Gewinnreserven nach Obligationenrecht umfassen.

Finanzplanung 13

13.06

Plan-Erfolgsrechnung Q1/20_5

	Januar	Februar	März	Total
Warenertrag	250	150	400	800
./. Warenaufwand	−150	− 90	−240	−480
./. Personalaufwand	− 26	− 26	− 26	− 78
./. Abschreibungen	− 30	− 32	− 32	− 94
./. Zinsaufwand	− 2	− 2	− 1	− 5
./. Diverser Aufwand	− 35	− 33	− 40	−108
= Erfolg	7	− 33	61	35

Wareneinkäufe Q1/20_5

	Januar	Februar	März	Total
Wareneinkäufe	90	240	270	600

Finanzplan Q1/20_5

	Januar	Februar	März	Total
Zahlungen von Kunden	360	310	190	860
./. Zahlungen an Lieferanten	− 195	− 120	− 165	− 480
./. Zahlungen für Personalaufwand	− 24	− 24	− 24	− 72
./. Zahlungen für Zinsen		− 24		− 24
./. Zahlungen für diversen Aufwand	− 35	− 33	− 40	− 108
= Geldfluss aus Betriebstätigkeit	106	109	− 39	176
./. Investitionen (Kauf Fahrzeug)			− 210	− 210
./. Gewinnausschüttung		− 26	− 14	− 40
+ Aktienkapitalerhöhung mit Agio			160	160
./. Rückzahlung Darlehen		− 100		− 100
= Veränderung flüssige Mittel	106	− 17	− 103	− 14

Plan-Bilanz per 31. 3. 20_5

Flüssige Mittel	16	Verbindlichkeiten L+L	390
Forderungen L+L	460	Passive Rechnungsabgrenzungen	7
Warenvorrat	270	Darlehen	300
Sachanlagen	1 110	Aktienkapital	400
./. Wertberichtigung Sachanlagen	− 494	Kapitalreserven	90
		Gewinnreserven	140
		Gewinn	35
	1 362		1 362

13.06 Ergänzende Lösungshinweise

Es empfiehlt sich, zuerst die Erfolgsrechnung zu vervollständigen.

Aus den Zahlen für den Januar lässt sich errechnen, dass der Warenaufwand 60% des Warenertrags beträgt.

Warenertrag	250	100%
./. Warenaufwand	– 150	– 60%
= Bruttogewinn	100	40%

Für die Ermittlung der Abschreibungen ist der Kauf eines neuen Fahrzeugs zu berücksichtigen. Die Abschreibungen beginnen mit der Inbetriebnahme Anfang Februar.

Anschaffungswert	130
./. Restwert	– 34
= Total abzuschreibender Betrag	96
Zusätzliche Abschreibung pro Jahr	24
Zusätzliche Abschreibung pro Monat	2

Der Kauf von Sachanlagen von 80 wird im März als Investition im Finanzplan ausgewiesen. Die Abschreibungen beginnen erst im April.

Die Gesamtinvestitionen betragen 210 (130 Fahrzeug + 80 Sachanlagen).

Der Jahreszins für das Darlehen beträgt 24 (6% von 400), das ergibt 2 pro Monat. Da der Zinstermin Ende Februar liegt, ist in der Schlussbilanz 20_4 eine passive Rechnungsabgrenzung von 20 (10 Monate zu 2) aufgeführt.

Aufgrund der teilweisen Rückzahlung des Darlehens und der Senkung des Zinsfusses ergibt sich ab März ein neuer Jahreszins von 12 (4% von 300), weshalb der monatliche Zinsaufwand neu 1 beträgt. Die Passive Rechnungsabgrenzung für die Zinsen beträgt am Ende des Quartals 1 (Zins für den Monat März).

Der gesamte Lohnaufwand des Jahres beträgt 312 (12 Monate zu 26). Ausbezahlt werden die Löhne in 13 Tranchen, weil im Dezember 2 Monatslöhne ausbezahlt werden. In den übrigen Monaten beträgt die Lohnzahlung 24 (312 : 13).

Der im Dezember auszuzahlende 13. Monatslohn von 24 wird zeitlich abgegrenzt. Die Abgrenzung beträgt 2 je Monat, sodass die Passive Rechnungsabgrenzung für die Löhne Ende März 6 beträgt (3 Monate zu 2).

Die Passiven Rechnungsabgrenzungen setzen sich Ende März wie folgt zusammen:

Zeitliche Abgrenzung Zinsen	1
+ Zeitliche Abgrenzung Personalaufwand	6
= Passive Rechnungsabgrenzungen	7

Finanzplanung

13 Ergänzende Lösungshinweise zu 06

Anschliessend sind die Wareneinkäufe zu bestimmen. Eine Lösungshilfe besteht nicht; die Zahlen können indes zwischen der Erfolgsrechnung und dem Finanzplan eingetragen werden. Die Einkäufe von 270 im März entsprechen dem Warenvorrat in der Planbilanz Ende Quartal.

Die Zahlungen an Lieferanten werden mithilfe einer Tabelle bestimmt, wobei für die Zahlungen im Januar noch die unterhalb der Tabelle aufgeführten Zusatzüberlegungen notwendig sind.

	Nov.	Dez.	Januar	Februar	März
Warenaufwand			150	90	240
Wareneinkauf	240	150	90	240	270
Zahlungen 50% des Vormonats			75	45	120
Zahlungen 50% des Vorvormonats			120	75	45
Zahlungen total			195	120	165

In der Schlussbilanz Ende 20_4 betragen die Verbindlichkeiten L+L 270. Diese setzen sich wie folgt zusammen:

100% der Dezember-Einkäufe	150
+ 50% der November-Einkäufe (= Restgrösse)	120
= Verbindlichkeiten L+L	270

Die Einkäufe im November betragen somit 240 (2 · 120).

Basierend auf diesen Überlegungen lässt sich der Bestand an Verbindlichkeiten L+L in der Planbilanz per Ende März bestimmen:

100% der März-Einkäufe	270
+ 50% der Februar-Einkäufe	120
= Verbindlichkeiten L+L per Ende März	390

Der Zusammenhang zwischen Warenaufwand, Wareneinkauf und Zahlungen an Lieferanten lässt sich mithilfe der Totalspalten überprüfen:

Warenaufwand	480
+ Zunahme Warenvorrat	120
= Wareneinkauf	600
./. Zunahme Verbindlichkeiten L+L	– 120
= Zahlungen an Lieferanten	480

Die Zahlungen von Kunden werden mithilfe einer Tabelle ermittelt, wobei für die Kundenzahlungen im Januar die unterhalb der Tabelle aufgeführten Zusatzüberlegungen notwendig sind:

	Nov.	Dez.	Januar	Februar	März
Warenertrag	300	400	250	150	400
Zahlungen 60% des Vormonats			240	150	90
Zahlungen 40% des Vorvormonats			120	160	100
Zahlungen total			360	310	190

In der Schlussbilanz Ende 20_4 betragen die Forderungen L+L 520. Diese setzen sich wie folgt zusammen:

100% der Dezember-Verkäufe	400
+ 40% der November-Verkäufe (= Restgrösse)	120
= Forderungen L+L	520

Die Verkäufe im November betragen somit 300 (120 : 40% • 100%).

Basierend auf diesen Überlegungen lässt sich der Bestand an Forderungen L+L in der Planbilanz per Ende März bestimmen:

100% der März-Verkäufe	400
+ 40% der Februar-Verkäufe	60
= Forderungen L+L per Ende März	460

Der Zusammenhang zwischen Warenertrag und Zahlungen von Kunden lässt sich mithilfe der Totalspalten überprüfen:

Warenertrag	800
+ Abnahme Forderungen L+L	60
= Zahlungen von Kunden	860

Der Kauf einer Sachanlage von 210 führt zu einem Bestand an Sachanlagen in der Planbilanz per Ende März von 1110 (900 + 210).

Der Schlussbestand der Wertberichtigung Sachanlagen beträgt 494 (Anfangsbestand 400 + Abschreibungen 94).

Die Gewinnausschüttung beträgt 40, wovon 26 (65%) im Februar an die Aktionäre ausbezahlt werden und 14 (35%) im März als Verrechnungssteuer an die ESTV.

Finanzplanung

13.07

Ermittlung der Wareneinkäufe

	1. Quartal	2. Quartal	3. Quartal	4. Quartal	Total
Einkäufe für laufendes Quartal	160	120	240	200	XXX
Einkäufe für nächstes Quartal	60	120	100	90	XXX
Total Einkäufe	220	240	340	290	1 090

Plan-Geldflussrechnung 20_2

	1. Quartal	2. Quartal	3. Quartal	4. Quartal	Total
Zahlungen von Kunden	380	350	450	550	1 730
./. Zahlungen an Lieferanten	– 210	– 220	– 240	– 340	– 1 010
./. Zahlungen für Personalaufwand	– 60	– 60	– 60	– 80	– 260
./. Mietzinszahlungen	– 30	– 30	– 30	– 30	– 120
./. Hypothekarzinszahlungen	– 6		– 6		– 12
./. Übriger Baraufwand	– 55	– 55	– 55	– 55	– 220
= **Cashflow (Cashdrain)**	19	– 15	59	45	108
./. Kauf Sachanlage			– 170		– 170
+ AK-Erhöhung (nominal)		50			50
+ Agio		20			20
= **Veränderung flüssige Mittel**	19	55	– 111	45	8

Plan-Bilanz 31. 12. 20_2

Aktiven		Passiven	
Flüssige Mittel	78	Verbindlichkeiten L+L	290
Forderungen L+L	250	Aufgelaufene Zinsen	4
Warenvorräte	90	Hypothek	240
Sachanlagen	528	Aktienkapital	250
		Kapitalreserven	20
		Gewinnreserven	142
	946		946

13.07 Ergänzende Lösungshinweise

Bei der Ermittlung der Wareneinkäufe in der Tabelle zuoberst ergeben sich im 4. Quartal die 90 Wareneinkäufe für das nächste Quartal als Saldogrösse gegenüber dem Gesamttotal von 1090. Die 90 entsprechen dem Warenvorrat in der Plan-Bilanz per 31.12.20_2.

Die Zahlungen an Lieferanten können wie folgt ermittelt werden:

	Vorquartal	Q1	Q2	Q3	Q4
Wareneinkäufe	210	220	240	340	290
Zahlungen an Lieferanten		210	220	240	340

Da die Lieferantenrechnungen jeweils im Folgequartal bezahlt werden, entsprechen die Zahlungen an Lieferanten im ersten Quartal von 210 dem Bestand an Verbindlichkeiten L+L in der Schlussbilanz per 31.12.20_1.

Die Verbindlichkeiten L+L in der Plan-Bilanz vom 31.12.20_2 betragen 290, was den Wareneinkäufen im vierten Quartal entspricht.

Der Zusammenhang zwischen Warenaufwand, Wareneinkauf und Zahlungen an Lieferanten lässt sich mithilfe der Totalspalten überprüfen:

Warenaufwand	1 080
+ Zunahme Warenvorrat	10
= Wareneinkauf	1 090
./. Zunahme Verbindlichkeiten L+L	− 80
= Zahlungen an Lieferanten	1 010

Die Zahlungen von Kunden werden mithilfe einer Tabelle bestimmt:

	Vorquartal	Q1	Q2	Q3	Q4
Wareneinkäufe	360	400	300	600	500
Zahlungen 50% des laufenden Quartals		200	150	300	250
Zahlungen 50% aus Vorquartal		180	200	150	300
Total Zahlungen von Kunden		380	350	450	550

Da die Kunden die Rechnungen zur Hälfte im Folgequartal bezahlen, entspricht der Bestand an Forderungen L+L von 180 gemäss Schlussbilanz vom 31.12.20_1 der Hälfte der Vorquartalsverkäufe von 360.

Die Forderungen L+L in der Plan-Bilanz vom 31.12.20_2 betragen 250, was 50% der Warenverkäufe im vierten Quartal entspricht.

Der Zusammenhang zwischen Warenertrag und Zahlungen von Kunden lässt sich mithilfe der Totalspalten überprüfen:

Warenertrag	1 800
./. Zunahme Forderungen L+L	− 70
= Zahlungen von Kunden	1 730

13.08

Aktiven per 31. 12.

	20_0	20_1	20_2	20_3
Flüssige Mittel	25	33	23	32
+ Forderungen L+L	95	105	100	90
+ Warenvorräte	60	64	70	74
+ Sachanlagen	70	63	76	55
= Bilanzsumme	250	265	269	251

Passiven per 31. 12.

	20_0	20_1	20_2	20_3
Verbindlichkeiten L+L	37	42	46	45
+ Passive Rechnungsabgrenzung	2	2	1	1
+ Finanzverbindlichkeiten	80	80	40	40
+ Aktienkapital	100	100	120	120
+ Kapitalreserven	7	7	13	13
+ Gewinnreserven	24	34	49	32
= Bilanzsumme	250	265	269	251

Plan-Erfolgsrechnungen

	20_1	20_2	20_3
Warenertrag	700	800	860
./. Warenaufwand	– 420	– 480	– 602
./. Zinsaufwand	– 4	– 3	– 2
./. Abschreibungen	– 7	– 9	– 11
./. Diverser Baraufwand	– 254	– 285	– 250
= Gewinn	**15**	**23**	**– 5**

Plan-Geldflussrechnungen

	20_1	20_2	20_3
Zahlungen von Kunden	690	805	870
./. Zahlungen an Lieferanten	– 419	– 482	– 607
./. Zahlungen für Zinsen	– 4	– 4	– 2
./. Zahlungen für diversen Aufwand	– 254	– 285	– 250
= Cashflow	**13**	**34**	**11**
./. Investitionen		– 22	
+ Desinvestitionen			10
= Free Cashflow	**13**	**12**	**21**
+ Aussenfinanzierung		26	
./. Definanzierung		– 40	
./. Gewinnausschüttung	– 5	– 8	– 12
= Veränderung flüssige Mittel	**8**	**– 10**	**9**

Cashflow indirekt (zur Kontrolle)

	20_1	20_2	20_3
Gewinn	15	23	– 5
+ Abschreibungen	7	9	11
+/– Veränderungen Forderungen L+L	– 10	5	10
+/– Veränderungen Vorräte	– 4	– 6	– 4
+/– Veränderungen Verbindlichkeiten L+L	5	4	– 1
+/– Veränderungen PRA	0	– 1	0
= Cashflow	**13**	**34**	**11**

13.08 Ergänzende Lösungshinweise

Es empfiehlt sich, zuerst die Erfolgsrechnung zu vervollständigen.

Mithilfe der Bruttogewinnmarge wird der Warenaufwand ermittelt:

	20_1		20_2		20_3	
Warenertrag	700	100%	800	100%	860	100%
./. Warenaufwand	–420	–60%	–480	–60%	–602	–70%
= Bruttogewinn	280	40%	320	40%	258	30%

Der jährliche Zinstermin ist Mitte Jahr. Die Passive Rechnungsabgrenzung für aufgelaufene Zinsen per Ende 20_0 von 2 ist demnach der Zins für ein halbes Jahr. Daraus ergibt sich ein Jahreszins von 4. Der Zinsfuss ist 5% (4 Zinsaufwand im Verhältnis zu den Finanzverbindlichkeiten von 80).

Der Zinsaufwand für das Jahr 20_1 beträgt 4.

Für die erste Hälfte 20_2 beträgt der Zinsaufwand 2 (5% von 80 für 6 Monate). Mitte 20_2 werden von den Finanzverbindlichkeiten 40 zurückbezahlt, sodass der Zinsaufwand für das zweite Halbjahr 20_2 auf 1 sinkt (5% von 40 für 6 Monate). Der Zinsaufwand 20_2 ist somit 3 (2 + 1).

Der Zinsaufwand für das Jahr 20_3 beträgt 2 (5% von 40).

Da die Zinsen nachschüssig (= am Ende der Periode) bezahlt werden, macht sich die Rückzahlung von Finanzverbindlichkeiten bei den Zahlungen für Zinsen erst im Jahr 20_3 bemerkbar:

▷ Im Jahr 20_2 ist die Zinszahlung von 4 per Mitte 20_2 zu berücksichtigen (5% von 80 für die Periode vom 30.06.20_1 bis 30.06.20_2).

▷ Im Jahr 20_3 ist die Zinszahlung von 2 per Mitte 20_3 zu berücksichtigen (5% von 40 für die Periode vom 30.06.20_2 bis 30.06.20_3).

Die Passiven Rechnungsabgrenzungen per Ende 20_1 betragen 2 (5% von 80 für das zweite Halbjahr vom 30.06.20_1 bis 31.12.20_1).

Ende 20_2 und Ende 20_3 ist jeweils ein Betrag von 1 abzugrenzen (5% von 40 für das zweite Halbjahr).

Da im Jahr 20_1 keine Sachanlagen gekauft oder verkauft wurden, entspricht die Differenz bei den Sachanlagen von 7 den Abschreibungen (Wert der Sachanlagen von 70 Ende Jahr 20_0 abzüglich 63 Ende Jahr 20_1).

Für die Jahre 20_2 und 20_3 sind die erhöhten Abschreibungen wegen des Kaufs einer Sachanlage Mitte 20_2 einzurechnen:

Anschaffungswert	22
./. Restwert	–2
= Total abzuschreibender Betrag	20
Zusätzliche Abschreibung pro Jahr	4

Für das Jahr 20_2 sind zusätzliche Abschreibungen für ein halbes Jahr von 2 zu berücksichtigen, für das Jahr 20_3 zusätzliche Abschreibungen für ein ganzes Jahr von 4.

Für die Zahlungen von Kunden sind die Veränderungen der Forderungen L+L zu berücksichtigen:

		20_1	20_2	20_3
	Warenertrag	700	800	860
±	Veränderungen Forderungen L+L	− 10	5	10
=	Zahlungen von Kunden	690	805	870

Für die Zahlungen an Lieferanten sind die Veränderungen der Warenvorräte sowie der Verbindlichkeiten L+L zu berücksichtigen:

		20_1	20_2	20_3
	Warenaufwand	420	480	602
+	Zunahmen Warenvorräte	4	6	4
=	Wareneinkäufe	424	486	606
±	Veränderungen Verbindlichkeiten L+L	− 5	− 4	1
=	Zahlungen an Lieferanten	419	482	607

Die Gewinnausschüttung bzw. der Schlussbestand an Gewinnreserven werden wie folgt berechnet:

		20_1	20_2	20_3
	Anfangsbestand Gewinnreserven	24	34	49
±	Gewinn oder Verlust gemäss Erfolgsrechnung	15	23	− 5
./.	Gewinnausschüttung	− 5	− 8	− 12
=	Schlussbestand Gewinnreserven	34	49	32

Die (in der Aufgabenstellung nicht genannte) obligationenrechtliche Zuweisung an die gesetzlichen Gewinnreserven ist nicht sichtbar, da die *Gewinnreserven* nach Swiss GAAP FER sowohl die freiwilligen als auch die gesetzlichen Gewinnreserven nach Obligationenrecht umfassen.

Die Kapitalreserven erhöhen sich im Jahr 20_2 durch das Agio von 6 (30% der Aktienkapitalerhöhung von 20).

Für die Ermittlung der Flüssigen Mittel in der Bilanz im Folgejahr muss jeweils zuerst die Plan-Geldflussrechnung des Vorjahres fertiggestellt werden, damit die Veränderungen der Flüssigen Mittel feststehen.

Der Bestand an Flüssigen Mitteln per Ende 20_1 errechnet sich zum Beispiel wie folgt:

	Bestand Flüssige Mittel Ende 20_0	25
+	Zunahme Flüssige Mittel 20_1	8
=	Bestand Flüssige Mittel Ende 20_1	33

Zur Kontrolle kann der Bestand an Flüssigen Mitteln jeweils auch als Saldogrösse in der Bilanz berechnet werden.

Finanzplanung

13.09

Schlussbilanzen

Aktiven	20_0	20_1	20_2	20_3	Passiven	20_0	20_1	20_2	20_3
Flüssige Mittel	10	32	7	20	Verbindlichkeiten L+L	36	30	31	32
Forderungen L+L	50	54	58	62	PRA	4	4	2	2
Warenvorräte	30	29	31	33	Finanzverbindlichkeiten	100	100	50	50
Sachanlagen (SA)	200	200	243	223	Aktienkapital	60	60	80	80
./. Wertberichtigung SA	–70	–90	–116	–132	Gesetzliche Kapitalreserve	0	0	10	10
					Gesetzliche Gewinnreserve	14	16	18	20
					Freiwillige Gewinnreserven	6	15	32	12
	220	225	223	206		220	225	223	206

Plan-Erfolgsrechnungen

	20_1	20_2	20_3
Warenertrag	500	600	660
./. Warenaufwand	–350	–420	–495
./. Zinsaufwand	–6	–4	–3
./. Abschreibungen	–20	–26	–28
./. Diverser Baraufwand	–110	–120	–130
= Gewinn	**14**	**30**	**4**

Plan-Geldflussrechnungen (Finanzpläne)

	20_1	20_2	20_3
Zahlungen von Kunden	496	596	656
./. Zahlungen an Lieferanten	–355	–421	–496
./. Zahlungen für Zinsen	–6	–6	–3
./. Zahlungen für diversen Aufwand	–110	–120	–130
= Cashflow	**25**	**49**	**27**
./. Investitionen		–43	
+ Desinvestitionen			8
= Free Cashflow	**25**	**6**	**35**
+ Aussenfinanzierung		30	
./. Definanzierung		–50	
./. Gewinnausschüttung	–3	–11	–22
= Veränderung flüssige Mittel	**22**	**–25**	**13**

Finanzplanung

13.10
a)

Finanzplan (in CHF 1 000.–)

	20_1	20_2	20_3
Betriebstätigkeit			
+ Verkaufserlöse	+ 60	+ 57	+ 54
+ Direktzahlungen	+ 40	+ 45	+ 45
./. Zukäufe	− 25	− 25	− 25
./. Personalzahlungen	− 14		
./. Pachtzinsen	− 2	− 2	− 2
./. Reparatur und Unterhalt	− 10	− 10	− 10
./. Allgemeiner Betriebsaufwand	− 13	− 13	− 13
./. Zinsen (auf bisherigen Schulden)	− 5	− 5	− 5
./. Zinsen (auf neuer Hypothek)		− 4	− 4
= Cashflow (Landwirtschaftsbetrieb)	+ 31	+ 43	+ 40
+ Nebeneinkommen	+ 30	+ 30	+ 30
+ Familienzulagen	+ 6	+ 6	+ 6
./. Privatausgaben	− 28	− 31	− 31
= Cashflow (Betrieb + Privat zusammen)	+ 39	+ 48	+ 45
Investitionstätigkeit			
./. Stallumbau	− 400		
./. Ersatzinvestitionen		− 20	− 20
= Finanzierungslücke (−) oder Finanzierungsüberschuss (+)	− 361	+ 28	+ 25
Finanzierungstätigkeit			
+ Zuschuss öffentliche Hand	+ 200		
+ Investitionskredit	+ 60		
+ Hypothek	+ 100		
./. Tilgungsverpflichtungen (bisher)	− 2	− 2	− 2
./. Tilgung Investitionskredit		− 6	− 6
./. Tilgung Hypothek		− 5	− 5
= Veränderung der flüssigen Mittel	− 3	+ 15	+ 12
Bestand an flüssigen Mitteln (Ende Jahr)	2	17	29

Finanzplanung — Lösung 10

b) Der Finanzplan zeigt, dass die Investitionen finanziell grundsätzlich möglich sind. Im Jahr 20_1 allerdings ist die Finanzsituation recht angespannt, und negative Abweichungen vom Plan können rasch einen finanziellen Engpass bewirken (z. B. Baukostenüberschreitungen beim Stallumbau, tiefere Verkaufserträge bzw. erhöhte Futterzukäufe wegen ungünstiger Witterung, verspätete Subventionszahlungen der öffentlichen Hand).

c)

Cashflow (Betrieb)	43
+ Nebeneinkommen	+ 30
+ Familienzulagen	+ 6
./. Abschreibungen (12 + 20 + 2)	– 34
= Jahreseinkommen der Familie	**45**
./. Privatausgaben	– 31 } War nicht verlangt
= Vermögensbildung	14

13.11
Die Lösung entspricht dem Theoriebeispiel von Kapitel 13, Seite 37.

13.12

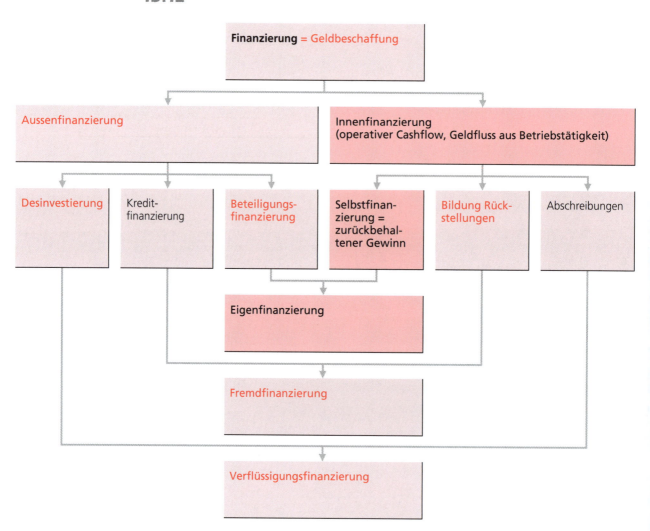

Finanzplanung

13.13

	Massnahmen	Wirkungen/Probleme
a)	Absatzpreise erhöhen	Cashflow wird höher, sofern die abgesetzte Menge nicht stärker zurückgeht als die Preise erhöht werden (Preiselastizität). Verluste von Marktanteilen?
b)	Werbeaktion durchführen	Cashflow wird höher, sofern die Werbeausgaben kleiner sind als die zusätzlichen Einnahmen (Deckungsbeiträge) aus der Absatzvergrösserung.
c)	Zahlungsfrist Kunden senken	Cashflow wird bei einer Abnahme der Forderungen L+L grösser. Allerdings wird die Verkaufsabteilung den Verlust von Kunden befürchten.
d)	Löhne senken	Cashflow wird grösser. Problem der Arbeitsmotivation bzw. Gefahr der Kündigung von guten Mitarbeitern. Soziale Probleme.
e)	Zahlungsfrist Lieferanten erhöhen	Cashflow wird grösser. Zielkonflikt zu guten Lieferantenbeziehungen. Skonto?
f)	Lagerbestand senken	Cashflow nimmt bei sinkenden Lagerbeständen zu. Ein grosses Lager hat aber auch Vorteile (z.B. grosse Auswahl für Kunden sowie sofortige Lieferbereitschaft; keine Störungen in der Produktion wegen nicht vorhandener Rohstoffe).

Finanzplanung — Lösung 13

	Massnahmen	Wirkungen/Probleme
g)	Abschreibungen erhöhen	Diese Massnahme hat keinen unmittelbaren Einfluss auf die Liquidität.
h)	Dividenden vermindern	Vermindert die Finanzierungslücke. Zielkonflikt zu den Aktionärsinteressen. Erschwert Möglichkeit künftiger AK-Erhöhungen.
i)	Investitionen hinausschieben	Vermindert die Finanzierungslücke im Augenblick. Die Chancen künftiger Liquiditätszugänge (aus den Investitionen) werden allerdings auch kleiner.
k)	Sachanlagen leasen statt kaufen	Im Augenblick eine Schonung der Liquidität. Allerdings sind die künftigen Liquiditätsabgänge infolge Leasinggebühren tendenziell höher als beim Kauf.
l)	Desinvestitionen vornehmen	Verkleinern die Finanzierungslücke. Nur möglich bei nicht betriebsnotwendigem Anlagevermögen. Mit dem abgestossenen Anlagevermögen verbundene Liquiditätseingänge fallen künftig weg.
m)	Aktienkapital erhöhen	Schliesst Finanzierungslücke. Allerdings entsteht ein Druck auf künftig höhere Dividendenzahlungen.
n)	Finanzverbindlichkeiten erhöhen	Schliesst Finanzierungslücke. Allerdings entstehen damit künftige Zins- und Rückzahlungsverpflichtungen.

13.14

		Aussen-finanzierung	Desinvestierung	Kredit-finanzierung	Beteiligungs-finanzierung	Innen-finanzierung	Selbst-finanzierung
a)	Aufnahme einer Hypothek	X		X			
b)	Aktienkapitalerhöhung	X			X		
c)	Erzielung von Geldflüssen aus Betriebstätigkeit (Cashflow)					X	
d)	Verkauf von nicht mehr benötigtem Anlagevermögen	X	X				
e)	Emission einer Obligationenanleihe	X		X			
f)	Gewinnthesaurierung (= Gewinne einbehalten, nicht ausschütten)					X	X
g)	Aufnahme eines Aktionärsdarlehens mit Rangrücktrittserklärung des Aktionärs	X		X	X[1]		
h)	Erwerb eines Fahrzeugs mittels Finanzierungsleasings	X		X[2]			

[1] Die Aufnahme eines Darlehens bei einem Aktionär der Gesellschaft ist grundsätzlich Fremdfinanzierung. Mit dem Rangrücktritt des Aktionärs im Falle eines Konkurses der Aktiengesellschaft erlangt das Darlehen auch Wesensmerkmale von Eigenfinanzierung, sodass es sich letztlich um eine Mischform aus Eigen- und Fremdfinanzierung handelt (so genannte mezzanine oder hybride Finanzierung).

[2] Formalrechtlich kann ein Leasingvertrag als ein mietähnlicher Vorgang betrachtet werden. Bei wirtschaftlicher Betrachtungsweise handelt es sich beim Finanzierungsleasing um den Kauf eines Fahrzeugs unter gleichzeitiger Finanzierung mit Fremdkapital durch den Leasinggeber.

2. Teil — Bilanz- und Erfolgsanalyse

Aufbereitung des Zahlenmaterials[1]

a) Gliederung

22.01

Bilanz

Aktiven	Passiven
Flüssige Mittel (Umlaufvermögen)	Kurzfristiges Fremdkapital (Fremdkapital)
Forderungen	
Vorräte	Langfristiges Fremdkapital
Finanzielles Anlagevermögen (Anlagevermögen)	
Sachanlagen (Materielles Anlagevermögen)	Aktienkapital (Eigenkapital)
	Kapitalreserven
Immaterielles Anlagevermögen	Gewinnreserven

[1] Zu Kapitel 21 bestehen keine Aufgaben.

22.02

Nr.	Sachverhalte	Aktiven - Umlaufvermögen			Aktiven - Anlagevermögen			Passiven - Fremdkapital		Passiven - Eigenkapital	
		Flüssige Mittel	Forderungen	Vorräte	Finanzielles	Materielles	Immaterielles	Kurzfristiges	Langfristiges	Aktienkapital	Reserven
1	Aktienkapital									X	
2	Beteiligungen				X						
3	Wertberichtigung Forderungen L+L		X								
4	Fahrzeuge					X					
5	Kurzfristige Festgeldanlage	X									
6	Wertberichtigung Immobilien					X					
7	Obligationenanleihe								X		
8	Rückstellungen							X	X		
9	Anzahlungen an Warenlieferanten			X							
10	Fertige und unfertige Erzeugnisse			X							
11	Gewinnvortrag										X
12	(Passiv-)Hypotheken								X		
13	Gewinnreserven										X
14	Aktive Rechnungsabgrenzung		X								
15	Passive Rechnungsabgrenzung							X			
16	Forderungen L+L		X								
17	Verbindlichkeiten L+L							X			
18	Liegenschaften					X					
19	Bankverbindlichkeiten (Kontokorrent)							X			
20	Patente						X				

Aufbereitung des Zahlenmaterials 22

22.03

Nr.	Konto	Klassen								
		1	2	3	4	5	6	7	8	9
1	Aktienkapital		X							
2	Sozialversicherungsaufwand					X				
3	Materialaufwand				X					
4	Direkte Steuern								X	
5	Zinsaufwand (für betriebliches Kontokorrent)						X			
6	Warenertrag (Handelserlös)			X						
7	Erfolgsrechnung									X
8	Wertschriftenertrag (Nebenbetrieb)							X		
9	Dividenden(schuld)		X							
10	Verluste Forderungen				X					
11	Warenaufwand (Handelswarenaufwand)				X					
12	Ausserordentlicher Aufwand								X	
13	Gesetzliche Kapitalreserve		X							
14	Bilanz									X
15	Raumaufwand						X			
16	Obligationenanleihe		X							
17	Nicht fakturierte Dienstleistungen	X								
18	Abschreibungen						X			
19	Betriebsfremder Aufwand								X	
20	Bestandesänderungen unfertige und fertige Erzeugnisse			X						

22.04

Erfolgsrechnung

Warenertrag	230
./. Warenaufwand (160–10)	– 150
= **Bruttogewinn**	80
./. Personalaufwand	– 45
./. Übriger Betriebsaufwand	– 20
./. Abschreibungen	– 11
= **Ergebnis vor Zinsen und Steuern (EBIT)**	4
./. Finanzaufwand	– 5
= **Betriebsverlust**	– 1
+ Ertrag Nebenbetrieb	3
./. Aufwand Nebenbetrieb	– 2
+ Betriebsfremder Ertrag	9
./. Betriebsfremder Aufwand	– 4
+ Ausserordentlicher Ertrag	15
= **Unternehmensgewinn vor Steuern**	20
./. Direkte Steuern	– 5
= **Unternehmensgewinn (Jahresgewinn)**	15

Aufbereitung des Zahlenmaterials 22

22.05

Bilanz (Mindestgliederung gemäss Obligationenrecht)

Aktiven			Passiven		
Umlaufvermögen			**Kurzfristiges Fremdkapital**		
Flüssige Mittel und kurzfristige Aktiven mit Börsenkurs	4		Verbindlichkeiten aus Lieferungen und Leistungen	28	
Forderungen aus Lieferungen und Leistungen	46		Kurzfristige verzinsliche Verbindlichkeiten	13	
Übrige kurzfristige Forderungen	2		Übrige kurzfristige Verbindlichkeiten	7	
Vorräte	25		Passive Rechnungsabgrenzungen	2	50
Aktive Rechnungsabgrenzung	3	80	**Langfristiges Fremdkapital**		
			Langfristige verzinsliche Verbindlichkeiten	63	
			Rückstellungen	7	70
			Eigenkapital		
Anlagevermögen			Aktienkapital	40	
Finanzanlagen	8		Gesetzliche Kapitalreserve	10	
Beteiligungen	11		Gesetzliche Gewinnreserve	13	
Sachanlagen	95		Freiwillige Gewinnreserven	25	
Immaterielle Werte	6	120	Eigene Aktien	– 8	80
		200			200

Bilanz (Gliederung für die Analyse)

Aktiven			Passiven		
Umlaufvermögen			**Fremdkapital**		
Flüssige Mittel	4		Kurzfristiges Fremdkapital	50	
Forderungen	51		Langfristiges Fremdkapital	70	120
Vorräte	25	80	**Eigenkapital**		
Anlagevermögen			Aktienkapital	40	
Finanzanlagen	19		Kapitalreserven	10	
Sachanlagen	95		Gewinnreserven	38	
Immaterielle Anlagen	6	120	Eigene Aktien	– 8	80
		200			200

b) Bewertung

22.20

a) Kasse, Bank, Aktiv- und Passivdarlehen (sofern diese Bestände auf Schweizer Franken lauten und auf den Guthaben keine Werteinbussen zu befürchten sind).

b) Der Abschreibungsbetrag muss geschätzt werden. Dieser hängt z. B. von der erwarteten Nutzungsdauer und vom Abschreibungsverfahren ab.

c) Es ist möglich, dass einige Kunden nicht bezahlen werden und somit Forderungsverluste entstehen. Wie hoch dieser Betrag aber sein wird, ist im Zeitpunkt der Bewertung meist noch unklar. Daher handelt es sich bei der Festsetzung der Wertberichtigung Forderungen L+L immer um eine Schätzung. Bei Fremdwährungsguthaben stellt sich noch zusätzlich das Problem der Wahl des Umrechnungskurses.

d) Beim Fremdkapital sind vor allem die Rückstellungen in der Höhe sehr unbestimmt. Bei Verbindlichkeiten L+L oder Passivdarlehen in fremder Währung stellt sich zudem das Umrechnungsproblem.

e) Das Eigenkapital ergibt sich als Saldo (Aktiven ./. Fremdkapital = Eigenkapital).

Bilanz

Aktiven	Passiven
Aktiven (Vermögen)	Fremdkapital (Verbindlichkeiten)
	Eigenkapital (Nettovermögen)

22.21

a)

Schlussbilanz vor Gewinnverbuchung (Überbewertung)

Aktiven				Passiven		
Umlaufvermögen			**Fremdkapital**			
Flüssige Mittel	30		Verbindlichkeiten L+L	150		
Forderungen L+L	170		Hypotheken	150		
Vorräte	400	600	Übrige Schulden	50	350	
Anlagevermögen			**Eigenkapital**			
Mobilien	50		Aktienkapital	400		
Maschinen	100		Gesetzliche Gewinnreserve	100		
Immobilien	250	400	Gewinn	150	650	
		1 000			1 000	

b)

Schlussbilanz vor Gewinnverbuchung (Unterbewertung)

Aktiven				Passiven		
Umlaufvermögen			**Fremdkapital**			
Flüssige Mittel	30		Verbindlichkeiten L+L	150		
Forderungen L+L	170		Hypotheken	150		
Vorräte	270	470	Übrige Schulden	50	350	
Anlagevermögen			**Eigenkapital**			
Mobilien	50		Aktienkapital	400		
Maschinen	100		Gesetzliche Gewinnreserve	100		
Immobilien	250	400	Gewinn	20	520	
		870			870	

c) **Sicht der Unternehmung:** Der mit einer Überbewertung verbundene hohe Gewinnausweis birgt die Gefahr hoher Gewinnausschüttungen in sich. Hohe Dividendenauszahlungen verschlechtern aber die Vermögenslage, insbesondere die Liquidität. Dadurch wird die Unternehmung geschwächt. Eine Unterbewertung bewirkt das Gegenteil: Zurückbehaltene Gewinne (so genannte Selbstfinanzierung) stärken die Unternehmung.

Sicht der Gläubiger: Bei der Überbewertung wird die Vermögens- und Ertragslage der Unternehmung besser dargestellt, als es der Wirklichkeit entspricht. Dadurch werden die Gläubiger getäuscht: Z.B. könnte ein Lieferant oder eine Bank im Vertrauen auf die vorgespiegelte, sehr gute finanzielle Lage einen Kredit gewähren. Im Falle der Unterbewertung kann sich der Gläubiger sicher fühlen, indem er weiss, dass die Vermögens- und Ertragslage der Unternehmung in Wirklichkeit eher noch besser als dargestellt sind.

Sicht der Aktionäre: Durch die mit einer Überbewertung verbundenen hohen Dividendenauszahlungen hat der Aktionär nur einen kurzfristigen Vorteil, weil dadurch seine Gesellschaft geschwächt wird und er im Falle eines Konkurses mit der Entwertung seiner Aktien rechnen muss. Die mit einer Unterbewertung verbundene geringere Dividendenausschüttung wird im Allgemeinen durch die Wertsteigerung der Aktie wettgemacht. Allerdings setzt sich immer mehr die Auffassung durch, dass die Eigentümer (Aktionäre) ein Recht auf eine möglichst wahrheitsgemässe Rechnungslegung ihrer Gesellschaft haben (True-and-fair-view).

Sicht der Steuerbehörden: Der Staat ist nicht darauf aus, kurzfristig möglichst viel Steuereinnahmen zu erzielen. Er hat vielmehr Interesse an finanziell gesunden, für sichere Arbeitsplätze sorgenden, regelmässig Steuern zahlenden Unternehmungen. Er lehnt deshalb eine Überbewertung ebenso ab wie eine zu starke Unterbewertung.

d) Da die Überbewertung für alle Beteiligten nur Nachteile hat, ist sie gesetzlich verboten.

22.22

Aktiven dürfen nach OR 960a grundsätzlich höchstens zu Anschaffungs- oder Herstellkosten bewertet werden. Hier bildet der Anschaffungswert von CHF 2 344 761.– die Bewertungsobergrenze.

22.23

Bruttoankaufspreis	660 000
./. Rabatt 15%	– 99 000
= Nettoankaufspreis	561 000
+ Bezugskosten	15 000
+ Montagekosten	24 000
= Anschaffungswert Anfang 20_1	**600 000**
./. Abschreibung Jahr 20_1	– 90 000
= Buchwert Ende 20_1	**510 000**
./. Abschreibung Jahr 20_2	– 90 000
= Buchwert Ende 20_2	**420 000**

a) Die Anlage darf höchstens zum Buchwert von CHF 420 000.– bilanziert werden.

b)

Bilanz per 31. 12. 20_2 (in CHF 1 000)

Aktiven			Passiven
Maschine	600		
./. WB Maschine	– 180	420	

c) Abschreibungen/Wertberichtigung Maschine 90

22.24

a) Nach OR 960c bildet bei Warenvorräten der Anschaffungswert (Einstandswert) auf jeden Fall die Bewertungsobergrenze, das sind hier CHF 700.– je Pumpe. Bei zehn Pumpen ergibt sich ein Bilanzwert von CHF 7000.–.

b) Liegt der Nettoveräusserungswert von Warenvorräten unter dem Anschaffungswert, darf höchstens dieser in die Bilanz eingesetzt werden, das sind hier CHF 630.– je Pumpe. Bei zehn Pumpen ergibt sich ein Bilanzwert von CHF 6300.–.

c) Warenaufwand/Warenvorrat CHF 700.–

22.25

Nach OR 960b dürfen Aktiven mit Börsenkurs höchstens zum Kurs am Bilanzstichtag bilanziert werden, und Wertverluste müssen durch Abschreibungen berücksichtigt werden.

a) CHF 103 000.–

b) CHF 97 000.–

22.26

a) CHF 400.– (Anschaffungswert)

b) CHF 370.–

22.27

a) Es muss eine Rückstellung von mindestens CHF 400 000.– gebildet werden.

b) Die Rückstellung dürfte höher, aber nicht tiefer festgesetzt werden (OR 960e).

22.28

Bei planmässiger Abschreibung beträgt der Buchwert des Mobiliars Ende 20_4 (nach vier Jahren Nutzungsdauer) CHF 66 000.–, was dem nach OR 960a höchstens bilanzierbaren Wert entspricht.

Es ist davon auszugehen, dass die erfolgreiche Schule fortgeführt wird, weshalb bei der Bilanzierung der Fortführungswert von CHF 66 000.– massgeblich ist und nicht der Veräusserungswert von CHF 30 000.– (OR 958a).

22.29

a) Höchstens zu Herstellungskosten von 120 (OR 960a)

b) Fertige Erzeugnisse/Bestandesänderungen fertige Erzeugnisse 10

22.30

Schlussbilanz vor Gewinnverbuchung per 31. 12. 20_5

Aktiven			Passiven		
Umlaufvermögen			**Fremdkapital**		
Kasse (36 + 50 · 1.16)	94		Verbindlichkeiten L+L (60 + 100 · 1.20)	180	
Bank	120		Rückstellungen	80	260
Forderungen L+L (90 + 200 · 1.18)	326		**Eigenkapital**		
Warenvorrat	200	740	Aktienkapital	400	
			Gesetzliche Kapitalreserve	40	
Anlagevermögen			Gesetzliche Gewinnreserve	70	
Sachanlagen	860		Freiwillige Gewinnreserven	310	
./. Wertberichtigung	– 400	460	Gewinn	120	940
		1 200			1 200

c) Stille Reserven

22.40

a)

Externe Schlussbilanz

Aktiven		Passiven	
Umlaufvermögen	40	Fremdkapital	30
Anlagevermögen	50	Aktienkapital	50
		Offene Reserven	10
	90		90

Interne Schlussbilanz

Aktiven		Passiven	
Umlaufvermögen	40	Fremdkapital	20
Anlagevermögen	70	Aktienkapital	50
		Offene Reserven	10
		Stille Reserven	30
	110		110

b)

Externe Schlussbilanz

Aktiven		Passiven	
Umlaufvermögen	40	Fremdkapital	30
Anlagevermögen	50	Eigenkapital	60

Interne Schlussbilanz

Aktiven		Passiven	
Umlaufvermögen	40	Fremdkapital	20
Anlagevermögen	70	Eigenkapital	90

c) Das Eigenkapital ist die Saldogrösse der Bilanz: Steigen die Aktiven oder sinkt das Fremdkapital, so erhöht sich der Saldo.

d) Die stillen Reserven sind für Aussenstehende still, d.h. nicht sichtbar.

e) Gemeinsamkeit: Offene und stille Reserven sind Eigenkapital.

Hauptunterschiede:

▷ Die offenen Reserven sind in der internen und der externen Bilanz sichtbar, die stillen nur in der internen.

▷ Die offenen Reserven entstehen durch Beschluss der Generalversammlung zur Gewinnverwendung. Die stillen Reserven werden durch den Verwaltungsrat zulasten der Erfolgsrechnung gebildet bzw. zugunsten der Erfolgsrechnung aufgelöst.

22.41

a)

Soll	Haben	Betrag
Abschreibungen	Anlagevermögen	10
Warenaufwand	Warenvorrat	20
Warenertrag	Rückstellungen	5

b) Sie will den extern ausgewiesenen Gewinn vermindern, damit weniger Steuern und weniger Dividenden bezahlt werden müssen.

c)

Externe Schlussbilanz 31. 12. 20_1

Aktiven   Passiven

Umlaufvermögen			Fremdkapital		
Flüssige Mittel	10		Verbindlichkeiten L+L	45	
Forderungen L+L	50		Hypothek	30	
Warenvorrat	40	100	Rückstellungen	5	80
Anlagevermögen			**Eigenkapital**		
Anlagevermögen		160	Aktienkapital	150	
			Offene Reserven	0	
			Gewinn	30	180
		260			260

Aufbereitung des Zahlenmaterials 22

22.42

a)

Aktiven (Vermögen)

Konto	Allgemeine Erklärung	Buchungssatz
Mobiliar, Maschinen, Fahrzeuge	Zu hohe Abschreibungen	Abschreibungen/Mobilien
Warenvorräte	Bilanzierung unter dem Einstandswert	Warenaufwand/Warenvorrat
Forderungen L+L in Schweizer Franken	WB Forderungen L+L zu hoch	Verluste Forderungen/WB Forderungen L+L
Forderungen L+L in fremder Währung	Umrechnungskurse zu tief wählen	Warenertrag/Forderungen L+L

Fremdkapital (Schulden)

Konto	Allgemeine Erklärung	Buchungssatz
Verbindlichkeiten L+L in fremder Währung	Umrechnungskurse zu hoch wählen	Warenaufwand/Verbindlichkeiten L+L
Rückstellungen für Garantiearbeiten	Mehr Rückstellungen als nötig bilden	Garantieaufwand (oder Warenertrag)/Rückstellungen

b) Im Soll wird immer ein Aufwand oder eine Erlösminderung gebucht.
Im Haben wird immer eine Aktivenverminderung oder eine Schuldzunahme gebucht.

c) Der extern ausgewiesene Gewinn ist zu klein.

22.43

Eröffnungsbilanz

Aktiven	extern (unbereinigt)	Bereinigung	intern (bereinigt)	Passiven	extern (unbereinigt)	Bereinigung	intern (bereinigt)
Flüssige Mittel	50	0	50	Fremdkapital	390	− 50	340
Forderungen	120	0	120	Aktienkapital	300	0	300
Warenvorrat	240	120	360	Offene Reserven	220	0	220
Anlagevermögen	500	290	790	Stille Reserven	–	460	460
	910	410	1 320		910	410	1 320

Erfolgsrechnung

Aufwand	extern (unbereinigt)	Bereinigung	intern (bereinigt)	Ertrag	extern (unbereinigt)	Bereinigung	intern (bereinigt)
Warenaufwand	2 000	− 10	1 990	Warenertrag	4 000	20	4 020
Personalaufwand	1 000	0	1 000				
Abschreibungen	200	− 30	170				
Übriger Aufwand	700	0	700				
Gewinn	100	60	160				
	4 000	20	4 020		4 000	20	4 020

Schlussbilanz nach Gewinnverbuchung

Aktiven	extern (unbereinigt)	Bereinigung	intern (bereinigt)	Passiven	extern (unbereinigt)	Bereinigung	intern (bereinigt)
Flüssige Mittel	40	0	40	Fremdkapital	400	− 70	330
Forderungen	140	0	140	Aktienkapital	300	0	300
Warenvorrat	260	130	390	Offene Reserven	270	0	270
Anlagevermögen	530	320	850	Stille Reserven	–	520	520
	970	450	1 420		970	450	1 420

22.44

a)

Jahr	Externe Rechnungen			Interne Rechnungen			Stille Reserven	
	Ab-schreibung	Buchwert in Schluss-bilanz	Erfolg	Ab-schreibung	Buchwert in Schluss-bilanz	Erfolg	Ver-änderung	Bestand Ende Jahr
1	120 000	180 000	20 000	50 000	250 000	90 000	b) + 70 000	70 000
2	72 000	108 000	c) 38 000	50 000	200 000	60 000	+ 22 000	92 000
3	43 200	64 800	26 800	50 000	150 000	20 000	– 6 800	85 200
4	25 920	38 880	e) 14 080	50 000	100 000	–10 000	– 24 080	61 120

b) 70 000

Externe Abschreibung	120 000
./. Interne Abschreibung	– 50 000
= Bildung stiller Reserven	70 000

c) 38 000

Interner Gewinn	60 000
./. Bildung stiller Reserven	– 22 000
= Externer Gewinn	38 000

d) 155 200

Externes Eigenkapital	70 000
+ Bestand an stillen Reserven	85 200
= Internes Eigenkapital	155 200

e) In Wirklichkeit erzielte die Unternehmung einen Verlust von CHF 10 000.–. Durch die Auflösung von stillen Reserven wird den Aktionären ein Gewinn von CHF 14 080.– vorgetäuscht.

Trotz effektivem Verlust müssen auf einem Gewinn von CHF 14 080.– Steuern entrichtet werden. Allgemein gilt: Früher bei der Bildung stiller Reserven «eingesparte» Steuern führen bei der Auflösung stiller Reserven zu einer höheren Steuerbelastung.

Interner Verlust	– 10 000
+ Auflösung stiller Reserven	24 080
= Externer Gewinn	14 080

22.45

	Eigenkapital gemäss Eröffnungsbilanz			Erfolg gemäss Erfolgsrechnung			Eigenkapital gemäss Schlussbilanz		
	Externer Wert	Anfangsbestand an stillen Reserven	Interner Wert	Externer Gewinn	Veränderung an stillen Reserven	Interner Gewinn	Externer Wert	Schlussbestand an stillen Reserven	Interner Wert
a)	200	0	200	40	+ 10	50	240	10	250
b)	240	10	250	40	0	40	280	10	290
c)	280	10	290	50	+ 20	70	330	30	360
d)	330	30	360	50	+ 30	80	380	60	440
e)	380	60	440	30	+ 10	40	410	70	480
f)	410	70	480	15	+ 5	20	425	75	500
g)	425	75	500	25	+ 15	40	450	90	540
h)	450	90	540	20	− 10	10	470	80	550
i)	470	80	550	10	− 20	Verlust 10	480	60	540

Aufbereitung des Zahlenmaterials 22

22.46

Nr.	Aussage	Richtig	Begründung bei falscher Aussage
1	Von stillen Reserven spricht man deshalb, weil sie in der internen Bilanz nicht sichtbar sind.		Die stillen Reserven sind in der *externen* Bilanz nicht sichtbar; in der internen werden sie unter dem Eigenkapital ausgewiesen.
2	In früheren Jahren gebildete und im Anfangsbestand enthaltene stille Reserven wirken sich nicht auf den Erfolg der laufenden Periode aus.	X	
3	Durch die Bildung von stillen Reserven wird der externe Gewinn der laufenden und der folgenden Perioden zu tief ausgewiesen.		Nur der Gewinn der laufenden Periode wird zu tief ausgewiesen.
4	Durch die Auflösung von stillen Reserven wird der externe Gewinn der laufenden Periode zu hoch ausgewiesen.	X	
5	Die Bildung von stillen Reserven auf den Beständen an Forderungen L+L erfolgt mit der Buchung: WB Forderungen/Verluste Forderungen L+L.		Die Buchung lautet umgekehrt: Verluste Forderungen/WB Forderungen L+L.
6	Durch die Bildung und Auflösung von stillen Reserven können die internen Gewinne manipuliert werden.		Die *externen* Gewinne werden manipuliert.
7	Durch die Bewertungsvorschriften des OR wird die Bildung von stillen Reserven praktisch unterbunden.		Im Gegenteil: Die OR-Vorschriften fördern die Bildung stiller Reserven.
8	Die Bildung von stillen Reserven ist nur auf Aktivkonten möglich.		Durch Überbewertung der Schulden (Fremdkapital) könnten auch stille Reserven gebildet werden.
9	Viele Unternehmungen bewerten die Warenvorräte in ihren externen Bilanzen immer nur zu zwei Dritteln des Einstandswertes. Dadurch werden bei Vorratszunahmen automatisch stille Reserven gebildet und bei Vorratsabnahmen stille Reserven aufgelöst.	X	
10	Da Aktiengesellschaften ihre Liegenschaften nur zum Anschaffungswert bilanzieren dürfen, entstehen bei steigenden Bodenpreisen automatisch stille Reserven.	X	
11	Stille Reserven sind verstecktes Eigenkapital und erhöhen die Kreditwürdigkeit einer Unternehmung.	X	
12	Im Anhang zur Jahresrechnung muss der Gesamtbetrag der aufgelösten stillen Reserven aufgeführt werden, sofern dadurch das wirtschaftliche Ergebnis wesentlich günstiger dargestellt wird.	X	

22.47

Eröffnungsbilanz vom 1. 1. 20_5

Aktiven / Passiven

	extern (unbereinigt)	Bereinigung	intern (bereinigt)		extern (unbereinigt)	Bereinigung	intern (bereinigt)
Flüssige Mittel	10	0	10	Verbindlichkeiten L+L	35	0	35
Forderungen L+L (netto)	45	1	46	Rückstellungen	8	– 4	4
Warenvorräte	60	20	80	Aktienkapital	120	0	120
Mobilien	20	30	50	Reserven (offene u. stille)	72	95	167
Liegenschaft	100	40	140				
	235	91	326		235	91	326

Erfolgsrechnung 20_5

Aufwand / Ertrag

	extern (unbereinigt)	Bereinigung	intern (bereinigt)		extern (unbereinigt)	Bereinigung	intern (bereinigt)
Warenaufwand	450	– 5	445	Warenertrag	700	3	703
Personalaufwand	150	0	150				
Abschreib. Mobilien	12	– 6	6				
Diverser Aufwand	68	0	68				
Gewinn	20	14	34				
	700	3	703		700	3	703

Schlussbilanz vom 31. 12. 20_5

Aktiven / Passiven

	extern (unbereinigt)	Bereinigung	intern (bereinigt)		extern (unbereinigt)	Bereinigung	intern (bereinigt)
Flüssige Mittel	12	0	12	Verbindlichkeiten L+L	59	0	59
Forderungen L+L (netto)	50	2	52	Rückstellungen	14	– 6	8
Warenvorräte	75	25	100	Aktienkapital	120	0	120
Mobilien	30	36	66	Reserven (offene u. stille)	74	109	183
Liegenschaft	100	40	140				
	267	103	370		267	103	370

22.48

a)	Einstandswert der eingekauften Waren	400 000.–
	+ Lagerabnahme zu externen Werten	+ 20 000.–
	Warenaufwand gemäss externer Rechnung	420 000.–
b)	Bestand an stillen Reserven am Jahresanfang	30 000.–
	./. Bestand an stillen Reserven am Jahresende	– 20 000.–
	Abnahme stiller Reserven	10 000.–
c)	Warenaufwand gemäss externer Rechnung (Ergebnis a)	420 000.–
	+ Abnahme stiller Reserven (Ergebnis b)	+ 10 000.–
	Warenaufwand gemäss interner Rechnung	430 000.–

oder

	Einstandswert der eingekauften Waren	400 000.–
	+ Lagerabnahme zu internen Werten	+ 30 000.–
	Warenaufwand gemäss interner Rechnung	430 000.–
d)	Verkaufserlös	600 000.–
	./. Warenaufwand gemäss externer Rechnung (Ergebnis a)	– 420 000.–
	Bruttogewinn gemäss externer Rechnung	180 000.–
e)	Verkaufserlös	600 000.–
	./. Warenaufwand gemäss interner Rechnung (Ergebnis c)	– 430 000.–
	Bruttogewinn gemäss interner Rechnung	170 000.–

oder

	Bruttogewinn gemäss externer Rechnung (Ergebnis d)	180 000.–
	./. Auflösung stiller Reserven (Ergebnis b)	– 10 000.–
	Bruttogewinn gemäss interner Rechnung	170 000.–

22.49

a) 1 000 000.– – 600 000.– = 400 000.–

b) Die Vorräte haben effektiv um 15 000.– zugenommen (von 30 000.– Anfangsbestand auf 45 000.– Schlussbestand). Die extern ausgewiesene Zunahme beträgt nur 10 000.– (von 20 000.– auf 30 000.–). Es wurden folglich 5 000.– stille Reserven gebildet, und der extern ausgewiesene Bruttogewinn ist um 5 000.– kleiner, d. h. 395 000.–.

c)

	Bruttogewinn	395 000.–
	./. Gemeinkosten	300 000.–
	Reingewinn	95 000.–

d) Der Gewinn soll gegenüber c) um 15 000.– gesteigert werden (von 95 000.– auf 110 000.–). Dies bedingt eine Aufwertung des Warenvorrates um 15 000.–, d. h. von 30 000.– auf 45 000.–.

e) Die bei d) vorgenommene Aufwertung des Warenvorrates auf 45 000.– ist gemäss Obligationenrecht erlaubt. In OR 960a Abs. 2 wird eine Bewertung höchstens zum Einstandswert vorgeschrieben. Der Einstandswert der Vorräte beträgt in dieser Aufgabe Ende Jahr 45 000.–.

22.50

a) 100 000.– (Nur die Veränderung an stillen Reserven ist erfolgswirksam.)

b) 120 000.–

c) 80 000.–

22.51

Erfolgsrechnung 20_7

Aufwand / Ertrag

Aufwand	extern (unbereinigt)	Bereinigung	intern (bereinigt)	Ertrag	extern (unbereinigt)	Bereinigung	intern (bereinigt)
Warenaufwand	1 200	–10	1 190	Warenertrag	2 000	1	2 001
Personalaufwand	500	0	500				
Abschreibungen	100	–10	90				
Übriger Aufwand	170	1	171				
Gewinn	30	20	50				
	2 000	1	2 001		2 000	1	2 001

Eröffnungsbilanz vom 1. 1. 20_7

Aktiven / Passiven

Aktiven	extern (unbereinigt)	Bereinigung	intern (bereinigt)	Passiven	extern (unbereinigt)	Bereinigung	intern (bereinigt)
Flüssige Mittel	10	0	10	Diverses Fremdkapital	80	0	80
Forderungen L+L (netto)	100	1	101	Rückstellungen	50	– 9	41
Warenvorräte	120	10	130	Aktienkapital	300	0	300
Anlagevermögen	300	70	370	Reserven (offene u. stille)	100	90	190
	530	81	611		530	81	611

Aufbereitung des Zahlenmaterials — 22 — Lösung 51

Schlussbilanz vor Gewinnverbuchung 31. 12. 20_7

Aktiven / Passiven

	extern (unbereinigt)	Bereinigung	intern (bereinigt)		extern (unbereinigt)	Bereinigung	intern (bereinigt)
Flüssige Mittel	10	0	10	Diverses Fremdkapital	130	0	130
Forderungen L+L (netto)	110	2	112	Rückstellungen	70	– 8	62
Warenvorräte	150	20	170	Aktienkapital	300	0	300
Anlagevermögen	350	80	430	Reserven (offene u. stille)	90	90①	180
				Gewinn	30	20①	50
	620	102	722		620	102	722

Schlussbilanz nach Gewinnverbuchung vom 31. 12. 20_7

Aktiven / Passiven

	extern (unbereinigt)	Bereinigung	intern (bereinigt)		extern (unbereinigt)	Bereinigung	intern (bereinigt)
Flüssige Mittel	10	0	10	Diverses Fremdkapital	130	0	130
Forderungen L+L (netto)	110	2	112	Rückstellungen	70	– 8	62
Warenvorräte	150	20	170	Aktienkapital	300	0	300
Anlagevermögen	350	80	430	Reserven (offene u. stille)	120	110①	230
	620	102	722		620	102	722

① Anfangsbestand = 90, Zunahme = 20, Schlussbestand = 110

Bilanzbezogene Analyse

23.01

1 Kapitalstruktur (Passiven)

Fremdfinanzierungsgrad Fremdkapitalquote	$\dfrac{\text{Fremdkapital}}{\text{Gesamtkapital}}$	$\dfrac{1200}{2000}$	60%
Eigenfinanzierungsgrad Eigenkapitalquote	$\dfrac{\text{Eigenkapital}}{\text{Gesamtkapital}}$	$\dfrac{800}{2000}$	40%
Selbstfinanzierungsgrad	$\dfrac{\text{Gewinnreserven}}{\text{Eigenkapital}}$	$\dfrac{120}{800}$	15%

2 Vermögensstruktur (Aktiven)

Intensität des Umlaufvermögens	$\dfrac{\text{Umlaufvermögen}}{\text{Gesamtvermögen}}$	$\dfrac{1000}{2000}$	50%
Intensität des Anlagevermögens Immobilisierungsgrad	$\dfrac{\text{Anlagevermögen}}{\text{Gesamtvermögen}}$	$\dfrac{1000}{2000}$	50%

Bilanzbezogene Analyse — **23** Lösung 01

3 Liquidität (Zahlungsbereitschaft)

Liquiditätsgrad 1	$\dfrac{\text{Flüssige Mittel}}{\text{Kurzfristiges Fremdkapital}}$	$\dfrac{110}{350}$	31%
Liquiditätsgrad 2	$\dfrac{\text{Flüssige Mittel + Forderungen}}{\text{Kurzfristiges Fremdkapital}}$	$\dfrac{110 + 190}{350}$	86%
Liquiditätsgrad 3	$\dfrac{\text{Umlaufvermögen}}{\text{Kurzfristiges Fremdkapital}}$	$\dfrac{1000}{350}$	286%

Liquiditätsstaffel	Flüssige Mittel	110
	./. Kurzfristiges Fremdkapital	– 350
	= Unterdeckung 1. Stufe	– 240
	+ Forderungen	190
	= Unterdeckung 2. Stufe	– 50
	+ Vorräte	700
	= Überdeckung 3. Stufe (Nettoumlaufvermögen)	650

4 Anlagedeckung (Goldene Bilanzregel)

Anlagedeckungsgrad 1	$\dfrac{\text{Eigenkapital}}{\text{Anlagevermögen}}$	$\dfrac{800}{1000}$	80%
Anlagedeckungsgrad 2	$\dfrac{\text{Eigenkapital + langfristiges Fremdkapital}}{\text{Anlagevermögen}}$	$\dfrac{800 + 850}{1000}$	165%

Anlagedeckungsstaffel	Eigenkapital	800
	./. Anlagevermögen	– 1 000
	= Unterdeckung 1. Stufe	– 200
	+ Langfristiges Fremdkapital	850
	= Überdeckung 2. Stufe (Nettoumlaufvermögen)	650

23.02

a) Fremdfinanzierungsgrad (Fremdkapitalquote)

b) Die höhere Fremdfinanzierung von Y wirkt sich vor allem nachteilig auf die **Sicherheitsziele** aus:

  ▷ Durch eine höhere Verschuldung verschlechtert sich die Liquidität (Zahlungsbereitschaft) normalerweise, weil die vereinbarten Fremdzinsen unabhängig vom Geschäftsergebnis bezahlt werden müssen. Im Gegensatz dazu kann bei Eigenfinanzierung in schlechten Jahren auf Gewinnausschüttungen verzichtet werden. Zusätzlich wird die Liquidität durch die beim Fremdkapital bestehenden Rückzahlungsverpflichtungen beeinträchtigt.

  ▷ Eine höhere Verschuldung wirkt sich auf die Bonität negativ aus, sodass die finanzielle Flexibilität verloren geht, weil beispielsweise bei finanziellen Engpässen keine zusätzlichen Kredite mehr aufgenommen werden können. Das schlechtere Rating führt auch zu höheren Kreditkosten, weil der Zinsfuss infolge grösserem Risiko für die Kreditgeber steigt.

  ▷ Durch eine zunehmende Verschuldung sinkt die Unabhängigkeit der Unternehmung gegenüber den Kreditgebern.

In der Aufgabenstellung nicht verlangte Zusatzüberlegung: Es besteht grundsätzlich ein Zielkonflikt zwischen Sicherheit und Rentabilität: Eine höhere Verschuldung wirkt sich eindeutig negativ auf die Sicherheit aus. Unter Umständen kann aber durch den vermehrten Einsatz von Fremdkapital die **Rentabilität** des Eigenkapitals verbessert werden. Diese Möglichkeit der Renditesteigerung durch den Einsatz von Fremdkapital ist unter dem Begriff Leverage-Effekt bekannt (vgl. Aufgabe 24.07). Dieser lässt sich wie folgt umschreiben:

  ▷ Die Rendite des Eigenkapitals steigt umso stärker, je höher der Fremdfinanzierungsgrad ist, sofern der Zinsfuss für das Fremdkapital niedriger ist als die Rendite des Gesamtkapitals.

  ▷ Umgekehrt besteht das Risiko, dass die Rendite des Eigenkapitals umso stärker fällt, je höher der Fremdfinanzierungsgrad ist, sobald die Rendite des Gesamtkapitals unter die Höhe des Zinsfusses für das Fremdkapital sinkt. Dies ist häufig bei Gewinnmargen-Verknappungen in Rezessionsphasen oder in Zeiten steigender Zinsen der Fall.

23.03

a) Anlageintensität (Immobilisierungsgrad) oder Investitionsverhältnis

b) Anlageintensiv sind: Energieerzeugung, Wasserversorgung, Hotel, Transport

c) Unternehmung Y weist höhere Fixkosten auf (v. a. in Form höherer Abschreibungen und Zinsen)

d) Kostenremanenz (remanere heisst wörtlich verbleiben) bedeutet, dass die Kosten bei einem Beschäftigungsrückgang weniger stark fallen (sie verbleiben oben), als sie vorher bei einer Beschäftigungserhöhung gestiegen sind. Dieses unangenehme Phänomen ist umso stärker, je höher der Fixkostenanteil ist.

23.04

a) Liquiditätsgrad 2

b) Theoretisch wird oft ein Wert von 100% gefordert.

c) Bei Aussagen über die optimale Höhe von Liquiditätsgraden muss immer vor Augen gehalten werden, dass ein Zielkonflikt besteht zwischen Liquidität und Rentabilität. Hauptziel der meisten Unternehmungen ist die Erwirtschaftung einer angemessenen Rendite; die Sicherung der jederzeitigen Zahlungsfähigkeit ist aber für jede Unternehmung eine Existenzfrage, weshalb die Geschäftsleitungen der Erhaltung einer genügenden Liquidität sehr viel Aufmerksamkeit schenken. Unternehmung X weist bezüglich der Liquidität einen besseren Wert auf. Es ist aber möglich, dass Unternehmung Y die liquiden Mittel ertragsbringend investiert hat, um die Rendite zu steigern.

d) Die statische (bilanzbezogene) Liquiditätsanalyse weist gegenüber der dynamischen (Mittelflussrechnung) eine Reihe von Nachteilen auf:

  ▷ Weil sich die Analyse auf einen Zeitpunkt bezieht, ist nicht ersichtlich, wie sich die Liquidität in der Vergangenheit entwickelt hat bzw. in der Zukunft entwickeln wird. Nicht zum Ausdruck kommen auch saisonal bedingte Schwankungen.

  ▷ Die Liquiditätseinflüsse der Umsatztätigkeit bleiben weitgehend unberücksichtigt. Die Lohnzahlungen im Monat nach dem Bilanzstichtag können beispielsweise die Bestände an liquiden Mitteln am Bilanzstichtag deutlich übersteigen.

  ▷ Die Ursachen für die Liquiditätslage werden in der statischen Analyse nicht angegeben. Die Geschäftsleitung sieht zum Beispiel wohl, dass der Liquiditätsgrad 2 ungenügend ist, weiss aber nicht weshalb und kann deshalb keine wirksamen Massnahmen ergreifen.

  ▷ Die Fälligkeiten im kurzfristigen Fremdkapital sind unklar: Haben zum Beispiel die Verbindlichkeiten L+L die gleichen Fristigkeiten wie die Forderungen L+L? Entsprechen die rechtlichen Fälligkeiten den tatsächlichen?

  ▷ Vorhandene, noch nicht ausgeschöpfte Kreditlimiten werden nicht berücksichtigt.

23.05

a) Anlagedeckungsgrad 2

b) Die goldene Bilanzregel verlangt, dass langfristig investiertes Vermögen (das Anlagevermögen) auch langfristig finanziert wird (mit langfristigem Fremdkapital oder mit Eigenkapital).

c) Von Unternehmung Y

d) Sofern der Liquiditätsgrad 3 mehr als 100% beträgt, liegt auch der Anlagedeckungsgrad 2 über 100%.

23.06

		Liquiditätsgrad 2 mindestens 100%	Eigenkapitalquote mindestens 40%	Anlagedeckungsgrad 2 mindestens 100%
1	Die Hausbank gewährt eine langfristige Hypothek von 45. Die Gutschrift erfolgt auf dem Konto *Bankguthaben*.	X		X
2	Der Hauptlieferant ist bereit, Verbindlichkeiten L+L von 45 in ein langfristiges Darlehen umzuwandeln.	X		X
3	Die Insano AG führt eine Aktienkapitalerhöhung von 45 mittels Barliberierung durch.	X		X
4	Bisherige Gläubiger beteiligen sich an der Insano AG durch Umwandlung von Finanzverbindlichkeiten von 45 in Aktienkapital.		X	
5	Die Insano AG führt eine Aktienkapitalerhöhung von 100 durch. Die Liberierung erfolgt durch Einbringung einer Sachanlage.		X	
6	Ein nicht betriebsnotwendiges Grundstück wird zum Buchwert von 45 gegen Barzahlung verkauft.	X		X

23.07

Die Lösung wird am besten in Schritten ermittelt (allenfalls mit Unterstützung durch eine Skizze der Bilanzstruktur):

▷ Aus dem Unterschied zwischen dem Liquiditätsgrad 2 und 3 folgt, dass die Vorräte 80% des kurzfristigen Fremdkapitals betragen. Daraus lässt sich das kurzfristige Fremdkapital mit 500 ermitteln (400 : 80%).

▷ Da der Liquiditätsgrad 3 einen Wert von 200% ausweist, beträgt das Umlaufvermögen 1 000 (das sind 200% des kurzfristigen Fremdkapitals von 500).

▷ Die Intensität des Umlaufvermögens ist 40%, weil die Intensität des Anlagevermögens 60% ist. Da das Umlaufvermögen 1 000 beträgt, lassen sich das Anlagevermögen (1 500) und die Bilanzsumme (2 500) ermitteln.

▷ Das **Eigenkapital** beträgt 30% der Bilanzsumme, also **750**. Folglich ist das Fremdkapital 1 750.

▷ Da das kurzfristige Fremdkapital 500 beträgt, ist das langfristige Fremdkapital 1 250.

Anlagedeckungsgrad 2	$\dfrac{\text{Eigenkapital + langfristiges Fremdkapital}}{\text{Anlagevermögen}}$	$\dfrac{750 + 1250}{1500}$	$\dfrac{2000}{1500}$	133%

23.08

a)

	Unternehmung A	Unternehmung B	Unternehmung C
Fremdfinanzierungsgrad	56%	83%	40%
Anlageintensität	38%	23%	40%
Liquiditätsgrad 2	116%	49%	175%
Anlagedeckungsgrad 2	179%	135%	200%

b) Die **Unternehmung A** verfügt über eine gesunde Finanzierung und Liquidität. (Die Zahlen stammen aus Volkart, Rudolf: Finanzielle Führung in der Rezession. Sie entsprechen dem Durchschnitt von 30 grossen Schweizer Unternehmungen.)

Die **Bilanz B** zeigt das Bild einer rezessionsgeschwächten Unternehmung: Die Liquidität ist zu tief und die Verschuldung (vor allem die kurzfristige) zu hoch, die hohen Ausstände an Forderungen weisen auf einen schleppenden Zahlungseingang seitens der Kunden hin, und die grossen Lagerbestände signalisieren Absatzschwierigkeiten.

Die **Unternehmung C** ist eher überkapitalisiert: Die Unternehmung ist zwar gemäss Bilanz sehr sicher, aber die Eigenkapitalrentabilität dürfte infolge der zu grossen Liquidität und des hohen Eigenfinanzierungsgrades sehr bescheiden sein. Möglicherweise ist der Eigenfinanzierungsgrad zu Recht so hoch, weil die Unternehmung sehr risikoreiche Geschäfte pflegt. Auch die hohe Liquidität könnte absichtlich bereitgestellt worden sein, da die Unternehmung C eine andere Unternehmung aufkaufen will oder eine andere grössere Investition bevorsteht. Vielleicht ist das Eigenkapital infolge grosser zurückbehaltener Gewinne in der Vergangenheit so hoch (Selbstfinanzierung).

Bilanzbezogene Analyse — **23** Lösung 08

23.09

a)

Bilanz per 31. 12. 20_1

Aktiven	Externe Werte	Stille Reserven	Interne Werte	Passiven	Externe Werte	Stille Reserven	Interne Werte
Flüssige Mittel	75		75	Kurzfristiges Fremdkapital	50		50
Forderungen	56	4	60	Langfristiges Fremdkapital	106	– 6	100
Vorräte	60	30	90	Aktienkapital	100		100
Sachanlagen	165	60	225	Kapitalreserven	40		40
				Gewinnreserven	60	100	160
	356	94	450		356	94	450

b)

Kennzahlen	Werte der Grogg AG		Branchendurchschnitt
Eigenfinanzierungsgrad	300 : 450	67%	33%
Intensität des Anlagevermögens	225 : 450	50%	42%
Liquiditätsgrad 2	135 : 50	270%	96%
Anlagedeckungsgrad 2	400 : 225	178%	115%

c) Alle Werte der Grogg AG liegen über den Branchendurchschnittswerten.

▷ Eigenfinanzierung und Liquidität sind sehr hoch, was aus dem Blickwinkel der Sicherheitsziele ideal ist. Im Sinne eines Zielkonflikts führen hohe Liquidität und Eigenfinanzierung zu einer tieferen Eigenkapitalrentabilität (die Rentabilität lässt sich hier nicht berechnen).

▷ Die Intensität des Anlagevermögens ist etwas höher als der Branchenwert. Eine hohe Anlageintensität verursacht hohe Fixkosten (Abschreibungen, Zinsen) und erschwert die Anpassung der Produktionsanlagen auf neue Marktgegebenheiten.

▷ Der Anlagedeckungsgrad 2 ist hoch; die Goldene Bilanzregel wird damit gut eingehalten.

Die Unternehmung ist finanziell gesund; die Aktien können bedenkenlos gekauft werden.

23.10

Liquiditätsgrad 1	$\dfrac{30}{110-10}$	30%
Liquiditätsgrad 2	$\dfrac{30+80}{110-10}$	110%
Liquiditätsgrad 3	$\dfrac{30+80+100-10}{110-10}$	200%
Fremdfinanzierungsgrad	$\dfrac{110+160}{500}$	54%

Die Begriffe «Anzahlungen» und «Vorauszahlungen» werden gleichbedeutend verwendet.

Die Anzahlungen an Warenlieferanten werden bei den Vorräten bilanziert und dementsprechend im Liquiditätsgrad 3 berücksichtigt.

Die Anzahlungen an Maschinenlieferanten haben keinen Einfluss auf die Liquiditätsgrade, da sie im Anlagevermögen zu bilanzieren sind.

Die Anzahlungen von Kunden stellen eine Verpflichtung zur künftigen Lieferung von Waren oder Produkten an die Kunden dar. Es wird deshalb in der Zukunft kein Geldabgang, sondern ein Abgang an Vorräten stattfinden. Deshalb sind die Anzahlungen von Kunden beim kurzfristigen Fremdkapital und bei den Vorräten abzuziehen. Diese Umbuchung gilt nur für die statische Liquiditätsanalyse, nicht für die übrigen Kennzahlen (wie hier z. B. der Fremdfinanzierungsgrad).

In der Wirtschaftspraxis wird diese hier behandelte Sonderstellung der Anzahlungen an Lieferanten bzw. von Kunden bei der statischen Liquiditätsanalyse der Einfachheit halber oft vernachlässigt. Zu beachten ist ferner, dass noch weitere Bestandteile der Forderungen bzw. der kurzfristigen Verbindlichkeiten keinen Geldcharakter haben (z. B. ein Teil der Rechnungsabgrenzungen). Allerdings werden auch diese Unterscheidungen von der Praxis im Rahmen der statischen Liquiditätsanalyse oft nicht vorgenommen.

Bilanzbezogene Analyse

23.11

Aufgabe	Buchungssätze	Eigenfinanzierungsgrad	Fremdfinanzierungsgrad	Anlageintensität	Liquiditätsgrad 2	Liquiditätsgrad 3	Anlagedeckungsgrad 1	Anlagedeckungsgrad 2
a)	Maschinen/Flüssige Mittel	0	0	+	–	–	–	–
b)	Immobilien/Eigenkapital	+	–	+	0	0	?	?
c)	Flüssige Mittel/Hypotheken	–	+	–	+	+	0	+
d)	Flüssige Mittel/Forderungen L+L	0	0	0	0	0	0	0
e)	Verbindlichkeiten L+L/Flüssige Mittel	+	–	+	?	?	0	0
f)	Flüssige Mittel/Fahrzeuge	0	0	–	+	+	+	+
g)	Flüssige Mittel/Aktienkapital	+	–	–	+	+	+	+

Bilanzbezogene Analyse

23.12
Kreuzen Sie die Aussagen als richtig an, oder begründen Sie, weshalb diese falsch sind.

Nr.	Aussage	Richtig	Begründung bei falscher Aussage
1	Eine hohe Intensität des Anlagevermögens verursacht grundsätzlich hohe Fixkosten.	X	
2	Im Sinne einer Faustregel gilt ein Liquiditätsgrad 2 von 100% als gut.	X	
3	Wenn der Liquiditätsgrad 3 über 100% liegt, ist auch der Anlagedeckungsgrad 1 über 100%.		Über den Anlagedeckungsgrad 1 lässt sich nichts aussagen. Die Aussage trifft für den Anlagendeckungsgrad 2 zu.
4	Eigen- und Fremdfinanzierungsgrad ergeben zusammen 100%.	X	
5	Die Banken verlangen im Rahmen von Kreditprüfungen einen Liquiditätsgrad 1 von mindestens 40%.		Über eine sinnvolle Höhe des Liquiditätsgrades 1 lässt sich nicht viel sagen; er ist als Kennzahl zu Kreditprüfungen ungeeignet.
6	Die goldene Bilanzregel verlangt, dass langfristig gebundenes Vermögen (Anlagevermögen) mit langfristigem Kapital (Eigenkapital und langfristiges Fremdkapital) zu finanzieren ist.	X	
7	Wenn in einer Liquiditätsstaffel auf der zweiten Stufe eine Unterdeckung ausgewiesen wird, so ist der Liquiditätsgrad 2 kleiner als 100%.	X	
8	Ein höherer Fremdfinanzierungsgrad ist aus dem Blickwinkel der Liquidität von Nachteil, weil damit tendenziell hohe Zins- und Rückzahlungsverpflichtungen verbunden sind.	X	
9	Ein höherer Eigenfinanzierungsgrad führt grundsätzlich zu einer besseren Bonität (Kreditrating), und die Unternehmung profitiert von höheren Zinsfüssen.		Die Unternehmung profitiert von *tieferen* Zinsfüssen.
10	Ein tiefer Selbstfinanzierungsgrad weist immer auf eine ungenügende Finanz- und Ertragslage hin.		Ein tiefer Selbstfinanzierungsgrad kann ein schlechtes Zeichen sein, wenn er aufgrund geringer Unternehmensgewinne entstanden ist. Es ist umgekehrt aber auch möglich, dass die Unternehmung regelmässig hohe Gewinne erwirtschaftet, diese aber ausschüttet. Die Kennzahl ist von der Dividenden-Ausschüttungsquote abhängig und deshalb für Analysezwecke in der Regel weniger geeignet. Ältere Unternehmen weisen tendenziell einen höheren Selbstfinanzierungsgrad als jüngere auf.

24

Erfolgsbezogene Analyse

24.01

a) Kapitalrentabilität

Rentabilität des Eigenkapitals	$\dfrac{\text{Gewinn}}{\text{Eigenkapital}}$	$\dfrac{16}{160}$	10%
Rentabilität des Gesamtkapitals	$\dfrac{\text{EBIT}}{\text{Gesamtkapital}}$	$\dfrac{28}{400}$	7%

b) Umsatzrentabilität

Bruttogewinnmarge Handelsmarge	$\dfrac{\text{Bruttogewinn}}{\text{Umsatz}}$	$\dfrac{300}{1000}$	30%
EBIT-Marge	$\dfrac{\text{EBIT}}{\text{Umsatz}}$	$\dfrac{28}{1000}$	2,8%
(Rein-)**Gewinnmarge**	$\dfrac{\text{Gewinn}}{\text{Umsatz}}$	$\dfrac{16}{1000}$	1,6%

24.02

a)

Schlussbilanz 31. 12. 20_6

	extern	intern		extern	intern
Flüssige Mittel	7	7	Kurzfristiges Fremdkapital	20	20
Forderungen (netto)	23	24	Langfristiges Fremdkapital	50	44
Warenvorrat	18	27	Eigenkapital	30	64
Anlagevermögen	52	70			
	100	128		100	128

Erfolgsrechnung 20_6

	extern	intern
Warenertrag	200	200
./. Warenaufwand	– 120	– 117
./. Abschreibungen	– 7	– 8
./. Bildung langfristige Rückstellungen	– 4	– 5
./. Übriger operativer Aufwand	– 63	– 63
= **EBIT**	6	7
./. Zinsaufwand	– 2	– 2
./. Steueraufwand	– 1	– 1
= **Gewinn**	3	4

Erfolgsbezogene Analyse — 24 Lösung 02

b)

Kennzahl	Externe Werte	Interne Werte	Kurzkommentar
Liquiditätsgrad 2	30 : 20 = **150%**	31 : 20 = **155%**	Der Liquiditätsgrad 2 ist praktisch unverändert; nur die geringfügige Differenz im Delkredere beeinflusst den Kennzahlenwert.
Anlageintensität	52 : 100 = **52%**	70 : 128 = **55%**	Die Anlageintensität steigt, weil die stillen Reserven im Anlagevermögen grösser sind als jene im Umlaufvermögen.
Eigenfinanzierungsgrad	30 : 100 = **30%**	64 : 128 = **50%**	Der Kennzahlenwert steigt sehr stark, weil das Eigenkapital durch die Aufrechnung der stillen Reserven zunimmt.
Bruttogewinnmarge	80 : 200 = **40%**	83 : 200 = **41,5%**	Die Bruttogewinnmarge steigt etwas, weil der bereinigte Warenaufwand kleiner ist.
Gesamtkapitalrendite	6 : 100 = **6%**	7 : 128 = **5,5%**	Durch die Bereinigung steigen sowohl EBIT als auch das Gesamtkapital, was sich weit gehend kompensiert.
Eigenkapitalrendite	3 : 30 = **10%**	4 : 64 = **6,3%**	Zwar ist der interne Gewinn leicht höher, aber das bereinigte viel grössere Eigenkapital bewirkt eine deutliche Verminderung der Eigenkapitalrendite.

24.03

Bilanzstruktur

Flüssige Mittel	75	Kurzfristiges Fremdkapital	250
Forderungen (netto)	125	Langfristiges Fremdkapital	300
Warenvorrat	100	Eigenkapital	450
Anlagevermögen	700		
	1 000		1 000

Weitere Grössen

Grösse	Berechnung	Ergebnis
Warenertrag (Umsatz)	(45 + 11 + 9) : 3,25% = 65 : 0,325	2 000
Bruttogewinnmarge	(2 000 – 1 300) : 2 000 = 700 : 2 000	35%
Eigenkapitalrendite	45 : 450	10%

24.04

a)

Schlussbilanz 31. 12. 20_4

	extern	intern		extern	intern
Flüssige Mittel	15	15	Verbindlichkeiten L+L	43	43
Forderungen L+L	75	75	Kurzfristige Garantierückstellungen	7	3
Materialvorrat	30	45	Langfristige Finanzschulden	40	40
Vorrat Erzeugnisse	20	30	Aktienkapital	80	80
Sachanlagen	110	110	Offene Reserven	30	30
./. Wertberichtigung Sachanlagen	– 50	– 30	Stille Reserven		49
	200	245		200	245

Erfolgsrechnung 20_4

	extern	intern
Verkaufserlös	700	701
+ Zunahme Erzeugnisse	6	9
= **Produktionsertrag**	**706**	**710**
./. Materialaufwand	– 200	– 201
./. Abschreibungen	– 10	– 8
./. Übriger operativer Aufwand	– 480	– 480
= **EBIT**	**16**	**21**
./. Zinsaufwand	– 2	– 2
./. Steueraufwand	– 3	– 3
= **Gewinn**	**11**	**16**

b)

Kennzahl	Berechnung	Wert Tekkno AG	Wert Branche	Kurzkommentar
Liquiditätsgrad 2	$\dfrac{90}{46}$	196%	290%	Als Faustregel gilt ein Wert von 100%. Obwohl der Branchenwert unterschritten wird, kann die Liquidität der Tekkno AG als sehr gut bezeichnet werden.
Eigenfinanzierungsgrad	$\dfrac{159}{245}$	65%	63%	Die Eigenkapitalquote ist hoch; die Finanzierung ist sicher.
Anlageintensität	$\dfrac{80}{245}$	33%	23%	Die Anlageintensität ist zwar höher als branchenüblich, aber für einen Fabrikationsbetrieb immer noch relativ tief.
Gesamtkapitalrendite	$\dfrac{21}{245}$	8,6%	11,4%	Die Gesamtkapitalrendite ist zu tief. Massnahmen zur Verbesserung der operativen Marge (EBIT-Marge) sind zu treffen.
Eigenkapitalrendite	$\dfrac{16}{159}$	10%	12,9%	Als Folge der geringen Gesamtkapitalrendite und der hohen Eigenkapitalquote ist die Eigenkapitalrendite nur genügend.

Erfolgsbezogene Analyse

24.05

	Kennzahl	Verbindlichkeiten L+L/ Flüssige Mittel	Immobilien/Aktienkapital
a)	Fremdfinanzierungsgrad	–	–
b)	Anlageintensität	+	+
c)	Liquiditätsgrad 2	?	0
d)	Anlagedeckungsgrad 2	0	?
e)	Eigenkapitalrendite	0	–
f)	Gesamtkapitalrendite	+	–
g)	EBIT-Marge	0	0

24.06

a)

Erfolgsrechnung

Warenertrag	500
./. Warenaufwand	– 280
= Bruttogewinn	**220**
./. Personalaufwand	– 130
./. Abschreibungen	– 14
./. Übriger Betriebsaufwand	– 40
= EBIT	**36**
./. Finanzaufwand	– 11
= Gewinn vor Steuern	**25**
./. Steuern	– 10
= Gewinn	**15**

b)

Kennzahl	Berechnung	Resultat
Rentabilität des Gesamtkapitals	36 : 400 (oder 7,2% · 1,25)	9%
Rentabilität des Eigenkapitals	15 : 200	7,5%
Bruttogewinnmarge	220 : 500	44%
EBIT-Marge	36 : 500	7,2%
Gewinnmarge	15 : 500	3%
Umsatz je m² Verkaufsfläche	500 000 000 : 40 000 m²	12 500
Umsatz je Mitarbeiter	500 000 000 : 2 000	250 000

24.07

a)

	Fremdfinan-zierungsgrad	Gesamtkapital-rendite	Eigenkapital-rendite
Unternehmung E	20%	13%	15%
Unternehmung F	80%	13%	45%

b) Diese Frage kann nicht abschliessend beantwortet werden, weil es darauf ankommt, von welchen Zielsetzungen der Fragesteller ausgeht:

▷ Soll die Eigenkapitalrentabilität möglichst hoch sein, ist das Finanzierungsverhältnis der Unternehmung F besser.

▷ Steht die Sicherheit (Liquidität, finanzielle Flexibilität, Unabhängigkeit) im Vordergrund, verfügt die Unternehmung E über das bessere Finanzierungsverhältnis.

Anhand dieser Aufgabe kann gezeigt werden, dass zwischen Rentabilität und Sicherheit kurzfristig ein Zielkonflikt besteht. Die Aufgabe eignet sich auch zur Verdeutlichung des finanziellen Leverage-Effekts. (Der Leverage-Effekt bedeutet: Liegt die Gesamtkapitalrentabilität über dem Zinsfuss für das Fremdkapital, so ist die Eigenkapitalrendite umso höher, je kleiner der Eigenfinanzierungsgrad ist. Sinkt umgekehrt die Gesamtkapitalrendite unter den Zinsfuss für das Fremdkapital, so sinkt die Eigenkapitalrendite, und zwar umso stärker, je kleiner der Eigenfinanzierungsgrad ist.)

c) Der Warenertrag würde sich auf 490 vermindern (98% von 500), der Aufwand bliebe wahrscheinlich unverändert, sodass

▷ die sicherer finanzierte Unternehmung E noch einen Gewinn von 2 aufwiese.

▷ die risikoreicher finanzierte Unternehmung F bereits einen Verlust von 1 ausweisen müsste.

Dieses Beispiel zeigt, dass selbst geringfügige Verschlechterungen der Geschäftslage (2% tiefere Preise!) bereits eine negative Hebelwirkung entfalten. (Die Gesamtkapitalrentabilität beträgt bei E und F nur noch je 3%. Damit liegt diese unter dem Zinsfuss für das Fremdkapital von 5%. Dadurch wirkt sich der Leverage-Effekt in die unerwünschte Richtung aus.)

24.08

a)

	1 Wohnhaus	2 Wohnhäuser	3 Wohnhäuser
Gesamtkapital	CHF 3 000 000.–	CHF 6 000 000.–	CHF 9 000 000.–
Fremdkapital	CHF 0.–	CHF 3 000 000.–	CHF 6 000 000.–
Fremdfinanzierungsgrad	0%	50%	66⅔%
Mietzinserträge netto (nach Abzug der Nebenkosten)	CHF 180 000.–	CHF 360 000.–	CHF 540 000.–
Hypothekarzinskosten	CHF 0.–	CHF 120 000.–	CHF 240 000.–
Gewinn	CHF 180 000.–	CHF 240 000.–	CHF 300 000.–
Gesamtkapitalrendite	6%	6%	6%
Eigenkapitalrendite	6%	8%	10%

Aus dem Blickwinkel der **Eigenkapitalrendite** sind 3 Wohnhäuser zu errichten. (Da die Gesamtkapitalrendite mit 6% über dem Fremdkapitalzinsfuss von 4% liegt, kommt der finanzielle Leverage-Effekt positiv zum Tragen.)

b) Vor allem folgende **Risikoüberlegungen** sind anzustellen:

▷ Wie sicher kann der geplante Mietzinsertrag auch wirklich erzielt werden? Sind die Annahmen realistisch oder eher optimistisch? Ist ein Sinken des allgemeinen Mietzinsniveaus möglich? Muss eventuell zeitweise mit unvermieteten Wohnungen gerechnet werden?

▷ Der Hypothekarzinsfuss ist mit 4% p.a. sehr tief. Sind in Zukunft Zinsfusserhöhungen zu erwarten? Ist die Annahme eines gleichen Zinsfusses für alle drei Varianten realistisch, oder wird die Bank mit zunehmendem Risiko (die Verschuldung ist bei drei Wohnhäusern 66⅔%) einen höheren Zinsfuss anwenden?

▷ Decken die geplanten Nebenkosten von CHF 50 000.– auch die wirklich anfallenden Kosten für Abschreibungen, Reparaturen und Unterhalt?

Erfolgsbezogene Analyse 24

24.09

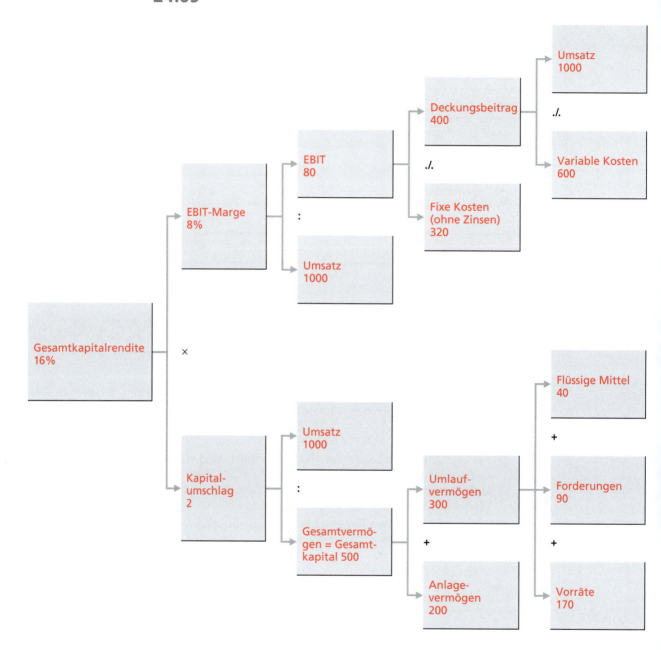

24.10

a)

Bilanz per 31. 12. 20_5

Aktiven			Passiven		
Umlaufvermögen			**Fremdkapital**		
Flüssige Mittel	7		Kurzfristiges Fremdkapital	40	
Forderungen	53		Langfristiges Fremdkapital	80	120
Vorräte	30	90			
			Eigenkapital		
Anlagevermögen			Aktienkapital	50	
			Kapitalreserven	8	
Finanzanlagen	15		Gewinnreserven	40	
Sachanlagen	90		./. Eigene Aktien	– 8	
Immaterielle Werte	5	110	./. Nicht einbezahltes AK	– 10	80
		200			200

Erfolgsrechnung 20_5

Warenertrag (Nettoerlöse aus Lieferungen und Leistungen)	400
./. Warenaufwand	– 300
= **Bruttogewinn**	**100**
./. Personalaufwand	– 50
./. Übriger betrieblicher Aufwand	– 20
./. Abschreibungen	– 10
= **Ergebnis vor Zinsen und Steuern (EBIT)**	**20**
+ Finanzertrag	2
+ Finanzaufwand	– 7
= **Gewinn vor Steuern**	**15**
./. Direkte Steuern	– 3
= **Jahresgewinn**	**12**

b)

Kennzahl	Berechnung	Resultat
Intensität des Anlagevermögens	110 : 200	55%
Eigenfinanzierungsgrad	80 : 200	40%
Selbstfinanzierungsgrad	40 : 80	50%
Liquiditätsgrad 2	(7 + 53) : 40 = 60 : 40	150%
Anlagedeckungsgrad 2	(80 + 80) : 110 = 160 : 110	145%
Bruttogewinnmarge	100 : 400	25%
EBIT-Marge	20 : 400	5%
Gewinnmarge	12 : 400	3%
Rentabilität des Gesamtkapitals	20 : 200	10%
Rentabilität des Eigenkapitals	12 : 80	15%

Die Kennzahlenwerte der NaturPur AG sind meist etwas besser als die Branchendurchschnittswerte. Nur die Eigenkapitalrendite liegt geringfügig unter dem Schnitt.

24.11

a)

Kennzahl	Berechnung	Resultat
Liquiditätsgrad 2	420 : 100	420%
Eigenfinanzierungsgrad	540 : 740	73%
Gesamtkapitalrendite	40 : 740	5,4%
Eigenkapitalrendite	29 : 540	5,4%

b) Die Abschlussrechnungen nach Durchführung der Massnahmen lauten:

Schlussbilanz

Aktiven		Passiven	
Kasse und Bank X	10	Verbindlichkeiten L+L	30
Forderungen L+L	20	Bank Y	0
Vorräte	60	Hypothek	0
Mobile Sachanlagen	60	Eigenkapital	320
Immobile Sachanlagen	200		
	350		350

Erfolgsrechnung

Verkaufsertrag	2 000
./. Materialaufwand	– 400
./. Personalaufwand	– 900
./. Sonstiger Betriebsaufwand	– 660
= **EBIT**	**40**
+ Zinsertrag	0
./. Zinsaufwand	– 0
= **Gewinn**	**40**

Aus diesen Abschlussrechnungen können folgende Renditen berechnet werden:

Kennzahl	Berechnung	Resultat
Gesamtkapitalrendite	40 : 350	11,4%
Eigenkapitalrendite	40 : 320	12,5%

c) Durch die höhere Verschuldung ergeben sich folgende Abschlussrechnungen:

Schlussbilanz

Aktiven		Passiven	
Kasse und Bank X	10	Verbindlichkeiten L+L	30
Forderungen L+L	20	Bank Y	100
Vorräte	60	Hypothek	100
Mobile Sachanlagen	60	Eigenkapital	120
Immobile Sachanlagen	200		
	350		350

Erfolgsrechnung

Verkaufsertrag	2 000
./. Materialaufwand	– 400
./. Personalaufwand	– 900
./. Sonstiger Betriebsaufwand	– 660
= **EBIT**	**40**
+ Zinsertrag	0
./. Zinsaufwand	– 12
= **Gewinn**	**28**

Aus diesen Abschlussrechnungen können folgende Renditen berechnet werden:

Kennzahl	Berechnung	Resultat
Gesamtkapitalrendite	40 : 350	11,4%
Eigenkapitalrendite	28 : 120	23,3%

In Aufgabe c) wird die positive Auswirkung des Fremdkapitaleinsatzes auf die Eigenkapitalrendite sichtbar (finanzieller Leverage).

Cashflow-Analyse

25.01

Cashflow/Investitions-Verhältnis	$\dfrac{\text{Cashflow}}{\text{Nettoinvestitionen}}$	$\dfrac{20}{14}$	143%
Verschuldungsfaktor	$\dfrac{\text{Effektivverschuldung}[1]}{\text{Cashflow}}$	$\dfrac{60}{20}$	3
Zinsdeckungsfaktor	$\dfrac{\text{Cashflow vor Zinsen}}{\text{Zinsen}}$	$\dfrac{24}{4}$	6
Cashflow-Marge	$\dfrac{\text{Cashflow}}{\text{Umsatz}}$	$\dfrac{20}{400}$	5%

Fremdkapital	95
./. Flüssige Mittel	− 5
./. Forderungen	− 30
= Effektivverschuldung	60

25.02

a)

	20_1	20_2	20_3
Effektivverschuldung	300	400	450
Cashflow	100	80	50
Verschuldungsfaktor	3	5	9

b) Der Verschuldungsfaktor gibt an, wievielmal (wie viele Jahre lang) der letzte Cashflow erarbeitet werden müsste, bis die Effektivverschuldung abbezahlt wäre. Je tiefer der Verschuldungsfaktor ist, desto mehr Sicherheit besteht für die Gläubiger.

Die Aussagekraft des Verschuldungsfaktors als Kennzahl zur Überwachung der Zahlungsfähigkeit ist vor allem in Zeitreihen-Vergleichen sehr gross, weil bei wachsender Gefährdung der Unternehmung normalerweise der Zähler (die Effektivverschuldung) steigt und gleichzeitig der Nenner (der Cashflow) sinkt. Damit entsteht eine Art Hebelwirkung, und die ungünstige finanzielle Entwicklung wird besonders hervorgehoben.

Im Zahlenbeispiel der Aufgabe verdreifacht sich der Verschuldungsfaktor in nur zwei Jahren (von Ende 20_1 bis Ende 20_3) von 3 auf 9.

Nebenbei: Man beachte die sich verschlechternde Qualität des Cashflows: Der Gewinnanteil sinkt laufend, der Abschreibungsanteil steigt, und die kurzfristige Finanzierung mittels Lieferantenkrediten erhöht sich stark.

25.03

a)

	20_1	20_2	20_3
Effektivverschuldung	80	105	120
Cashflow	20	15	10
Verschuldungsfaktor	4	7	12

b) Der Verschuldungsfaktor misst, wievielmal ein Cashflow erarbeitet werden muss, bis die Schulden zurückbezahlt sind.

Im Beispiel ist der Kennzahlenwert am Anfang in Ordnung. In den Folgejahren verschlechtern sich die Effektivverschuldung um +50% und der Cashflow um −50%. Durch die Anordnung dieser beiden Einzelmerkmale über und unter dem Bruchstrich verstärken sie sich in ihrer Wirkung, sodass sich der Verschuldungsfaktor innerhalb von zwei Jahren verdreifacht. Damit wird die Verschlechterung der finanziellen Situation besonders augenfällig.

c)

	20_1	20_2	20_3
Zinsdeckungsfaktor	25 : 5 = 5	21 : 6 = 3,5	18 : 8 = 2,25

d) Im ersten Jahr ist der Zinsdeckungsfaktor in Ordnung. Er verschlechtert sich in der Beobachtungsperiode drastisch: Ende 20_3 wird fast die Hälfte des Cashflows vor Zinsen für den Zinsendienst verbraucht.

25.04

Alle fünf Betriebe verfügen jeweils über einen Cashflow und einen Free Cashflow in derselben Höhe.

Grundsätzlich ist bei allen Betrieben positiv, dass der Cashflow die Investitionen übersteigt, weshalb überall ein Free Cashflow resultiert, sodass alle über ein Gewinnausschüttungs- und Schuldentilgungs-Potenzial verfügen.

Allerdings unterscheiden sich die Cashflows in ihrer Zusammensetzung, was zu folgenden vereinfachenden Kurzkommentaren bzw. Qualitätsurteilen führt:

Betrieb	Kurzkommentar	Qualitätsurteil
A	Das ist ein dynamisch wachsender Betrieb, weshalb die Forderungen L+L, Vorräte und Verbindlichkeiten L+L steigen. Der Gewinnanteil am Cashflow ist sehr hoch. Die Abschreibungen sind gering, sodass ein grosser Teil des Cashflows für Erweiterungsinvestitionen zur Verfügung steht.	Sehr gut
B	Der Gewinnanteil am Cashflow ist gering. Die Gewinnausschüttung übersteigt den Gewinn. Die Investitionen entsprechen in der Höhe den getätigten Abschreibungen, was grundsätzlich bedeutet, dass die Unternehmung nicht wächst, sondern nur die abgeschriebenen Anlagen ersetzt.	Ungenügend
C	Für eine gute Qualität spricht, dass der Gewinnanteil recht hoch und der Abschreibungsanteil tief ist. Ein grosser Qualitätsnachteil ist der wahrscheinlich nicht wiederholbare Einmaleffekt der Abnahme an Forderungen L+L von 29. (Die näheren Umstände des Abbaus von Forderungen L+L sind nicht bekannt.)	Ziemlich gut
D	Der Gewinnanteil ist tief. Die Gewinnausschüttung übersteigt den Gewinn. Der Cashflow ist vor allem dank der Zunahme der Verbindlichkeiten L+L entstanden, die zu einer Verschlechterung der künftigen Liquiditätssituation sowie der Bonität führt. Bedenklich ist auch, dass die Lieferantenkredite im Prinzip teilweise zur Finanzierung der Dividenden herangezogen wurden.	Ungenügend
E	Der Gewinnanteil ist in Ordnung. Allerdings konnte die Höhe des Cashflows nur dank einem wahrscheinlich einmaligen Lagerabbau erzielt werden. (Die Gründe für die Verminderung des Lagers sind nicht bekannt.)	Genügend

25.05

	Buchung	Cashflow/Investitions-Verhältnis	Verschuldungsfaktor	Zinsdeckungsfaktor	Cashflow-Marge
a)	Flüssige Mittel / Warenertrag	+	−	+	+
b)	Maschinen / Flüssige Mittel	−	+	0	0
c)	Raumaufwand / Flüssige Mittel	−	+	−	−
d)	Hypotheken / Flüssige Mittel	0	0	0	0
e)	Zinsaufwand / Flüssige Mittel	−	+	−	−

Cashflow-Analyse 25

25.06
a)

Kennzahl	Berechnung	Resultat	Financial convenants	
			Eingehalten	Nicht eingehalten
Eigenfinanzierungsgrad	$\frac{90}{200}$	45%	X	
Liquiditätsgrad 2	$\frac{50}{40}$	125%	X	
Verschuldungsfaktor	$\frac{60}{20}$	3	X	
Zinsdeckungsfaktor	$\frac{24}{4}$	6		X

b) Der Kredit wird grundsätzlich zur sofortigen Rückzahlung fällig. In der Praxis wird der Kredit oft zu veränderten Kreditkonditionen verlängert (mit höherem Zinsfuss, dem gestiegenen Risiko für den Kreditgeber entsprechend).

25.07

Grundsätzlich geht es in dieser Aufgabe primär um das Cashflow/Investitions-Verhältnis. Sekundär ist der Abschreibungs- bzw. Gewinnanteil am Cashflow zu untersuchen.

▷ **Gesellschaft Alpha** weist relativ betrachtet ein Cashflow/Investitions-Verhältnis von nur 80% aus; absolut entspricht dies einem negativen Free Cashflow von CHF 20 Mio. Die finanzielle Situation muss grundsätzlich als unbefriedigend betrachtet werden, weil eine Unternehmung mittel- bis langfristig in der Lage sein muss, mehr Cashflow zu erwirtschaften, als für die Investitionen verbraucht wird.

▷ **Gesellschaft Beta** weist wie Alpha ein Cashflow/Investitions-Verhältnis von nur 80% aus. Die finanzielle Situation ist aber bedeutend schlechter: Erstens erlitt sie einen Verlust von CHF 20 Mio. Zweitens tätigte sie grundsätzlich nur Ersatz-Investitionen, keine Erweiterungs-Investitionen. Und drittens konnte sie nicht einmal die Ersatz-Investitionen aus der Betriebstätigkeit bezahlen. (Hinweis: Aus dem Umstand, dass die Abschreibungen gleich hoch waren wie die Investitionen, lässt sich schliessen, dass per Saldo nur Ersatz-Investitionen vorgenommen wurden.)

▷ **Gesellschaft Gamma** weist ein Cashflow/Investitions-Verhältnis von 120% bzw. einen Free Cashflow von CHF 20 Mio. aus, was als positiv zu bewerten ist. Im Vergleich mit Gesellschaft Delta fällt allerdings der hohe Abschreibungsanteil am Cashflow negativ ins Gewicht.

▷ **Gesellschaft Delta** ist finanziell insgesamt die beste dieser vier Unternehmungen: Das Cashflow/Investitions-Verhältnis beträgt wie bei Gamma 120%. Aber aufgrund des höheren Gewinnanteils am Cashflow konnte Delta in diesem Zeitraum mehr Erweiterungs-Investitionen tätigen, was Wachstum bedeutet und in der Zukunft zu steigenden Cashflows und Gewinnen führen wird.

25.08

a)

Kennzahl	Berechnung	Wert My AG	Wert Branche	Kurzkommentar
Eigenfinanzierungsgrad	580 : 1 000	58%	32%	Die My AG ist deutlich sicherer finanziert als die Branche.
Liquiditätsgrad 2	210 : 140	150%	90%	Die My AG verfügt über eine viel bessere Liquidität und erfüllt die Faustregel von 100%.
Verschuldungsfaktor	210 : 210	1	6	Die My AG ist in einer sehr guten Liquiditäts- und Verschuldungslage.
Zinsdeckungsfaktor	225 : 15	15	8	Der Zinsdeckungsfaktor ist sehr hoch und unterstreicht die gute Liquiditätslage der My AG.
Rentabilität des Eigenkapitals	42 : 580	7,2%	14%	Die Eigenkapitalrendite ist (auch gemessen am Risiko für die Eigentümer) ungenügend.
Rendite des Gesamtkapitals	70 : 1 000	7%	10%	Die operative Ertragskraft ist ungenügend.

b)

[X] Die Eigenkapitalrendite wäre gestiegen.

[ ] Die Eigenkapitalrendite wäre gefallen.

[ ] Die Eigenkapitalrendite wäre unverändert geblieben.

Aktivitäts-Analyse

26.01

Umschlag Forderungen L+L	$\dfrac{\text{(Kredit-)Warenertrag}}{\varnothing \text{ Bestand Forderungen L+L}}$	$\dfrac{900}{100}$	**9**
Zahlungsfrist Kunden	$\dfrac{360 \text{ Tage}}{\text{Umschlag Forderungen L+L}}$	$\dfrac{360}{9}$	**40 Tage**
Lagerumschlag	$\dfrac{\text{Warenaufwand}}{\varnothing \text{ Warenvorrat}}$	$\dfrac{720}{160}$	**4,5**
Lagerdauer	$\dfrac{360 \text{ Tage}}{\text{Lagerumschlag}}$	$\dfrac{360}{4,5}$	**80 Tage**
Umschlag Verbindlichkeiten L+L	$\dfrac{\text{(Kredit-)Wareneinkäufe}}{\varnothing \text{ Bestand Verbindlichkeiten L+L}}$	$\dfrac{736}{92}$	**8**
Zahlungsfrist Lieferanten	$\dfrac{360 \text{ Tage}}{\text{Umschlag Verbindlichkeiten L+L}}$	$\dfrac{360}{8}$	**45 Tage**

26.02

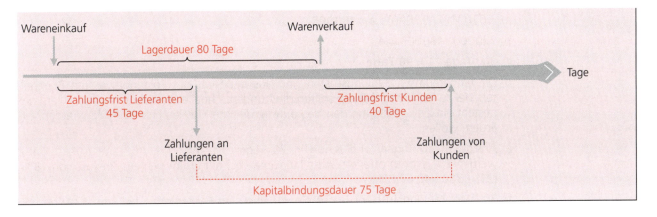

Aktivitäts-Analyse 26

26.03

a)

	20_1	20_2	Branchenvergleich
Durchschnittlicher Lagerbestand	$\dfrac{90 + 90}{2} = 90$	$\dfrac{90 + 150}{2} = 120$	80
Durchschnittlicher Lagerumschlag	$\dfrac{900}{90} = 10$	$\dfrac{960}{120} = 8$	$\dfrac{960}{80} = 12$
Durchschnittliche Lagerdauer	$\dfrac{360}{10} = 36$ Tage	$\dfrac{360}{8} = 45$ Tage	$\dfrac{360}{12} = 30$ Tage

b) Bei gleichem Umsatz beträgt der durchschnittliche Lagerbestand in der Branche 80 000.– gegenüber 120 000.– bei der eigenen Unternehmung. Die Mehrkosten betragen jährlich 6 000.– (15% von 40 000.–).

c) Vorteile: Grösseres Angebot (Auswahl), bessere Lieferbereitschaft, Mengenrabatte sowie geringere Bezugskosten (z. B. Fracht) bei Grosseinkäufen, Spekulationsgewinne bei vorzeitigem Einkauf, günstige Gelegenheitskäufe.

   Nachteile: Höhere Zins-, Raum- und Personalkosten, gebundenes Kapital, Gefahr des Verderbs, der Überalterung und der Demodierung, Risiko sinkender Einkaufspreise.

26.04

a) (165 000 + 195 000) : 2 = **180 000**

b) 720 000 : 180 000 = **4**

c) 360 Tage : 4 = **90 Tage**

d) Die eingeräumten Zahlungsfristen sind aus der Sicht des kostenbewussten Buchhalters viel zu lang, und deshalb sollten die Kunden schneller gemahnt werden. Allerdings besteht ein Zielkonflikt mit den Verkäufern, die ihre Kunden nicht mit Mahnungen verärgern wollen.

e) Anstatt in 60 Tagen wird schon in 20 Tagen bezahlt, d.h. 40 Tage früher. Dafür werden 2% Skonto offeriert. Aufs Jahr umgerechnet ergibt sich ein Zinsfuss von **18%**. (2% · 360 : 40 = 18%).

f) 30 Tage Zahlungsfrist entspricht einem Umschlag Forderungen L+L von 12 (Kontrollrechnung: 360 Tage : 12 = 30 Tage).

   Der Bestand an Forderungen L+L sollte **60 000** betragen (720 000 : 12 = 60 000). Dies entspricht einem Drittel des effektiven Bestands an Forderungen L+L von 180 000, da die durchschnittliche Zahlungsfrist Kunden auf einen Drittel gesenkt werden soll (von 90 Tagen auf 30 Tage).

g) 10% von 120 000 (das sind 180 000 effektiver Bestand ./. 60 000 Sollbestand) = **12 000**.

Aktivitäts-Analyse 26

26.05

a) (980 + 20) : [(80 + 120) : 2)] = 10

b) 360 : 10 = 36 Tage

c) (30 + 10) : 2 = 20 Tage (Diese Unternehmung zahlt die Lieferantenrechnungen im Schnitt 16 Tage zu spät.)

d) Umschlag Verbindlichkeiten L+L bei 20 Tagen durchschnittlicher Kreditfrist = 18 (360 : 18 = 20). Durchschnittlicher Soll-Bestand an Verbindlichkeiten L+L = 1000 : 18 = 55,6 (gegenüber effektiv 100).

26.06

a)

Ø Lagerumschlag	$\dfrac{\text{Warenaufwand}}{\text{Ø Warenvorrat}}$	$\dfrac{1800}{500}$	**3,6**

b)

Ø Zahlungsfrist Lieferanten	$\dfrac{\text{Ø Bestand Verbindlichkeiten L+L} \cdot 360}{\text{Kreditwareneinkäufe}}$	$\dfrac{200 \cdot 360}{1600}$	**45 Tage**

c)

Ø Bestand Verbindlichkeiten L+L	$\dfrac{\text{Krediteinkäufe} \cdot \text{Ø Zahlungsfrist Lieferanten}}{360}$	$\dfrac{1600 \cdot 36}{360}$	**160**

d)

Zinsfuss (Skonto) für 40 Tage	3%
Zinsfuss für 360 Tage (Jahreszinsfuss)	**27%**

$\dfrac{3\% \cdot 360 \text{ Tage}}{40 \text{ Tage}} = 27\%$ p.a.

e) Die meisten Zinsfüsse beziehen sich auf ein Jahr, damit sie sich miteinander vergleichen lassen (z.B. der Zinsfuss eines Sparkontos mit dem Zinsfuss einer Obligationenanleihe oder eines Kontokorrentkredites). Auch die Renditen beziehen sich auf ein Jahr.

f) Folgende drei Gründe sind am häufigsten:
  ▷ Der Lieferant braucht dringend Geld, kann aber aufgrund mangelnder Bonität keinen Bankkredit aufnehmen.
  ▷ Der Lieferant will das Kreditrisiko (Risiko auf Forderungen L+L) vermindern.
  ▷ Der Skonto ist branchenüblich.

Aktivitäts-Analyse 26

Gesamtaufgaben

26.10

Name	Berechnung	Wert von Tutto AG	Wert der Branche	Kurzkommentar
Eigenfinanzierungsgrad (Ende 20_2)	$\dfrac{72}{310}$	23,2%	30%	Die Eigenfinanzierung ist schlechter als branchenüblich, woraus sich gegenüber dem Darlehensgeber Bonitätsprobleme ergeben können. Mögliche Massnahmen zur Verbesserung sind: Dividendenausschüttungen reduzieren, künftige Gewinne steigern, Aktienkapital erhöhen.
Liquiditätsgrad 2 (Ende 20_2)	$\dfrac{133}{125}$	106,4%	70%	Der Liquiditätsgrad 2 ist höher als der Branchenvergleichswert. Auch die Faustregel von 100% wird von der Tutto AG eingehalten. Grund dafür ist allerdings hauptsächlich der zu hohe Bestand an Forderungen L+L (vgl. die unten berechnete Zahlungsfrist Kunden).
Gewinnmarge	$\dfrac{3}{600}$	0,5%	2,2%	Die Gewinnmarge ist bei der Tutto AG völlig ungenügend, was mit eine Ursache für die zu tiefe Eigenfinanzierung und die ungenügende Eigenkapitalrendite ist.
Rendite des Eigenkapitals	$\dfrac{3}{72}$	4,2%	16,3%	Als Folge der schlechten Gewinnmarge ist die Eigenkapitalrendite sehr schlecht. Sie ist sogar tiefer als der Zinsfuss für das Fremdkapital von ca. 5%.
Cashflow-Marge	$\dfrac{11}{600}$	1,8%	4,3%	Die Cashflow-Marge ist zu tief. Hauptgründe für den ungenügenden Geldzufluss sind die geringe Gewinnmarge sowie die Zunahmen an Forderungen L+L und Vorräten.
Verschuldungsfaktor	$\dfrac{105}{11}$	9,5	4,3	Der Verschuldungsfaktor ist unbefriedigend. Schuld sind die hohe Verschuldung und der tiefe Cashflow.
Zahlungsfrist Kunden	$\dfrac{360 \text{ Tage} \cdot 120}{600}$	72 Tage	30 Tage	Die Kundenzahlungen sind schleppend, der Bestand an Forderungen L+L zu hoch.
Zahlungsfrist Lieferanten	$\dfrac{360 \text{ Tage} \cdot 123}{410}$	108 Tage	30 Tage	Die Lieferantenrechnungen werden von der Tutto AG viel zu spät bezahlt, was zu Konflikten mit den Lieferanten führt.
Lagerdauer	$\dfrac{360 \text{ Tage} \cdot 40}{400}$	36 Tage	20 Tage	Die Lagerbewirtschaftung muss verbessert werden, weil die Ware zu lange an Lager liegt.

Aktivitäts-Analyse

26.11

Kennzahlen	Wert für Copo	Wert für Migi	Kurzkommentar
Anlageintensität	$\frac{226}{322} = 70\%$	$\frac{451}{561} = 80\%$	Beide Betriebe sind anlageintensiv (vor allem wegen eigener Liegenschaften), was hohe Fixkosten zur Folge hat.
Fremdfinanzierungsgrad	$\frac{310}{322} = 96\%$	$\frac{417}{561} = 74\%$	Copo ist sehr stark verschuldet, was eine schlechte Bonität nach sich zieht.
Liquiditätsgrad 2	$\frac{29}{123} = 24\%$	$\frac{34}{121} = 28\%$	Beide liegen unter der Faustregel von 100%.
Anlagedeckungsgrad 2	$\frac{199}{226} = 88\%$	$\frac{440}{451} = 98\%$	Die goldene Bilanzregel wird von Copo nicht und von Migi nur knapp eingehalten.
Bruttogewinnmarge	$\frac{165}{650} = 25{,}4\%$	$\frac{565}{2000} = 28{,}3\%$	Migi verfügt über eine wesentlich höhere Bruttogewinnmarge.
Gewinnmarge	$\frac{-2}{650} = -0{,}3\%$	$\frac{5}{2000} = 0{,}3\%$	Die Gewinnmarge ist bei beiden sehr tief, bei Copo sogar negativ.
Umsatz pro m²	$\frac{650 \text{ Mio.}}{62460 \text{ m}^2} = 10407$ pro m²	$\frac{2000 \text{ Mio.}}{112760 \text{ m}^2} = 17737$ pro m²	Migi ist wesentlich besser.
Raumaufwand pro m²	$\frac{39 \text{ Mio.}}{62460 \text{ m}^2} = 624$ pro m²	$\frac{37 \text{ Mio.}}{112760 \text{ m}^2} = 328$ pro m²	Copo hat fast doppelt so hohe Raumkosten je m².
Gesamtkapitalrendite	$\frac{4}{322} = 1{,}2\%$	$\frac{21}{561} = 3{,}7\%$	Die Gesamtkapitalrendite ist bei beiden ungenügend.
Eigenkapitalrendite	$\frac{-2}{12} = -16{,}7\%$	$\frac{5}{144} = 3{,}5\%$	Copo verlor in diesem Jahr 16,7% ihres Eigenkapitals. Auch Migi ist klar ungenügend.
Verschuldungsfaktor	$\frac{281}{17} = 16{,}5$	$\frac{383}{81} = 4{,}7$	Copo weist einen sehr schlechten Wert auf. Migi ist gut.
Cashflow/Investitions-Verhältnis	$\frac{17}{32} = 53\%$	$\frac{81}{79} = 103\%$	Der Wert von Copo ist viel zu niedrig. Migi ist knapp genügend.
Durchschnittliche Lagerdauer	$\frac{360 \text{ Tage} \cdot 68}{485} = 50$ Tage	$\frac{360 \text{ Tage} \cdot 75}{1435} = 19$ Tage	Die Lagerdauer von Copo ist im Vergleich zu Migi sehr schlecht.
Durchschnittliche Zahlungsfrist Lieferanten	$\frac{360 \text{ Tage} \cdot 46}{483} = 34$ Tage	$\frac{360 \text{ Tage} \cdot 121}{1437} = 30$ Tage	Das Zahlungsverhalten ist bei beiden in Ordnung.

26.12
a)
Geldflussrechnung

Geldfluss aus Betriebstätigkeit		
Zahlungen von Kunden (450 – 10 + 150)	590	
./. Zahlungen an Lieferanten (360 + 16 – 28)	– 348	
./. Zahlungen ans Personal	– 100	
./. Zahlungen für übrigen Aufwand	– 91	51
Geldfluss aus Investitionstätigkeit		
./. Kauf Mobiliar	– 23	
./. Kauf Fahrzeuge	– 48	
+ Verkauf Fahrzeug	8	– 63
Geldfluss aus Finanzierungstätigkeit		
+ Aktienkapitalerhöhung (Nominalwert)	8	
+ Agio aus Aktienkapitalerhöhung (25% von 8)	2	
./. Dividendenausschüttung	– 16	– 6
Abnahme flüssige Mittel		– 18

Cashflow (indirekt)

Gewinn	29
+ Abschreibung Mobiliar	8
+ Abschreibung Fahrzeuge	12
./. Zunahme Forderungen L+L	– 10
./. Zunahme Warenvorrat	– 16
+ Zunahme Verbindlichkeiten L+L	28
= Cashflow	51

Aktivitäts-Analyse — Lösung 12

b)

Kennzahl	Berechnung	Kurzkommentar
Eigenkapitalrendite (Eigenkapital per Ende Jahr)	29 : 219 = **13%**	Die Eigenkapitalrendite ist hoch und braucht in der Geschäftsleitung nicht weiter besprochen zu werden. (Ob sich diese Rendite im nächsten Geschäftsjahr wieder erzielen lässt, muss aufgrund von Planungsrechnungen abgeschätzt werden. Die gestiegenen Lagerbestände weisen vielleicht auf ein Absatzproblem hin, das sich ertragsmässig im nächsten Jahr auswirken könnte.)
Liquiditätsgrad 2 gemäss Eröffnungs- und Schlussbilanz	Eröffnung 104 : 80 = **130%** Schluss 96 : 108 = **89%**	Die Liquiditätslage verschlechterte sich deutlich. Als Faustregel für den Liquiditätsgrad 2 gilt ein Wert von 100%, den die Interhandel Ende Jahr unterschreitet.
Cashflow/ Investitions-Verhältnis	51 : 63 = **81%**	Die Nettoinvestitionen können nicht aus dem Cashflow bezahlt werden, was eine wichtige Ursache für die ungenügende Liquiditätslage darstellt. Eine nähere Analyse drängt sich vor allem bei den hohen Fahrzeugkäufen auf.
∅ Zahlungsfrist Kunden	Umschlag Forderungen L+L = 450 : 90 = 5× Zahlungsfrist Kunden = 360 : 5 = **72 Tage**	Die den Kunden eingeräumte Zahlungsfrist von 30 Tagen wird massiv überschritten. Dies ist eine weitere Ursache für die ungenügende Liquiditätssituation. Es stellt sich die Frage, ob diese grossen Ausstände an Forderungen L+L durch ein verbessertes Mahnwesen vermindert werden können oder ob allenfalls mit grösseren Forderungsverlusten gerechnet werden muss.
∅ Lagerdauer	Lagerumschlag = 360 : 40 = 9× Lagerdauer = 360 : 9 = **40 Tage**	Diese Frist kann ohne Angabe zur Entwicklung des Kennzahlenwerts über die letzten Jahre sowie Kenntnis des branchenüblichen Durchschnittswerts nicht schlüssig beurteilt werden. Allerdings hat der Lagerbestand im Jahresverlauf um 50% zugenommen, was auf Absatzstockungen und überalterte Lagerbestände hinweisen kann.
∅ Zahlungsfrist Lieferanten	Umschlag Verbindlichkeiten L+L = 376 : 94 = 4× Zahlungsfrist Lieferanten = 360 : 4 = **90 Tage**	Die von den Lieferanten gewährte Zahlungsfrist von 30 Tagen wird massiv überschritten. Die Interhandel AG wälzt ihr Liquiditätsproblem auf die Lieferanten ab, was normalerweise zu Problemen führt: Lieferanten liefern künftig nicht mehr oder nur gegen Vorkasse. Mit Betreibungen durch Lieferanten muss gerechnet werden.

c) Mögliche Massnahmen zur Verbesserung der Liquiditätslage sind:
- ▷ Durch ein verbessertes Mahnwesen können die Ausstände an Forderungen L+L vermindert werden.
- ▷ Wenn das Provisionssystem für die Verkäufer auf dem Verkaufsumsatz basiert, muss dieses neu vom Eingang der Zahlung vom Kunden abhängig gemacht werden.
- ▷ Eine systematische Lagerbewirtschaftung muss zur Verminderung der Lagerbestände führen, ohne dass die Lieferbereitschaft dabei abnimmt.
- ▷ Die Zweckmässigkeit der getätigten Neuinvestitionen in Mobiliar und Fahrzeuge ist zu überprüfen. Die entsprechenden Entscheidungs- und Kontrollprozesse müssen allenfalls angepasst werden.
- ▷ Sofern ein hoher Investitionsbedarf gerechtfertigt war und weiterhin damit zu rechnen ist, muss die langfristige Finanzierung durch Darlehensaufnahme oder Aktienkapitalerhöhung gesichert werden. Wenn dies nicht möglich ist, muss ein langfristiges Finanzleasing ins Auge gefasst werden.
- ▷ Sobald die Liquiditätslage stabilisiert ist, müssen die Ausstände an Verbindlichkeiten L+L abgebaut werden.
- ▷ Dividendenausschüttungen reduzieren.

Aktivitäts-Analyse 26

26.13

Berechnungen

Kennzahl	Formel	Zahlen	Resultat
Eigenfinanzierungsgrad	$\dfrac{\text{Eigenkapital}}{\text{Gesamtkapital}}$	$\dfrac{30}{150}$	20%
Liquiditätsgrad 2	$\dfrac{\text{Flüssige Mittel + Forderungen}}{\text{Kurzfristiges Fremdkapital}}$	$\dfrac{5 + 31}{50}$	72%
Rentabilität des Eigenkapitals	$\dfrac{\text{Gewinn}}{\text{Eigenkapital}}$	$\dfrac{3}{30}$	10%
Free Cashflow	Cashflow ./. Nettoinvestitionen	12 − 15	− 3
Umschlag Forderungen L+L	$\dfrac{\text{Kreditwarenverkäufe}}{\varnothing \text{ Bestand Forderungen L+L}}$	$\dfrac{75}{30}$	2,5
Zahlungsfrist Kunden	$\dfrac{360 \text{ Tage}}{\text{Umschlag Forderungen L+L}}$	$\dfrac{360}{2,5}$	144 Tage
Lagerumschlag	$\dfrac{\text{Warenaufwand}}{\varnothing \text{ Warenbestand}}$	$\dfrac{180}{20}$	9
Lagerdauer	$\dfrac{360 \text{ Tage}}{\text{Lagerumschlag}}$	$\dfrac{360}{9}$	40 Tage
Umschlag Verbindlichkeiten L+L	$\dfrac{\text{Kreditwareneinkäufe}}{\varnothing \text{ Bestand Verbindlichkeiten L+L}}$	$\dfrac{180 + 8}{47}$	4
Zahlungsfrist Lieferanten	$\dfrac{360 \text{ Tage}}{\text{Umschlag Verbindlichkeiten L+L}}$	$\dfrac{360}{4}$	90 Tage

Interpretationen

Kennzahl	Kommentar
Eigenfinanzierungsgrad	20% sind in der Regel zu tief.
Liquiditätsgrad 2	Die Norm von 100% wird deutlich verfehlt, was auf Zahlungsprobleme hindeutet.
Rentabilität des Eigenkapitals	Ein Wert von 10% gilt als gut. Allerdings wird dieser Satz hier auch dank tiefem Eigenfinanzierungsgrad erreicht.
Free Cashflow	Der Cashflow sollte langfristig höher sein als die Nettoinvestitionen, was hier nicht der Fall ist. Die Supermarkt AG kann aus dem Cashflow nicht einmal die Gewinnausschüttung (basierend auf dem Vorjahresgewinn) bezahlen, weshalb die Unternehmung zur Schonung der Liquidität besser auf eine Dividendenausschüttung verzichtet hätte. Der Bestand an flüssigen Mitteln hat in der Periode gemäss Geldflussrechnung um 10 abgenommen.
Zahlungsfrist Kunden	Das Management der Supermarkt AG muss zum Beispiel mit einem verbesserten Mahnwesen dafür sorgen, dass die Grosskunden ihre Schulden rascher begleichen.
Lagerdauer	Die Lagerdauer ist deutlich zu hoch, was nicht nur höhere Kosten verursacht, sondern auch Fragen nach der Frische der Produkte aufwirft.
Zahlungsfrist Lieferanten	Die Supermarkt AG zahlt ihre Lieferanten nur zögerlich, was die beim Liquiditätsgrad 2 festgestellten Zahlungsprobleme unterstreicht.

Aktivitäts-Analyse 26

26.14

Kennzahl	Wert für Bergbahn J	Wert für Bergbahn P	Kurzkommentar
Fremdfinanzierungs-grad	25 939 : 31 060 = 84%	37 384 : 52 236 = 72%	Die Verschuldung bei J ist unter dem Aspekt der Sicherheit relativ hoch.[1]
Liquiditätsgrad 2	3 160 : 1 087 = 291%	7 629 : 3 874 = 197%	Die Liquidität ist hoch.[2]
Anlagedeckungsgrad 2	29 973 : 27 720 = 108%	48 362 : 44 060 = 110%	Die goldene Bilanzregel ist eingehalten.
Reingewinnmarge	697 : 12 662 = 5,5%	877 : 21 597 = 4,1%	P ist deutlich schlechter.
Cashflow-Marge	5 626 : 12 662 = 44,4%	4 493 : 21 597 = 20,8%	P weist für einen anlageintensiven Betrieb eine viel zu tiefe Cashflow-Marge auf.
Cashflow/Investitions-Verhältnis	5 626 : 7 234 = 78%	4 493 : 7 247 = 62%	Beide Bahnen sind zufolge unter 100% liegenden Werten auf Aussenfinanzierung angewiesen.
Personalintensität	3 373 : 12 662 = 26,6%	8 258 : 21 597 = 38,2%	Die viel zu hohen Personalkosten sind möglicherweise das finanzielle Problem von P.[3]
EBIT-Marge	1 867 : 12 662 = 14,7%	2 451 : 21 597 = 11,3%	P ist deutlich schlechter.[4]
Kapitalumschlag	12 662 : 31 060 = 0,41	21 597 : 52 236 = 0,41	Da Bergbahnen als anlageintensive Betriebe gelten, sind die Umschlagshäufigkeiten tief.
Gesamtkapitalrendite	1 867 : 31 060 = 6,0%	2 451 : 52 236 = 4,7%	Beide Bahnen weisen tiefe Werte auf. P ist ungenügend.[4]
Eigenkapitalrendite	697 : 5 121 = 13,6%	877 : 14 852 = 5,9%	P ist völlig ungenügend.[5]
Dividenden-ausschüttung in %	450 : 3 000 = 15%	600 : 6 000 = 10%	J schüttet eine um 50% höhere Dividende aus.

Aufgrund dieser Analyse ist der Kauf von Aktien der Bergbahn J zu favorisieren.

Die Fussnoten [1] bis [5] sind auf der nächsten Seite.

Aktivitäts-Analyse — Lösung 16

① Allerdings wirkt bei J der finanzielle Leverage-Effekt: Die Eigenkapitalrendite wird durch den vermehrten Einsatz von Fremdkapital gesteigert, da die Gesamtkapitalrendite über dem Zinsfuss für das Fremdkapital liegt.

② Der Abschlusstermin ist bei beiden Bahnen Ende Mai, d.h. Ende Hauptsaison, sodass der Liquiditätsstand naturgemäss hoch ist.

③ Ohne weitere konkrete Kenntnisse des Betriebes kann nicht genau gesagt werden, welches die Gründe für diese hohe Personalintensität sind. Werden über dem Branchendurchschnitt liegende Löhne ausbezahlt? Sind die Sozialleistungen besser? Ist das Management schlecht?

④ Die Gesamtkapitalrendite von P entspricht nur etwa dem durchschnittlichen Zinsfuss für das (langfristige) Fremdkapital. Entweder muss die EBIT-Marge oder der Kapitalumschlag gesteigert werden. Dies wird von beiden Bahnen am besten durch eine Umsatzsteigerung erreicht, bei P kommt noch eine Senkung des Personalaufwandes dazu.

Bei dieser Gruppe von Kennzahlen wird auch das Hauptproblem anlageintensiver Betriebe deutlich: Infolge hoher Fixkosten ist die Höhe des Umsatzes (bzw. der Beschäftigungsgrad oder die Kapazitätsauslastung) entscheidend für die Gewinnerzielung.

⑤ Hauptursache für die schlechte Eigenkapitalrendite von P ist die ungenügende Reingewinnmarge, die wiederum eine Folge der zu hohen Personalintensität ist.

3. Teil Kostenrechnung

Einleitung

31.01

a) Jährliche Hypothekarzinsen: 4% von CHF 180 000.– = CHF 7 200.–
   Monatlicher Hypothekarzins: 7200 : 12 = CHF 600.–

b) Die befreundete Buchhalterin geht davon aus, dass die in der Wohnung investierten Eigenmittel weiter mit einer Rendite von 6% hätten angelegt werden können. Somit entgehen der Marketingplanerin jährlich 6% von CHF 100 000.–. Werden diese so genannten Opportunitätskosten in die Rechnung miteinbezogen, entstehen jährliche Kosten von CHF 13 200.–, bzw. eine monatliche Belastung von CHF 1100.–. Die Buchhalterin hat Recht.

	Jahr	Monat
Bezahlte Hypothekarzinsen	7 200	600
+ Entgangener Eigenkapitalzins (Opportunitätskosten)	6 000	500
= Gesamtkosten	13 200	1 100

31.02

Text	Aufwand (FIBU)	Sachliche Abgrenzung	Kosten (BEBU)
Material	4 300	+ 100	4 400
Löhne	2 100	0	2 100
Sozialleistungen	400	+ 20	420
Miete	700	0	700
Unterhalt, Reparatur, Ersatz	40	0	40
Versicherung	50	0	50
Energie	80	0	80
Werbung	70	0	70
Zinsen	120	+ 60	180
Abschreibungen	230	− 30	200
Übriges	260	0	260
Total	8 350	+ 150	8 500

Einleitung

31.03

Nr.	Aussage	Richtig	Begründung bei falscher Aussage
1	Mittels Abgrenzungen werden die teilweise durch unternehmungspolitische Entscheide verfälschten Aufwände in Kosten umgewandelt.	X	
2	Werden die Aufwände zwecks Bildung stiller Reserven zu hoch ausgewiesen, sind entsprechende Abgrenzungen für die Kostenermittlung zu addieren.		Umgekehrt: Die sachlichen Abgrenzungen für die Kostenermittlung müssen subtrahiert werden.
3	Eine Abgrenzung auf dem Energieaufwand ist eher unwahrscheinlich.	X	
4	Durch die Auflösung stiller Reserven auf dem Anlagevermögen werden die Abschreibungen in der FIBU zu gross ausgewiesen und müssen abgegrenzt werden.		Durch die Auflösung stiller Reserven werden die Abschreibungen in der Fibu zu klein ausgewiesen. Sie sind für die BEBU nach oben zu korrigieren.
5	Bei Aktiengesellschaften werden in der FIBU nur die Fremdzinsen berücksichtigt. Für das Eigenkapital sind kalkulatorische Zinsen einzubeziehen.	X	
6	Wegen der steuerlich zugelassenen Bewertung des Warenvorrates unter dem Einstand sind bei Vorratsschwankungen oft sachliche Abgrenzungen nötig.	X	
7	Die Bildung überhöhter Garantierückstellungen führt zu stillen Reserven und muss entsprechend abgegrenzt werden.	X	
8	Werbeausgaben werden in der Regel schon in der FIBU zeitlich abgegrenzt und können ohne sachliche Abgrenzung in die BEBU übernommen werden.	X	
9	Der Unternehmerlohn wird in der FIBU gar nicht oder zu klein ausgewiesen, weshalb die Lohnkosten geringer ausfallen als der Lohnaufwand.		Umgekehrt: Die Berücksichtigung des Unternehmerlohns als sachliche Abgrenzung führt zu höheren Lohnkosten.

Fixe und variable Kosten, Break-even-Analyse

32.01

a)

	Letztes Jahr	Optimistische Variante	Pessimistische Variante
Nettoerlös	300 000	360 000	270 000
./. Variable Kosten	– 200 000	– 240 000	– 180 000
Deckungsbeitrag (Bruttogewinn)	100 000	120 000	90 000
./. Fixe Kosten	– 95 000	– 95 000	– 95 000
Erfolg	+ 5 000	+ 25 000	– 5 000

b) Fixe Kosten: Löhne, Miete, Abschreibungen, Zinsen
   Variable Kosten: Warenaufwand (Einstand)

32.02

a)

Verkaufte Menge	Variable Kosten	Fixkosten	Selbstkosten	Nettoerlös	Deckungsbeitrag	Reingewinn
0	0.–	700.–	700.–	0.–	0.–	– 700.–
20	160.–	700.–	860.–	300.–	140.–	– 560.–
40	320.–	700.–	1 020.–	600.–	280.–	– 420.–
60	480.–	700.–	1 180.–	900.–	420.–	– 280.–
80	640.–	700.–	1 340.–	1 200.–	560.–	– 140.–
100	800.–	700.–	1 500.–	1 500.–	700.–	0.–
120	960.–	700.–	1 660.–	1 800.–	840.–	140.–
140	1 120.–	700.–	1 820.–	2 100.–	980.–	280.–

b) Bei 100 Stück

c) Der Reingewinn ist CHF 0.–

[X] Bei der Nutzschwelle entsprechen die Totalkosten dem Nettoerlös.

[ ] Bei der Nutzschwelle sind die Fixkosten gerade 0.

[X] Bei der Nutzschwelle wird weder ein Gewinn noch ein Verlust erzielt.

[ ] Bei der Nutzschwelle entspricht der Deckungsbeitrag pro Stück den variablen Kosten pro Stück.

[X] Bei der Nutzschwelle entspricht der Deckungsbeitrag (Bruttogewinn) den Fixkosten.

[X] Bei der Nutzschwelle ist die verkaufte Menge immer grösser als 0.

d) CHF 140.–

e) 140 Güggeli

Fixe/variable Kosten, Break-even-Analyse 32 — Lösung 02

f)

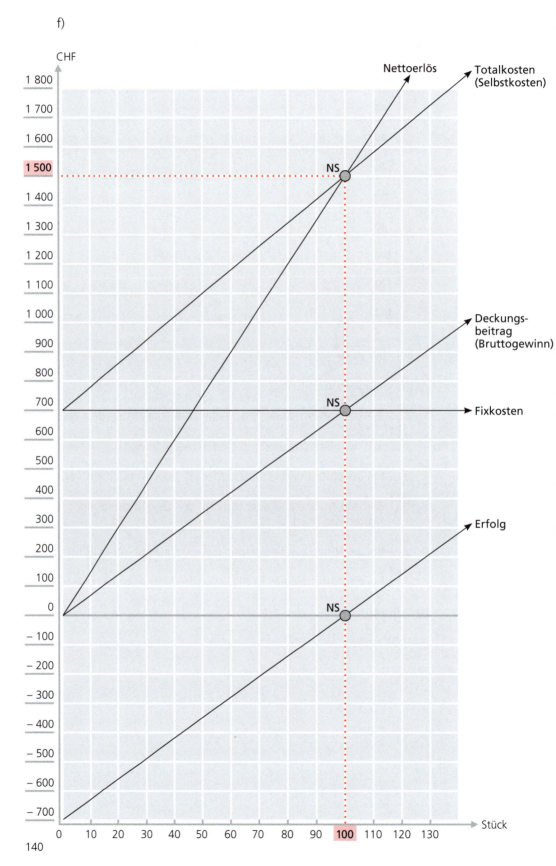

32.03

a) $\dfrac{45\,000}{1.50} = 30\,000$ Stück;   Nettoerlös = CHF 270 000.–

b) $\dfrac{60\,000}{3} = 20\,000$ Stück;   Nettoerlös = CHF 180 000.–

c) $\dfrac{90\,000}{3} = 30\,000$ Stück;   Nettoerlös = CHF 450 000.–

32.04

	Lösung	Lösungsweg
a)	CHF 60 000.–	(7 – 5) • 50 000 – 40 000
b)	10 000 Stück	DB total : DB je St. = (48 000 + 12 000) : 6
c)	17 000 Stück	DB total : DB je St. = (56 000 – 5 000) : 3
d)	CHF 180 000.–	DB = 45 000 + 15 000 = 50 % der variablen Kosten; Nettoerlös = 150 %
e)	100 %	DB = 6 000 + 42 000 = 48 000; variable Kosten = Nettoerlös – DB
f)	CHF 8 000.–	DB-Steigerung = (100 000 – 96 000) • 50 % DB-Marge = 2 000 RG neu = RG alt + DB-Steigerung = 6 000 + 2 000
g)	CHF 17 000.–	DB alt = 60 000 + 10 000 = 70 000 DB-Steigerung 10 % = 7 000 RG neu = RG alt + DB-Steigerung

32.05
Tabellarische Lösungen

	Umsatz in Stücken							
	0	5 000	10 000	15 000	20 000	25 000	30 000	35 000
Nettoerlös	0	50 000	100 000	150 000	200 000	250 000	300 000	350 000
./. Variable Kosten	– 0	– 30 000	– 60 000	– 90 000	– 120 000	– 150 000	– 180 000	– 210 000
= Deckungsbeitrag	0	20 000	40 000	60 000	80 000	100 000	120 000	140 000
./. Fixe Kosten	– 100 000	– 100 000	– 100 000	– 100 000	– 100 000	– 100 000	– 100 000	– 100 000
= Erfolg	– 100 000	– 80 000	– 60 000	– 40 000	– 20 000	0	20 000	40 000

c) a) b)

Rechnerische Lösungen

a) $\dfrac{\text{Deckungsbeitrag total (= Fixkosten)}}{\text{Deckungsbeitrag je Stück}} = \dfrac{100\,000}{4} = 25\,000$ Stück; Nettoerlös = CHF 250 000.–

b) $\dfrac{\text{Deckungsbeitrag total}}{\text{Deckungsbeitrag je Stück}} = \dfrac{120\,000}{4} = 30\,000$ Stück; Nettoerlös = CHF 300 000.–

c) $\dfrac{\text{Deckungsbeitrag total}}{\text{Deckungsbeitrag je Stück}} = \dfrac{60\,000}{4} = 15\,000$ Stück; Nettoerlös = CHF 150 000.–

Fixe/variable Kosten, Break-even-Analyse — 32 — Lösung 05

Grafische Lösungen

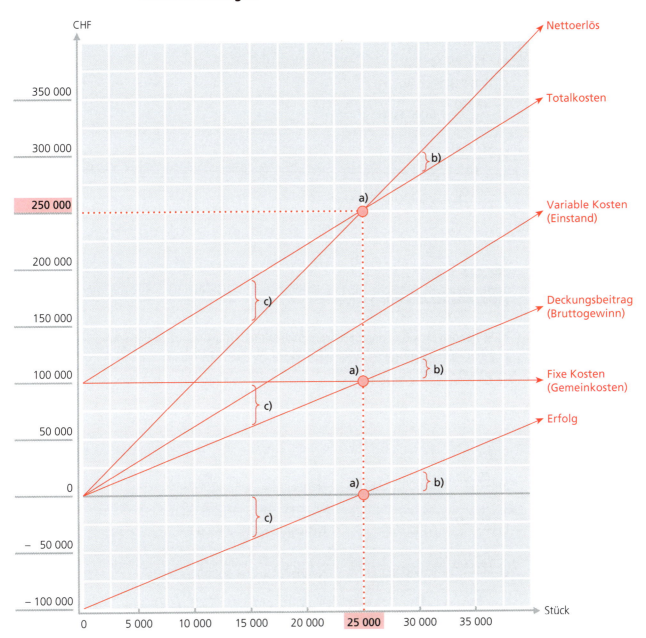

32.06

a) $\dfrac{48\,000}{10} = 4\,800$ Stück

b) CHF 12 000.–

c) Umsatzsteigerung

d) $\dfrac{48\,000}{8} = 6\,000$ Stück

e) $\dfrac{300\,000}{48} = 6\,250$ Stück

f) $\dfrac{60\,000}{8} = 7\,500$ Stück

32.07

a) $\dfrac{75\,000 \cdot 130\%}{30\%} = $ CHF 325 000.–

b) Es handelt sich um einen Mehrproduktebetrieb. (Dies folgt aus der Formulierung «durchschnittlicher Bruttogewinnzuschlag» in der Aufgabenstellung.)

c) $\dfrac{90\,000 \cdot 130\%}{30\%} = $ CHF 390 000.–

32.08

a) $\dfrac{60\,000}{2} = 30\,000$ Stück; Nettoerlös = CHF 180 000.–

b) $\dfrac{80\,000}{2} = 40\,000$ Stück; Nettoerlös = CHF 240 000.–

c) $\dfrac{100\,000}{2} = 50\,000$ Stück; Nettoerlös = CHF 300 000.–

d) Gleiche Stückzahl wie a), da der Deckungsbeitrag unverändert bleibt;
   Nettoerlös = CHF 210 000.–

e) $\dfrac{60\,000}{1} = 60\,000$ Stück; Nettoerlös = CHF 360 000.–

f) $\dfrac{60\,000}{3} = 20\,000$ Stück; Nettoerlös = CHF 140 000.–

g) $\dfrac{60\,000}{2.50} = 24\,000$ Stück; Nettoerlös = CHF 180 000.–

h) $\dfrac{60\,000}{1.60} = 37\,500$ Stück; Nettoerlös = CHF 180 000.–

Fixe/variable Kosten, Break-even-Analyse 32

32.09
a), b)

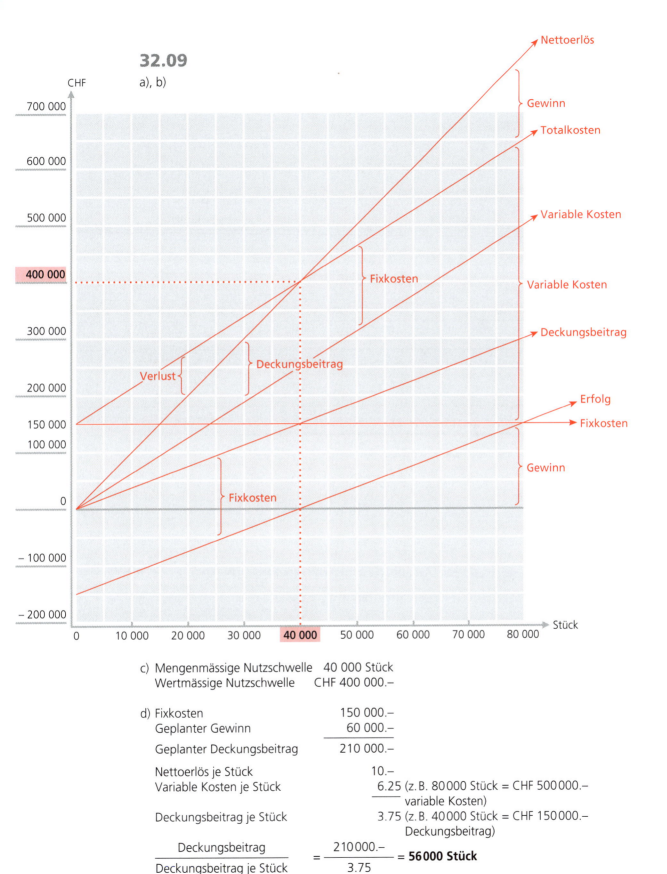

c) Mengenmässige Nutzschwelle 40 000 Stück
   Wertmässige Nutzschwelle CHF 400 000.–

d) Fixkosten 150 000.–
   Geplanter Gewinn 60 000.–
   Geplanter Deckungsbeitrag 210 000.–

   Nettoerlös je Stück 10.–
   Variable Kosten je Stück 6.25 (z. B. 80 000 Stück = CHF 500 000.– variable Kosten)
   Deckungsbeitrag je Stück 3.75 (z. B. 40 000 Stück = CHF 150 000.– Deckungsbeitrag)

$$\frac{\text{Deckungsbeitrag}}{\text{Deckungsbeitrag je Stück}} = \frac{210\,000.-}{3.75} = \mathbf{56\,000\ Stück}$$

32.10

a) Personalkosten
   Raumkosten

b)

Einstandswert (= variable Kosten)	100%		Verkaufserlös		100%
+ Bruttogewinnzuschlag (= DB)	25%		./. Deckungsbeitrag		– 20%
= Verkaufserlös	125%		= Variable Kosten		80%

c)

	Umsatz in CHF 1000.–						
Verkaufserlös (Umsatz)	0	500	1 000	1 500	2 000	2 500	3 000
./. Variable Kosten	– 0	– 400	– 800	– 1 200	– 1 600	– 2 000	– 2 400
= Deckungsbeitrag	0	100	200	300	400	500	600
./. Fixe Kosten	– 400	– 400	– 400	– 400	– 400	– 400	– 400
= Erfolg	– 400	– 300	– 200	– 100	0	100	200

d) Siehe nächste Seite.

Fixe/variable Kosten, Break-even-Analyse 32 Lösung 10

d)

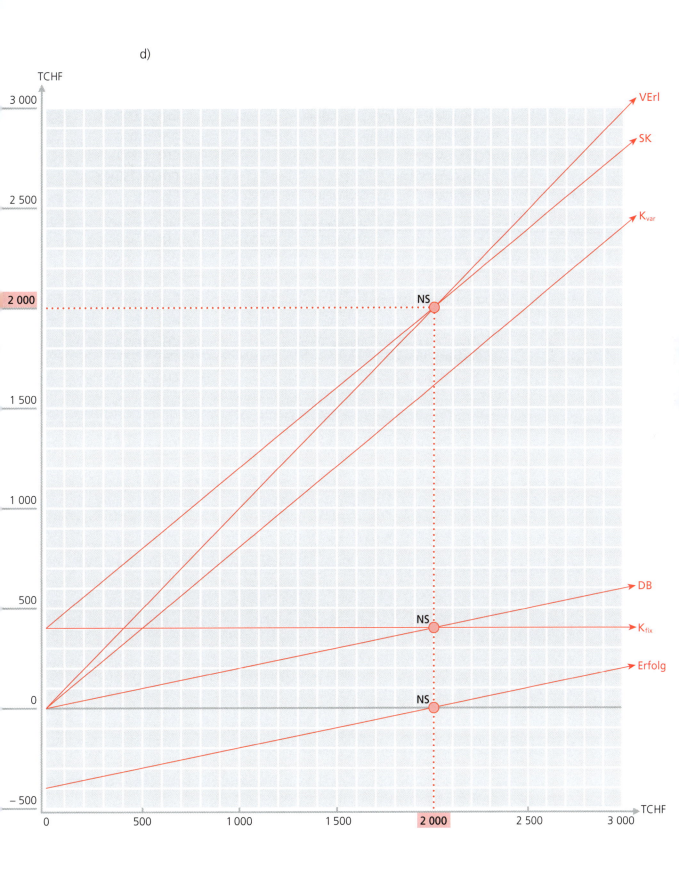

32.11

a)
300 Billette Kategorie A zu CHF 80.–		CHF 24 000.–
150 Billette Kategorie B zu CHF 60.–		CHF 9 000.–
50 Billette Kategorie C zu CHF 40.–		CHF 2 000.–
Total Billetteinnahmen		CHF 35 000.–
./. 15% Abgaben		CHF 5 250.–
Deckungsbeitrag		CHF 29 750.–
./. Fixkosten	Saalmiete CHF 8 000.–	
	Personal CHF 2 500.–	
	Werbung CHF 5 200.–	
	Honorar CHF 10 700.–	CHF 26 400.–
Gewinn		**CHF 3 350.–**

b) Prozentuale Belegung $= \dfrac{26\,400 \cdot 100}{29\,750} =$ **88,7%**

c)
Zusätzlicher Verkaufserlös (500 · 5)	CHF 2 500.–
./. Abgaben 15%	CHF 375.–
Zusätzlicher Gewinn	**CHF 2 125.–**

32.12

a)
Verkaufspreis	12.–	100%
./. Bruttogewinn (DB)	– 4.–	33⅓%
= Einstandspreis	8.–	

b) Nutzschwelle $= \dfrac{32\,000}{4}$ = **8000 Stück**

   Nettoerlös $= 8000 \cdot 12$ = **96 000.–**   100%

c) Nutzschwelle $= \dfrac{32\,000 + 3000}{2.50}$ = 14 000 Stück

   Nettoerlös $= 14\,000 \cdot 10.50$ = 147 000.–   153,13%

   Der Umsatz ist um 53,13% zu steigern.

d) Umsatz $= \dfrac{32\,000 + 3000}{1.50}$ = **23 333,33 Stück**

   (Nettoerlös $= 23\,333,33 \cdot 10.50 = 245\,000.-$)

32.13

a) CHF 200 000.–

b) CHF 300 000.–

c) Verlust von CHF 100 000.–

d) CHF 0.– (Nutzschwelle)

e) CHF 200 000.–

f) 66⅔%

g) 33⅓%

h) 50%

32.14

a) Variable Kosten (Einstandswert des Heilmittels) = CHF 3.–/Stück
   Deckungsbeitrag/Stück = CHF 2.–/Stück
   Nutzschwelle = Fixkosten : DB/Stück = 40 000 : 2 = **20 000 Stück**

b) Variable Kosten = CHF 3.20/Stück. Deckungsbeitrag/Stück = CHF 1.80/Stück
   Gesamthaft zu erzielender Deckungsbeitrag = Fixkosten + Gewinn = CHF 90 000.–
   Gesuchte Menge = Deckungsbeitrag : DB/Stück = 90 000 : 1.80 = **50 000 Stück**

c) Gesamter Deckungsbeitrag = Fixkosten + Gewinn = 110 000.–
   Deckungsbeitrag/Stück = CHF 110 000 : 50 000 Stück = CHF 2.20/Stück
   Variable Kosten/Stück = Verkaufspreis ./. DB = 5.00 – 2.20 = CHF 2.80/Stück
   Wechselkurs = CHF 2.80 : EUR 2.00 = **CHF 1.40/EUR**

d)

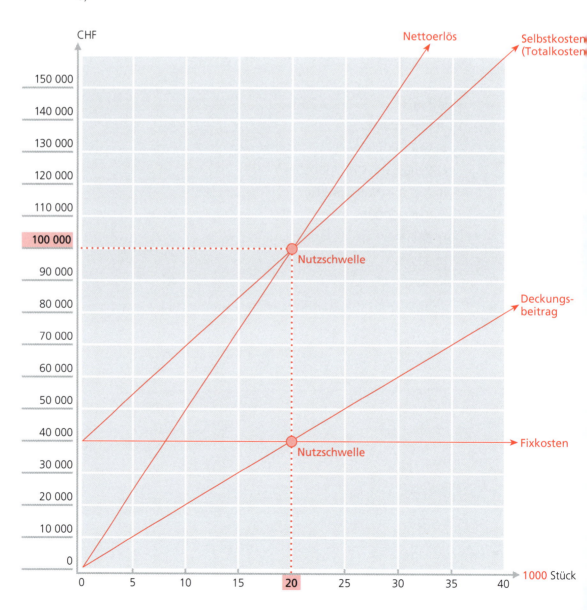

Fixe/variable Kosten, Break-even-Analyse 32

32.15

a)
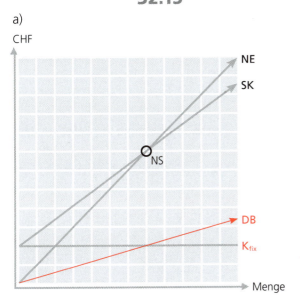

b)
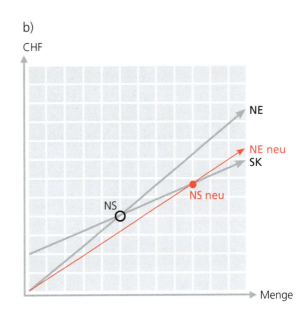

c)
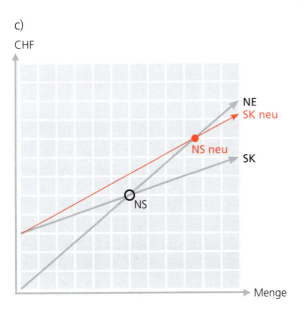

d)
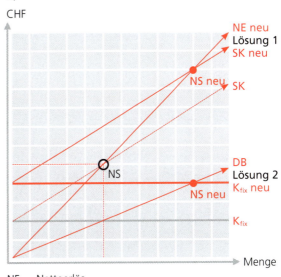

NE = Nettoerlös
SK = Selbstkosten, Totalkosten
NS = Nutzschwelle
K_{fix} = Fixkosten
DB = Deckungsbeitrag

143

32.16

Fixe Kosten	40 000.–
Fixer Ertrag	5 000.–
Deckungsbeitrag total	35 000.–
Deckungsbeitrag je Passagier 600 – 50	550.–

$$\frac{\text{DB total}}{\text{DB je Passagier}} = \frac{35\,000}{550} = 63{,}6 \text{ Personen}$$

Die Nutzschwelle wird bei 64 Personen, d. h. bei einer Sitzplatzauslastung von 64%, erreicht.

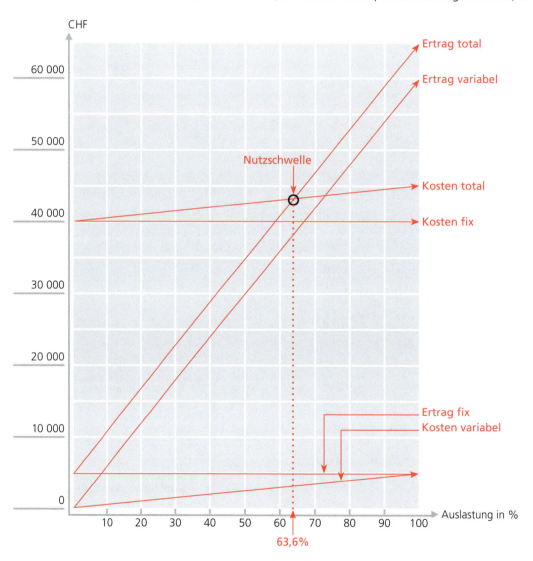

Divisionskalkulation

33.01

a) ▷ Der Besitzer hat für seine Arbeiten im Zusammenhang mit der Rössliriiti noch keinen Lohn verrechnet. Nun wird ein bescheidener Eigenlohn in Rechnung gestellt.
   ▷ In der Fibu wurden stille Reserven gebildet.
   ▷ Kalkulatorischer Zins auf dem Eigenkapital (Opportunitätskosten).

b) Preis pro Billett = CHF 53 805.– : 17 935 = CHF 3.–

c) Durchschnittskosten = CHF 57 200.– : 17 935 = CHF 3.19

d) Verlust pro Billett = CHF – 3 395.– : 17 935 = CHF –.19
   oder Erlös CHF 3.– ./. Kosten CHF 3.19 = CHF –.19

e) Verkaufte Billette neu = 17 935 × 1,2 = 21 522
   Billetterlös neu 21 522 × 2.70   CHF 58 109.40
   Gesamtkosten   CHF 57 200.–
   Gewinn neu   **CHF   909.40**

f) Weil zur Ermittlung der Selbstkosten pro Stück oder pro Leistungseinheit die gesamten Selbstkosten lediglich durch die Anzahl hergestellter Stücke oder Leistungseinheiten **dividiert** werden müssen. Die einfache Divisionskalkulation ist nur bei Einproduktebetrieben anwendbar.

33.02

Heizkosten pro Wohnung = CHF 9000.– : 6 = CHF 1500.–

33.03

a)

Wohnungstyp	Anzahl Wohnungen	Wohnfläche je Wohnung	Äquivalenzziffer	Anzahl Recheneinheiten	Heizkosten je Wohnung
1-Zimmer-Wohnung	2	30 m²	1	2	420
2-Zimmer-Wohnung	4	45 m²	2	8	840
4-Zimmer-Wohnung	2	120 m²	4	8	1 680
7-Zimmer-Wohnung	1	150 m²	7	7	2 940
				25	

Heizkosten pro Recheneinheit = CHF 10 500.– : 25 = CHF 420.–

b)

Wohnungstyp	Anzahl Wohnungen	Wohnfläche je Wohnung	Äquivalenzziffer	Anzahl Recheneinheiten	Heizkosten je Wohnung
1-Zimmer-Wohnung	2	30 m²	1	2	500
2-Zimmer-Wohnung	4	45 m²	1,5	6	750
4-Zimmer-Wohnung	2	120 m²	4	8	2 000
7-Zimmer-Wohnung	1	150 m²	5	5	2 500
				21	

Heizkosten pro Recheneinheit = CHF 10 500.– : 21 = CHF 500.–

c) Die Verteilung nach Quadratmetern, da die Beheizung eines grösseren Zimmers mehr Energie braucht als die eines Kleineren.

Divisionskalkulation 33

33.04

a) Eine verursachungsgerechte Kostenverteilung auf die verschiedenen Platzkategorien erfolgt am besten aufgrund der unterschiedlichen Standplatzbreiten.

b) und c)

Platz-kategorie	Stand-platz-breite	Anzahl Plätze	Äquivalenz-ziffer	Anzahl Rechen-einheiten	Kosten pro Rechen-einheit	Selbst-kosten pro Standplatz	Rechnungs-betrag pro Standplatz
Kat. 1	bis 200 cm	5	2[1]	10	–	1 800	2 160
Kat. 2	bis 250 cm	10	2,5	25	–	2 250	2 700
Kat. 3	bis 300 cm	20	3	60	–	2 700	3 240
Kat. 4	bis 350 cm	10	3,5	35	–	3 150	3 780
Kat. 5	bis 400 cm	5	4	20	–	3 600	4 320
				150	$\frac{135\,000}{150} = 900$		

33.05

a) CHF   36 000 000.– : 674 000 000 kWh   = 5.34 Rappen/kWh

b) CHF 700 000 000.– : 14,5 Milliarden kWh   = 4.83 Rappen/kWh

c) Die Kosten würden sich wie folgt reduzieren:

   Abschreibungen   1,5 Mio. CHF[2]
   Wasserzinsen   5,0 Mio. CHF
   Direkte Steuern   3,0 Mio. CHF
   Total Reduktion   9,5 Mio. CHF

   Selbstkosten neu: CHF 26 500 000.– : 674 000 000 kWh = 3.93 Rappen/kWh

c) Die wichtigsten Vorteile sind:
   ▷ Sicherheit, Umweltbelastung
   ▷ keine Abfälle
   ▷ Wasser ist gratis
   ▷ längere Lebensdauer
   ▷ Wasser ist unerschöpflich

---

[1] Der Einfachheit halber wird hier nicht mit der Äquivalenzziffer 1 gerechnet, da sich von den Standplatzbreitenmassen diese Zuteilung der Äquivalenzziffern geradezu aufdrängt.

[2] Wenn der Staat die Konzessionsdauer nicht auf 80 Jahre beschränken würde, wären die Abschreibungen pro Jahr nur 1,5 Mio. CHF

33.06

a)

Betrieb	Wassermenge	Verschmut-zungsgrad	Rechen-einheiten	Totalkosten
Ablaugerei	50 000 m³	2,2	110 000	330 000
Gärtnerei	10 000 m³	1,2	12 000	36 000
Schlachthof	80 000 m³	2,0	160 000	480 000
Summen	140 000 m³	–	282 000	846 000.–

1 RE = 3.–

b) Ja. Die durchschnittlichen (theoretischen) Kosten betragen in dieser privaten Kläranlage nur CHF 3.–/m³ normal verschmutztes Wasser.

33.07

Materialkosten

Artikel	Menge	Äqui-valenz-ziffer	Rechen-einheiten	Total Material-kosten	Kosten/Beutel
Bohnen klein	80 000 Beutel	1,0	80 000	–	0.30
Bohnen gross	60 000 Beutel	2,0	120 000	–	0.60
Erbsen klein	150 000 Beutel	1,4	210 000	–	0.42
Erbsen gross	100 000 Beutel	2,8	280 000	–	0.84
Summen	–	–	690 000	207 000	–

1 RE = 0.30

Fertigungskosten

Artikel	Menge	Äqui-valenz-ziffer	Rechen-einheiten	Total Fer-tigungs-kosten	Kosten/Beutel
Bohnen klein	80 000 Beutel	1,0	80 000	–	0.50
Bohnen gross	60 000 Beutel	1,4	84 000	–	0.70
Erbsen klein	150 000 Beutel	0,8	120 000	–	0.40
Erbsen gross	100 000 Beutel	1,2	120 000	–	0.60
Summen	–	–	404 000	202 000	–

1 RE = 0.50

Selbstkosten/Beutel

Artikel	Material-kosten	Fertigungs-kosten	Herstell-kosten	VVGK	Selbst-kosten
Bohnen klein	0.30	0.50	0.80	0.16	0.96
Bohnen gross	0.60	0.70	1.30	0.26	1.56
Erbsen klein	0.42	0.40	0.82	0.16	0.98
Erbsen gross	0.84	0.60	1.44	0.29	1.73

20% HK

33.08

Benutzergruppe	Anzahl Benutzer	Stunden/Tag und Benutzer	Benutzer-stunden/Jahr	Anteil an den Gesamt-kosten	Kosten/Benutzer
Gruppe A	100	5,00	110 000	478 500.–	4 875.–
Gruppe B	400	2,00	176 000	765 600.–	1 914.–
Gruppe C	200	0,75	33 000	143 550.–	717.75
Summen	–	–	319 000	1 387 650.–	–

1 RE = 4.35

34

Zuschlagskalkulation

34.01

BAB (in CHF 1000.–)

Einzelmaterial	⎱ Einzelkosten
Einzellöhne	⎰
Hilfsmaterial	
Hilfslöhne	
Miete	
Zinsen	⎱ Gemeinkosten
Abschreibungen	
Sonstiges	
Total	
Umlage Material-Gemeinkosten	
Umlage Fertigungs-Gemeinkosten	
Herstellkosten	
Umlage Verwaltungs- und Vertriebs-Gemeinkosten	
Selbstkosten	
Erlös	
Erfolg (+ = Verlust / – = Gewinn)	

b)

Einzelmaterial	CHF 150.–	100%	
Material-Gemeinkosten	CHF 45.–	30%	
Materialkosten	**CHF 195.–**	130%	
Einzellöhne (3 Std. à 30.–)	CHF 90.–		
Fertigungs-Gemeinkosten (3 Std. à 15.–)	CHF 45.–		
Fertigungskosten	**CHF 135.–**		
Herstellkosten	**CHF 330.–**	100%	
Verwaltungs- und Vertriebs-Gemeinkosten	CHF 66.–	20%	
Selbstkosten	**CHF 396.–**	120%	100%
Gewinn	CHF 99.–		25%
Verkaufspreis	**CHF 495.–**		125%

Zuschlagskalkulation — 34 Lösung 01

enarten-nung	Kostenstellenrechnung			Kostenträgerrechnung	
	Einkauf/Lager	Fertigung/Montage	Verwaltung und Vertrieb	Stand-kollektoren	Mobil-kollektoren
500				200	300
600				210	390
105	10	50	45		
270	60	60	150		
100	30	60	10		
60	14	40	6		
80	12	60	8		
145	24	30	91		
1 860	150	300	310	410	690
	30% EM – 150			60	90
		15.–/Std. – 300		105	195
				575	975
			20% HK – 310	115	195
				690	1 170
– 1 910				– 680	– 1 230
– 50	0	0	0	10	– 60

Zuschlagskalkulation 34

34.02

Teilaufgabe 1

a) Siehe BAB.

b) Beispiele möglicher Massnahmen sind:

- ▷ Durch eine Erhöhung des Verkaufspreises für die Handcreme lässt sich der Ertrag steigern, sofern nicht Konkurrenten ein ähnliches Produkt günstiger anbieten und die von den Kunden nachgefragte Menge nicht wesentlich sinkt (Preiselastizität der Nachfrage).
- ▷ Die Cremeria AG muss versuchen, die Kosten zu senken, zum Beispiel durch den Kauf von billigeren Rohstoffen (mit dem Risiko, dass die Qualität der Handcreme abnimmt) oder durch Lohnsenkungen (was mit sozialen Zielkonflikten verbunden ist und zur Kündigung guter Mitarbeiter führen kann).
- ▷ Sofern die Produktionskapazitäten noch nicht ausgeschöpft sind, kann mithilfe von Preissenkungen und/oder Werbeaktionen versucht werden, die Absatzmenge von Cremen zu erhöhen, was zu tieferen Gemeinkosten pro Stück führt. Der gleiche Effekt entsteht auch, wenn es gelingt, neue Produkte zu lancieren (vgl. die Lippencreme von Teilaufgabe 2).

BAB (in CHF 1000.–)

- Einzelmaterial
- Gemeinkostenmaterial
- Einzellöhne
- Gemeinkostenlöhne
- Abschreibungen
- Zinsen
- Übriges
- Total
- Umlage Material-Gemeinkosten
- Umlage Fertigungs-Gemeinkosten 1
- Umlage Fertigungs-Gemeinkosten 2
- Herstellkosten
- Umlage Verwaltungs- und Vertriebs-Gemeinkosten
- Selbstkosten
- Erlös
- Erfolg (– = Gewinn / + = Verlust)
- Kostensätze

Teilaufgabe 2

	Einzelmaterial	4.00
+	Material-Gemeinkosten (10% des Einzelmaterials)	0.40
=	**Materialkosten**	4.40
	Einzellöhne	0.36
+	Fertigungs-Gemeinkosten 1 (150% der Einzellöhne)	0.54
+	Fertigungs-Gemeinkosten 2 (CHF 500.– : 1000 Stück)	0.50
=	**Fertigungskosten**	1.40
=	**Herstellkosten**	5.80
+	Verwaltungs- und Vertriebs-Gemeinkosten (20% der Herstellkosten)	1.16
=	**Selbstkosten**	6.96
+	Gewinnzuschlag (10% der Selbstkosten)	0.70
=	**Verkaufspreis** (Erlös)	7.66

Zuschlagskalkulation — Lösung 02

	Sachliche Abgrenzung	Kosten/Leistung	Einkauf/Lager	Fertigung 1	Fertigung 2	Verwaltung/Vertrieb	Fusscreme	Handcreme
2 500	0	2 500					1 000	1 500
300	0	300	30	140	70	60		
320	0	320					120	200
710	0	710	80	70	140	420		
420	− 50	370	50	120	100	100		
80	140	220	40	60	80	40		
380	0	380	50	90	60	180		
4 710	90	4 800	250	480	450	800	1 120	1 700
			− 250				100	150
				− 480			180	300
					− 450		200	250
							1 600	2 400
						− 800	320	480
							1 920	2 880
4 850		− 4 850					− 2 000	− 2 850
140	90	− 50	0	0	0	0	− 80	30
			10% des EM	150% der EL	500.− pro Mh	20% der HK		

Berechnungen der Kostensätze für die Umlagen der Gemeinkosten (GK):

Material-GK	$\dfrac{\text{Material-GK}}{\text{Einzelmaterialverbrauch}}$	$\dfrac{250\,000}{2\,500\,000}$	10%
Fertigungs-GK 1	$\dfrac{\text{Fertigungs-GK 1}}{\text{Einzellohnsumme}}$	$\dfrac{480\,000}{320\,000}$	150%
Fertigungs-GK 2	$\dfrac{\text{Fertigungs-GK 2}}{\text{Maschinenstunden}}$	$\dfrac{450\,000}{900 \text{ Stunden}}$	500/Stunde
Verwaltungs- und Vertriebs-GK	$\dfrac{\text{Verwaltungs- und Vertriebs-GK}}{\text{Herstellkosten}}$	$\dfrac{800\,000}{4\,000\,000}$	20%

34.03

a) Siehe BAB

Anlagenbuchhaltung

	Gebäude	Einkauf/Lager	Fertigung	Verwaltung/Vertrieb	Total
Anschaffungswerte	4 000	400	2 000	1 600	8 000
Nutzungsdauer	40 Jahre	5 Jahre	10 Jahre	10 Jahre	–
Kalkulatorische Abschreibungen	25	20	50	40	135
Kalkulatorische Zinsen	50	5	25	20	100

c)

Einzelkalkulation Kettensäge

Einzelmaterial	CHF 120.00	
+ Material-GK (10% des Einzelmaterials)	CHF 12.00	
= Fertigungs-GK (0,4 h zu CHF 250.–/h)	CHF 100.00	
= **Herstellkosten**	**CHF 232.00**	
+ Verwaltungs- und Vertriebs-GK (20% der HK)	CHF 46.40	
= **Selbstkosten**	**CHF 278.40**	90%
+ Gewinn	CHF 30.93	10%
= **Verkaufspreis ohne MWST**	**CHF 309.33**	100%

Der kalkulierte Verkaufspreis beträgt aufgerundet **CHF 310.–**

a) BAB

Einzelmaterial
Personal
Abschreibungen
Zinsen
Übriges
Total vor Umlage Vorkostenstelle
Umlage Gebäude
Total nach Umlage Vorkostenstelle
Umlage Einkauf/Lager
Umlage Fertigung
Herstellkosten
Umlage Verwaltung/Vertrieb
Selbstkosten
Nettoerlöse
Gewinn

b) Kostensätze (GK = Gemeinkosten)

Material-GK	$\dfrac{\text{Material-GK}}{\text{Einzelmaterial}}$	$\dfrac{60}{600}$	**10%**
Fertigungs-GK	$\dfrac{\text{Fertigungs-GK}}{\text{Arbeitsleistung in h}}$	$\dfrac{\text{CHF 240 000.–}}{960\ h}$	**CHF 250.–/h**
Verwaltungs- und Vertriebs-GK	$\dfrac{\text{Verwaltungs- und Vertriebs-GK}}{\text{Herstellkosten}}$	$\dfrac{180}{900}$	**20%**

Zuschlagskalkulation — Lösung 03

enartenrechnung			Kostenstellenrechnung				Kostenträgerrechnung	
	Abgrenzung	BEBU	Gebäude	Einkauf/Lager	Fertigung (Montage)	Verwaltung/Vertrieb	Motorsensen	Rasenmäher
600		600					150	450
190		190	35	15	80	60		
165	− 30	135	25	20	50	40		
60	40	100	50	5	25	20		
55		55	10	10	25	10		
070	10	1 080	120	50	180	130	150	450
			− 120	10	60	50		
070	10	1 080	0	60	240	180	150	450
				− 60			15	45
					− 240		85	155
							250	650
						− 180	50	130
							300	780
130		− 1 130					− 320	− 810
60	10	− 50	0	0	0	0	− 20	− 30

155

34.04

	Aufgabe a)	Aufgabe b)
Einzelmaterial	100.–	100.–
+ Material-GK (10% EM)	10.–	10.–
Materialkosten	110.–	110.–
Einzellöhne (10 Stunden)	210.–	230.–
+ Fertigungs-GK (CHF 8.–/Std.)	80.–	80.–
Fertigungskosten	290.–	310.–
Herstellkosten	400.–	420.–
+ Verwaltungs- und Vertriebs-GK (20% HK)	80.–	84.–
Selbstkosten	480.–	504.–
+ Reingewinn (10% SK)	48.–	50.40
Verkaufspreis	528.–	554.40

34.05

Einzelmaterial	**40.–**	
+ Material-GK (10% EM)	4.–	
Materialkosten		44.–
Einzellöhne (2 Std. zu CHF 20.–)	40.–	
+ Fertigungs-GK (2 Std. zu CHF 30.–)	60.–	
Fertigungskosten		100.–
Herstellkosten		144.–
+ Verwaltungs- und Vertriebs-GK (25% HK)		36.–
Selbstkosten		**180.–**

Zuschlagskalkulation 34

34.06

b)

Kalkulationsblatt für Kundenaufträge

	Anzahl	Zuschlagssatz/ Stundensatz	Betrag in CHF
Einzelmaterial			400.–
Material-Gemeinkosten		80%	320.–
Einzellohnstunden	34	50.–/Std.	1 700.–
Fertigungs-Gemeinkosten	34	30.–/Std.	1 020.–
Montagestunden	5	100.–/Std.	500.–
Herstellkosten			3 940.–
Verwaltungs- und Vertriebs-Gemeinkosten		12% HK	472.80
Selbstkosten			4 412.80
Reingewinnzuschlag		15%	661.90
Nettopreis (Nettoerlös)			5 074.70
Rabatt		5%	267.10
Bruttoverkaufspreis ohne MWST			5 341.80

BAB (in CHF 1000.–)

Einzelmaterial	⎫ Einzelkoste
Einzellöhne	⎭
Übriges Material	⎫
Übriger Lohn	⎪
Miete	⎪
Zinsen	⎬ Gemeinko
Abschreibungen	⎪
Sonstiges	⎭
Total	
Umlage Vorkostenstelle Auslieferung	
Total nach Umlage Vorkostenstelle	
Umlage Material-Gemeinkosten	
Umlage Fertigungs-Gemeinkosten	
Umlage Montage-Gemeinkosten	
Herstellkosten	
Umlage Verwaltungs- und Vertriebs-Gemeinkos	
Selbstkosten	
Erlös	
Erfolg (+ = Verlust / – = Gewinn)	
Kostensätze für die Umlage der Gemeinkosten	

Zuschlagskalkulation — Lösung 06

Kostenartenrechnung			Kostenstellenrechnung					Kostenträgerrechnung	
	Abgrenzungen	Kosten/Leistung	Auslieferung	Materiallager	Fertigung	Montage	Verwaltung und Vertrieb	Aussen-cheminées	Innen-cheminées
50		50						20	30
150		150						60	90
20		20			10	10			
33		33	3	3	6	9	12		
60		60	4	8	16	20	12		
14	6	20	5	6	3	4	2		
24	– 4	20	5	3	4	7	1		
95		95	5	9	51	20	10		
446	2	448	22	29	90	70	37	80	120
			– 22	11			11		
			0	40	90	70	48	80	120
				– 40				16	24
					– 90			36	54
						– 70		18	52
								150	250
							– 48	18	30
								168	280
– 480	–	– 480						– 180	– 300
– 34	2	– 32	0	0	0	0	0	– 12	– 20
				80%	30.–/Std. (0,03/Std.)	100.–/Std. (0,1/Std.)	12%		

34.07

a) Die Abgrenzung entspricht dem kalkulatorischen Zins auf dem Eigenkapital.

b) Die Zinsen werden üblicherweise im Verhältnis zu dem in den Kostenstellen investierten Kapital verteilt.

c) Es wurden CHF 10 000.– stille Reserven gebildet. Die Abschreibungen gemäss Fibu sind höher als die Abschreibungen gemäss BEBU, die als richtig betrachtet werden können.

d) CHF 73 420.–

e) Die Vorkostenstelle wird auf andere Kostenstellen umgelegt; die Hauptkostenstellen werden auf die Kostenträger umgelegt.

f) Selbstkosten

g) CHF 594 500.–

h) $\dfrac{71160}{474400} = 15\%$

i) Die Selbstkosten sind um CHF 4 500.– höher als der Verkaufserlös; es handelt sich also um einen Verlust.

j)

Gewinn Handelswaren	6 000.–
./. Verlust Erzeugnisse	– 4 500.–
Betriebsgewinn gemäss BEBU	**1 500.–**
+ Sachliche Abgrenzungen Zinsen	8 200.–
./. Sachliche Abgrenzungen Abschreibungen	– 10 000.–
Betriebsverlust gemäss FIBU	**– 300.–**
+ Neutraler Ertrag	34 200.–
./. Neutraler Aufwand	– 15 400.–
Unternehmungsgewinn	**18 500.–**

34.08

a) Material-GK $= \dfrac{80\,000}{400\,000} = 20\%$ des Einzelmaterials

Fertigungs-GK $= \dfrac{120\,000}{4\,000} =$ CHF 30.– je Stunde, oder:

Fertigungs-GK $= \dfrac{120\,000}{100\,000} = 120\%$ der Einzellohnsumme

Verwaltungs- und Vertriebs-GK $= \dfrac{140\,000}{700\,000} = 20\%$ der Herstellkosten

b)

Einzelmaterial (15 kg zu CHF 10.–/kg)	150.–
+ Material-GK (20% des Einzelmaterials)	30.–
= Materialkosten	180.–
Einzellöhne (4 Stunden zu CHF 25.–/Std.)	100.–
+ Fertigungs-GK (4 Stunden zu CHF 30.–/Std.)	120.–
= Fertigungskosten	220.–
= Herstellkosten	400.–
+ Verwaltungs- und Vertriebs-GK (20% der Herstellkosten)	80.–
= Selbstkosten	480.–
+ Reingewinn (12½% der Selbstkosten)	60.–
= Nettoverkaufspreis	540.–
+ Rabatt (10% des Bruttoverkaufspreises)	60.–
= Bruttoverkaufspreis	600.–

34.09

34.10

BAB (in CHF 1000.–)

Einzelmaterial
Einzellöhne
GK-Material
GK-Löhne
URE
Energie
Zinsen
Abschreibung
Übrige Kosten
Total Kosten
Umlage Gebäude
Total nach Umlage Gebäude
Umlage Lehrmittel
Umlage GA-Sekretariat
Umlage WB-Sekretariat
Umlage Schulzimmer
Umlage zentrale Dienste
Selbstkosten
Erlös Schulgelder GA
Erlös Kursgelder WB
Subventionen GA
Gewinn

Zuschlagskalkulation 34 Lösung 10

	Kostenstellenrechnung							Kostenträgerrechnung	
en-hung	Gebäude	Lehrmittel	Grund-ausbildungs-sekretariat	Weiter-bildungs-sekretariat	Schul-zimmer	Zentrale Dienste		Grund-ausbildung	Weiter-bildung
1 000								600	400
3 000								18 000	10 000
720	500	100	10	10	20	80			
3 600	1 800	300	400	500		600			
760	700				60				
400	400								
3 740	3 500	70	30	40	40	60			
2 580	2 000	200	50	50	80	200			
1 300	900	30	110	100	0	160			
2 100	9 800	700	600	700	200	1 100		18 600	10 400
	– 9 800	200	300	300	8 600	400			
2 100	0	900	900	1 000	8 800	1 500		18 600	10 400
		– 900						495①	405①
			– 900					900	
				– 1 000					1 000
					– 8 800			5 500	3 300
						– 1 500		1 000	500
								26 495	15 605
5 000								– 5 000	
5 000									– 16 000
1 495								– 21 495	
395	0	0	0	0	0	0		0	– 395

① 270 + 225 = 495
  180 + 225 = 405

Zuschlagskalkulation 34

34.11

a)

Erfolgsrechnung

Aufwand		Ertrag	
Einzelmaterial	300 000	Verkauf Kindervelos	150 000
Löhne	420 000	Verkauf Standardmodelle	550 000
Mietzinsen	50 000	Verkauf Rennvelos	200 000
Kapitalzinsen	50 000		
Abschreibungen	30 000		
Übriger Aufwand	70 000	**Verlust**	**20 000**
	920 000		920 000

b) BAB (in CHF 1 000.–)

Einzelmaterial			
Löhne			⎫
Mietzinsen			⎪
Kapitalzinsen			⎬ Gemeinko...
Abschreibungen			⎪
Übrige Kosten			⎭
Total			
Umlage Material-GK			
Umlage Rahmenherstellungs-GK			
Umlage Montage-GK			
Umlage Rennveloproduktions-GK			
Herstellkosten			
Umlage Verwaltungs- und Vertriebs-GK			
Selbstkosten			
Erlös			
Erfolg			

c) ▷ Kosten senken (z. B. Rohstoffe billiger einkaufen, Gemeinkosten einsparen)
  ▷ Verkaufspreise für Kindervelos erhöhen. (Allerdings besteht dabei die Gefahr des Absatzrückgangs.)
  ▷ Verkaufspreise für Kindervelos senken. (Diese Massnahme ist nur dann sinnvoll, wenn die mengenmässige Absatzsteigerung grösser ist als die Preisreduktion.)
  ▷ Werbeaktion für Kindervelos
  ▷ Keine Kindervelos mehr produzieren führt nicht zwingend zu einer Verbesserung des Gesamtergebnisses, solange die den Kindervelos belasteten Fixkosten nicht abgebaut werden können.

d)

Einzelmaterial	150.–
+ Material-GK (10% des Einzelmaterials)	15.–
+ Rahmenherstellung (2¼ Std. zu CHF 40.–/Std.)	90.–
+ Montage (4 Std. zu CHF 50.–/Std.)	200.–
= Herstellkosten	455.–
+ Verwaltungs- und Vertriebs-GK (15% der Herstellkosten)	68.25
= Selbstkosten	523.25

e)

Einzelmaterial	500.–
+ Material-GK (10% des Einzelmaterials)	50.–
+ Fertigungs-GK (3 Std. zu CHF 65.–/Std.)	195.–
= Herstellkosten	745.–
+ Verwaltungs- und Vertriebs-GK (15% der Herstellkosten)	111.75
= Selbstkosten	856.75
+ Gewinn (10% der Selbstkosten)	85.68
= Nettoverkaufspreis	942.43
+ Rabatt (10% des Bruttoverkaufspreises)	104.71
= Bruttoverkaufspreis	1 047.14

Zuschlagskalkulation 34 — Lösung 11

Kostenstellenrechnung / Kostenträgerrechnung

	Material	Rahmen-herstellung	Montage	Rennvelo-produktion	Verwaltung und Vertrieb	Kindervelos	Standard-modelle	Rennvelos
300						50	160	90
420	10	80	230	30	70			
50	6	10	16	10	8			
50	10	8	9	4	19			
30	2	8	6	4	10			
70	2	22	29	4	13			
920	30	128	290	52	120	50	160	90
	− 30 ①					5	16	9
		− 128 ②				48	80	−
			− 290 ③			90	200	−
				− 52 ④		−	−	52
						193	456	151
					− 120 ⑤	29	68	23
						222	524	174
− 900						− 150	− 550	− 200
20	0	0	0	0	0	72	− 26	− 26

① $\dfrac{30}{300} = 10\%$ EM

② $\dfrac{128}{3200\ h} = 0{,}04/h$

③ $\dfrac{290}{5800\ h} = 0{,}05/h$

④ $\dfrac{52}{800\ h} = 0{,}065/h$

⑤ $\dfrac{120}{\underbrace{193 + 456 + 151}_{800}} = 15\%$ HK

Zuschlagskalkulation 34

34.12

a) Die Kostenstellenrechnung ist zugleich Kostenträgerrechnung

b) **Betriebsabrechnungsbogen eines Warenhauses** (Kurzzahlen)

Kostenarten		Vorkostenstelle	Hauptkostenstellen			
	Kosten/ Leistung	Einkauf und Verwaltung	Lebensmittel	Textilien	Dienstleistungen	Übrige Abteilungen
Personal	1 500	408	125	352	140	475
GK-Material	100	42	15	18	5	20
Raumkosten	500	150	30	150	10	160
Sonstiges	900	700	30	80	10	80
GK vor Umlage	3 000	1 300	200	600	165	735
Umlage Vorkostenstelle (in % des Umsatzes)			195	468	130	507
GK nach Umlage	3 000		395	1 068	295	1 242
Einstandswert	6 500		1 200	2 100	850	2 350
Selbstkosten	9 500		1 595	3 168	1 145	3 592
Nettoerlös (Umsatz)	– 10 000		– 1 500	– 3 600	– 1 000	– 3 900
Erfolg	– 500		95	– 432	145	– 308

c) Lebensmittel: $= \dfrac{395}{1200} = 32{,}92\%$

   Textilien: $= \dfrac{1068}{2100} = 50{,}86\%$

   Dienstleistungen: $= \dfrac{295}{850} = 34{,}71\%$

d)
Einstand	100.–
+ Gemeinkosten (50,86% des Einstandes)	50.86
Selbstkosten	150.86

e)
Verkaufspreis	1 380.–
– Reingewinn (15% der Selbstkosten)	180.–
Selbstkosten	1 200.–
– Gemeinkosten (34,71% des Einstandes)	309.20
Einstand	890.80

f) $GK = \dfrac{3\,000}{6\,500} = 46{,}15\%$

g) Die Lebensmittelpreise müssten angehoben werden, was einen Rückgang der Verkaufsumsätze zur Folge hätte; das Warenhaus wäre im Lebensmittelbereich nicht mehr konkurrenzfähig (man würde sich «aus dem Markt kalkulieren»). Die Textilien würden hingegen zu billig, d.h. unter den wirklichen Selbstkosten, verkauft.

34.13

a) Siehe BAB.

b) Siehe BAB.

c) Tonträger sind Kundenzubringer (so genannte Frequenzbringer). Kunden kommen zum Kauf von Tonträgern regelmässig in den Laden und kaufen dabei häufig noch andere Produkte.

d) Da nur Barverkäufe getätigt werden, die Kreditfristen bei den Lieferanten jedoch ausgeschöpft werden, kann das aus dem Verkauf erhaltene Bargeld kurzfristig zinsbringend angelegt werden, bevor es teilweise wieder zu Lieferantenzahlungen verwendet wird. Deshalb kann die umsatzproportionale Verteilung der Zinserlöse als verursachungsgerecht betrachtet werden.

e) Das bedeutet, dass 75% der zum Verkauf angebotenen Waren seit weniger als drei Monaten am Lager sind, bzw. im Media-Markt praktisch immer nur neue Produkte zum Verkauf angeboten werden.

f) Diese Tatsache bringt folgende Vorteile:
   ▷ tiefe Lagerkosten (Miete, Zinsen auf investiertem Kapital, Versicherungsprämien, Personalaufwand für Lagerbewirtschaftung)
   ▷ hoher Lagerumschlag, keine Ladenhüter, geplante Bruttogewinnmargen können eingehalten werden
   ▷ einfache Steuerung der Bestellungen durch den Verkäufer

BAB (in CHF 1000.–)

Kostenarten
Warenkosten
Personalkosten Verkauf
Übrige Personalkosten
Zinskosten
Garantieverpflichtungen
Werbung
Raumkosten
Übrige Kosten
Abschreibungen
Verwaltung/Rechenzentrum
Selbstkosten
Umsatz
Zinserlös
Erfolg (– = Gewinn, + = Verlust)
Erfolg in % des Umsatzes
Erfolg pro m² Verkaufsfläche

Stammdaten für die Umlageschlüssel

Verkaufsfläche in m²
Lagerbestand in CHF 1000.–
Umsatz in CHF 1000.–

Zuschlagskalkulation 34 Lösung 13

age ssel	Kosten/Erlöse	Kostenstellenrechnung						
		TV/Video/Foto	Hi-Fi-Geräte	Elektrogeräte	Telecom/Autoradio	Computer	Tonträger	Zubehör/Service
t	54 330	7 365	3 781	4 355	5 298	23 307	8 999	1 225
t	2 882	366	361	392	426	652	355	330
atz	870	117	64	76	87	361	138	27
bestand	211	34	18	22	22	79	29	7
atz	13	2	1	1	2	7	0	0
atz	2 543	343	188	222	254	1 054	402	80
e	1 528	205	153	292	179	245	272	182
atz	557	75	41	48	56	231	88	18
e	400	54	40	76	47	64	71	48
atz	829	112	61	72	83	344	131	26
	64 163	8 673	4 708	5 556	6 454	26 344	10 485	1 943
t	– 67 580	– 9 114	– 4 987	– 5 894	– 6 746	– 28 017	– 10 686	– 2 136
atz	– 662	– 89	– 49	– 58	– 66	– 274	– 105	– 21
	– 4 079	– 530	– 328	– 396	– 358	– 1 947	– 306	– 214
	6.04	5.82	6.58	6.72	5.31	6.95	2.86	10.02
	– 1.84	– 1.78	– 1.48	– 0.93	– 1.38	– 5.47	– 0.77	– 0.81

	Total	TV/Video/Foto	Hi-Fi-Geräte	Elektrogeräte	Telecom/Autoradio	Computer	Tonträger	Zubehör/Service
	2 221	298	222	424	260	356	396	265
	6 618	1 076	566	677	696	2 474	912	217
	67 580	9 114	4 987	5 894	6 746	28 017	10 686	2 136

Zuschlagskalkulation 34

34.14

a)

Im BAB können sich je nach Rundung leichte Abweichungen bzw. Differenzen im Total der horizontalen und vertikalen Additionen ergeben.

b) und c)

	Offiziersmesser		Schlüsselanhänger	
	Ausrechnung	CHF	Ausrechnung	CHF
Einzelmaterial	636 000 : 400 000	1.59		1.04
+ Spritz-Gemeinkosten	43 • 11 : 1000	0.47	43 • 8 : 1000	0.34
+ Stanz-Gemeinkosten	55 • 16 : 1000	0.88	55 • 13 : 1000	0.72
+ Härt-Gemeinkosten	35 • 6 : 1000	0.21	35 • 4 : 1000	0.14
+ Schärf-Gemeinkosten	18 • 24 : 1000	0.43	18 • 18 : 1000	0.32
+ Montage-Gemeinkosten	48 • 50 : 1000	2.40	48 • 31 : 1000	1.49
= Herstellkosten		5.98		4.05
+ VVGK	5.98 • 0,3	1.79	4.05 • 0,3	1.22
= Selbstkosten		7.77		5.27

a) BAB (in CHF 1000.–)

Material
Personal
Abschreibungen
Zinsen
Werbung
Übriges
Total vor Umlage Gebäude
Umlage Gebäude
Total nach Umlage Gebäude
Umlage Spritzen
Umlage Stanzen
Umlage Härten
Umlage Schärfen
Umlage Montage
Herstellkosten
Umlage Verwaltung/Vertrieb
Selbstkosten
Erlös
Gewinn
Flächen in m²
Maschinenstunden (Mh) bzw. Personenstunden (Ph)
Berechnung der Kostensätze für die Umlagen
Kostensätze für die Umlagen
Fertigungszeiten in Stunden je 1000 Stück

Zuschlagskalkulation 34 Lösung 14

enartenrechnung			Kostenstellenrechnung							Kostenträger-rechnung	
	Sachliche Abgrenzung	BEBU	Gebäude	Spritzen	Stanzen	Härten	Schärfen	Montage	Verwaltung/ Vertrieb	Offiziers-messer	Übrige Produkte
665		93 665	1 050	9 900	18 000	750	2 800	150	2 350	636	58 029
930		44 930	1 000	4 000	3 300	5 000	6 550	9 580	15 500		
100	− 1 800	3 300	2 040	240	200	20	100	400	300		
300	255	2 555	2 040	80	100	10	50	200	75		
800		12 800							12 800		
590		16 590	1 154	2 539	1 800	1 200	1 860	777	7 260		
385	− 1 545	173 840	7 284	16 759	23 400	6 980	11 360	11 107	38 285	636	58 029
			− 7 284	916	1 145	366	1 833	1 191	1 833		
385	− 1 545	173 840	0	17 675	24 545	7 346	13 193	12 298	40 118	636	58 029
				− 17 675						189	17 486
					− 24 545					352	24 193
						− 7 346				84	7 262
							− 13 193			173	13 020
								− 12 298		960	11 338
										2 394	131 328
									− 40 118	718	39 400
										3 112	170 728
400		−223 400								− 3 600	−219 800
015	− 1 545	− 49 560	0	0	0	0	0	0	0	− 488	− 49 072
			7 950	1 000	1 250	400	2 000	1 300	2 000		
			−	411 046 Mh	446 272 Mh	209 886 Mh	732 889 Mh	256 208 Ph	−		
			7 284 000 : 7950 m²	17 675 000 : 411 046 Mh	24 545 000 : 446 272 Mh	7 346 000 : 209 886 Mh	13 193 000 : 732 889 Mh	12 298 000 : 256 208 Ph	40 118 000 : 133 722 000		
			916.2 je m²	43.0 je Mh	55.0 je Mh	35.0 je Mh	18.0 je Mh	48.0 je Ph	30,0% HK		
			−	11 je Mh	16 je Mh	6 je Mh	24 je Mh	50 je Ph	−		

Zuschlagskalkulation 34

34.15

a) Siehe BAB.

Abschreibungen und Zinsen

	Gebäude	Einkauf	Schneiderei	Finish	Verwaltung/ Vertrieb
Anschaffungswerte	6 000	100	1 000	300	400
Nutzungsdauer	40 Jahre	5 Jahre	8 Jahre	10 Jahre	10 Jahre
Abschreibungen	150	20	125	30	40
Zinsen	300	5	50	15	20

Gebäude

	Einkauf	Schneiderei	Finish	Verwaltung/ Vertrieb
Effektive Fläche in m²	50	1 000	250	100
Gewichtungsfaktor (Äquivalenzziffer)	1,0	0,8	0,8	1,5
Gewichtete Flächen in m²	50	800	200	150

Verwaltung/Vertrieb

	Herstellkosten verkaufte Erzeugnisse	Gewichtungsfaktor	Gewichtete Herstellkosten	Verteilung auf Kostenträger	Zuschlagssätze
Rucksäcke	2 180	1	2 180	218	10%
Wanderschuhe	2 470	2	4 940	494	20%
Total			7 120	712	

c) Siehe Seite 167.

d)
Einzelkalkulation Schlafsäcke

Einzelmaterial	CHF 150.00		
+ Einkaufs-GK 10% des Einzelmaterials	CHF 15.00		
+ Schneiderei-GK 0,75 h zu CHF 60.–/h	CHF 45.00		
= **Herstellkosten**	**CHF 210.00**		100%
+ Verwaltungs- und Vertriebs-GK	CHF 21.00		10%
= **Selbstkosten**	**CHF 231.00**	85%	110%
+ Gewinn	CHF 40.76	15%	
= **Nettoverkaufspreis**	**CHF 271.76**	100%	96%
+ Erlösminderungen	CHF 11.32		4%
= **Bruttoverkaufspreis ohne MWST**	**CHF 283.08**	100%	100%

Der kalkulierte Verkaufspreis beträgt aufgerundet **CHF 284.–**

BAB (in CHF 1000.–)

Einzelmaterial
Personalkosten
Abschreibungen
Zinsen
Übriges
Total vor Umlage Gebäude
Umlage Gebäude
Total nach Umlage Gebäude
Umlage Einkauf
Umlage Schneiderei
Umlage Finish
Herstellkosten produzierte Erzeugnisse
Zunahme fertige Wanderschuhe
Herstellkosten verkaufte Erzeugnisse
Umlage Verwaltung/Vertrieb
Selbstkosten
Nettoerlöse
Gewinn

Zuschlagskalkulation 34 — Lösung 15

enartenrechnung	Sachliche Abgrenzung	Kosten/ Leistung	Kostenstellenrechnung					Kostenträgerrechnung	
			Gebäude	Einkauf	Schneiderei	Finish	Verwaltung/ Vertrieb	Rucksäcke	Wanderschuhe
2 300		2 300						1 300	1 000
1 820	120	1 940	52	130	936	285	537		
400	− 35	365	150	20	125	30	40		
160	230	390	300	5	50	15	20		
397		397	98	50	139	70	40		
5 077	315	5 392	600	205	1 250	400	637	1 300	1 000
			− 600		25	400	100		75
5 077	315	5 392	0	230	1 650	500	712	1 300	1 000
				− 230				130	100
					− 1 650			750	900
						− 500			500
								2 180	2 500
30		− 30							− 30
								2 180	2 470
							− 712	218	494
								2 398	2 964
5 460		− 5 460						− 2 500	− 2 960
413	315	− 98	0	0	0	0	0	− 102	4

b) Kalkulationssätze (GK = Gemeinkosten)

Einkauf	$\dfrac{\text{Einkaufs-GK}}{\text{Einzelmaterial}}$	$\dfrac{230}{2\,300}$	**10 %**
Schneiderei	$\dfrac{\text{Schneiderei-GK}}{\text{Arbeitsleistung in h}}$	$\dfrac{\text{CHF } 1\,650\,000.-}{27\,500 \text{ h}}$	**CHF 60.−/h**
Finish	$\dfrac{\text{Finish-GK}}{\text{Arbeitsleistung in h}}$	$\dfrac{\text{CHF } 500\,000.-}{10\,000 \text{ h}}$	**CHF 50.−/h**

34.16

a) Siehe BAB.①

b) Einzelkalkulation

Einzelmaterial (Stoff)	70.–
+ Einzellohn Näherei 1 (1 Std. zu 20.–/Std.)	20.–
+ GK Näherei 1 (1 Std. zu 12.–/Std.)	12.–
+ Einzellohn Näherei 2 (¾ Std. zu 20.–/Std.)	15.–
+ GK Näherei 2 (¾ Std. zu 16.–/Std.)	12.–
= **Herstellkosten**	**129.–**
+ VVGK (20% der Herstellkosten)	25.80
= **Selbstkosten**	**154.80**

BAB

Stoffverbrauch	} Einzelkosten
Einzellöhne	
Gehälter	} Gemeinkosten
Hilfsmaterial	
Miete	
Zinsen	
Abschreibungen	
Sonstiges	
Total	
Umlage Lager und Zuschneiderei	
Total nach Umlage Vorkostenstelle	
Umlage Näherei 1	
Umlage Näherei 2	
Herstellkosten der Produktion	
Bestandesänderungen unfertige Erzeugnisse	
Herstellkosten fertige Erzeugnisse	
Bestandesänderungen fertige Erzeugnisse	
Herstellkosten verkaufte Erzeugnisse	
Umlage Verwaltung und Vertrieb	
Selbstkosten	
Erlös	
Erfolg (– = Gewinn/ + = Verlust)	

① Die Umlageschlüssel werden wie folgt berechnet:

GK Näherei 1	$\dfrac{90\,000}{7\,500\ \text{Std.}}$	12.–/Std.
GK Näherei 2	$\dfrac{120\,000}{7\,500\ \text{Std.}}$	16.–/Std.
VVGK	$\dfrac{154\,000}{770\,000}$	20%

Zuschlagskalkulation 34 Lösung 16

	Kostenartenrechnung			Kostenstellenrechnung				Kostenträgerrechnung		
		Abgrenzungen	Kosten/Leistung	Lager und Zuschneiderei	Näherei 1	Näherei 2	Verwaltung und Vertrieb	Herren	Damen	Kinder
	250		250					116	90	44
	300		300					120	100	80
	64	48	112	7	9	6	90			
	18		18		9	9				
	84		84	20	24	27	13			
	3	30	33	17	5	8	3			
	69	– 3	66	34	10	16	6			
	51		51	2	3	4	42			
	839	75	914	80	60	70	154	236	190	124
				– 80	30	50				
	839	75	914	0	90	120	154	236	190	124
					– 90			24	36	30
						– 120		64	32	24
								324	258	178
	– 2		– 2					3	– 9	4
								327	249	182
	12		12					17	– 11	6
								344	238	188
							– 154	69	48	37
								413	286	225
	– 950		– 950					– 450	– 260	– 240
	– 101	75	– 26	0	0	0	0	– 37	26	– 15

Zuschlagskalkulation 34 — Lösung 16

c)

Produktions-Erfolgsrechnung (Umsatzkostenverfahren)

	Herren	Damen	Kinder	Total
Verkaufserlös	450	260	240	950
+/− Bestandesänderungen unfertige Erzeugnisse	− 3	9	− 4	2
+/− Bestandesänderungen fertige Erzeugnisse	− 17	11	− 6	− 12
= **Produktionsertrag**	**430**	**280**	**230**	**940**
./. Herstellkosten der Produktion[1]	− 324	− 258	− 178	− 760
./. Verwaltungs- und Vertriebsgemeinkosten[1]	− 69	− 48	− 37	− 154
= **Gewinn gemäss BEBU**	37	− 26	15	**26**
+/− Sachliche Abgrenzungen				75
= **Gewinn gemäss FIBU**				**101**

Absatz-Erfolgsrechnung (Absatzkostenverfahren)

	Herren	Damen	Kinder	Total
Verkaufserlös (Absatz)	450	260	240	950
./. Herstellkosten des Absatzes	− 344	− 238	− 188	− 770
./. Verwaltungs- und Vertriebsgemeinkosten	− 69	− 48	− 37	− 154
= **Gewinn gemäss BEBU**	37	− 26	15	**26**
+/− Sachliche Abgrenzungen				75
= **Gewinn gemäss FIBU**				**101**

[1] Anstelle der Herstellkosten bzw. der Verwaltungs- und Vertriebsgemeinkosten könnten bei einer Produktions-Erfolgsrechnung auch die einzelnen Kostenarten oder die Einzelkosten sowie die Kostenstellentotale aufgeführt werden.

Zuschlagskalkulation — Lösung 15

c)
Produktions-Erfolgsrechnung (Gesamtkostenverfahren)

		Rucksäcke	Wanderschuhe	Total
	Verkaufserlös (Produktionserlös)	2 500	2 960	5 460
+/–	Bestandesänderungen Erzeugnisse	0	30	30
=	**Produktionsertrag**	**2 500**	**2 990**	**5 490**
./.	Herstellkosten der Produktion	– 2 180	– 2 500	– 4 680
./.	Verwaltungs- und Vertriebsgemeinkosten	– 218	– 494	– 712
=	**Gewinn gemäss BEBU**	**102**	**– 4**	**98**
+	Sachliche Abgrenzungen			315
=	**Gewinn gemäss FIBU**			**413**

Absatz-Erfolgsrechnung (Umsatzkostenverfahren)

		Rucksäcke	Wanderschuhe	Total
	Verkaufserlös (Umsatz)	2 500	2 960	5 460
./.	Herstellkosten des Absatzes	– 2 180	– 2 470	– 4 650
./.	Verwaltungs- und Vertriebsgemeinkosten	– 218	– 494	– 712
=	**Gewinn gemäss BEBU**	**102**	**– 4**	**98**
+	Sachliche Abgrenzungen			315
=	**Gewinn gemäss FIBU**			**413**

34.17

a)
Abschreibungen und Zinsen

	Gebäude	Material	Fertigung	Verwaltung/Vertrieb
Anschaffungswerte	3 000	400	2 000	1 000
Geschätzte Nutzungsdauer	20 Jahre	5 Jahre	10 Jahre	10 Jahre
Abschreibungskosten BEBU: lineare Abschreibung auf einen Restwert von 0	150	80	200	100
Zinskosten BEBU: 4% vom Anschaffungswert	120	16	80	40

Vorkostenstelle Gebäude

	Material	Fertigung	Verwaltung/Vertrieb
Fläche in m²	500 m²	1 500 m²	1 000 m²
Gewichtungsfaktoren (Äquivalenzziffern)	1	2	4
Gewichtete Fläche in m²	500 m²	3 000 m²	4 000 m²
Belastungen der Hauptkostenstellen	50	300	400

Zuschlagskalkulation 34 Lösung 17

BAB in CHF 1000.–

	Kostenartenrechnung			Kostenstellenrechnung				Kostenträger-rechnung	
	FIBU	Abgren-zung	BEBU	Gebäude	Material	Fertigung	Verwal-tung/Vertrieb	Rasier-appa-rate	Zahn-bürsten
Einzelmaterial	4 800	– 200	4 600					2 000	2 600
Personal	1 200	0	1 200	100	200	500	400		
Abschreibungen	630	– 100	530	150	80	200	100		
Zinsen	126	130	256	120	16	80	40		
Übrige	1 214	0	1 214	380	114	180	540		
Total	7 970	– 170	7 800	750	410	960	1 080	2 000	2 600
Umlage Gebäude				– 750	50	300	400		
Kostenstellentotal				0	460	1 260	1 480		
Umlage Material-GK					– 460			200	260
Umlage Fertigungs-GK						– 1 260		600	660
HK Produktion								2 800	3 520
BÄ unfertige Erzeugnisse	10	5	15					– 30	45
HK fertige Erzeugnisse								2 770	3 565
BÄ fertige Erzeugnisse	– 90	– 45	– 135					– 70	– 65
HK Verkauf								2 700	3 500
Umlage VV-GK							– 1 480	600	880
Selbstkosten								3 300	4 380
Verkaufserlös	– 8 280	0	– 8 280					– 3 000	– 5 280
Salden	– 390	– 210	– 600	0	0	0	0	300	– 900

b)
Absatz-Erfolgsrechnung in CHF 1000.–

		Rasierapparate	Zahnbürsten	Total
	Verkaufserlös verkaufte Erzeugnisse	3 000	5 280	8 280
./.	Herstellkosten verkaufte Erzeugnisse	– 2 700	– 3 500	– 6 200
./.	Verwaltungs- und Vertriebs-Gemeinkosten	– 600	– 880	– 1 480
=	**Betriebserfolg gemäss BEBU**	– 300	900	**600**
./.	Sachliche Abgrenzungen			– 210
=	**Betriebsgewinn gemäss FIBU**			**390**
+	Betriebsfremder Ertrag			500
./.	Betriebsfremder Aufwand			– 400
+	Ausserordentlicher Ertrag			200
=	**Unternehmungsgewinn**			**690**

c) Das Ergebnis würde schlechter (weil die Deckungsbeiträge der Rasierapparate verloren gehen, die Fixkosten aber bestehen bleiben).

34.18

Betriebsabrechnungsbogen

	Kostenartenrechnung			Kostenstellenrechnung			Kostenträgerrechnung	
	FIBU	Abgrenzung	BEBU	Materialstellen	Fertigung	Verwaltung/Vertrieb	Eisschränke	Kühltruhen
Einzelmaterialkosten	700	0	700				300	400
Gemeinkosten	760	– 10	750	70	440	240		
Total	**1 460**	**– 10**	**1 450**	**70**	**440**	**240**	**300**	**400**
Umlage Materialstellen				– 70			30	40
Umlage Fertigungsstelle					– 440		160	280
Herstellkosten Produktion							**490**	**720**
BÄ unfertige Erzeugnisse	– 20	0	– 20				– 25	5
Herstellkosten fertige Erzeugnisse							**465**	**725**
BÄ fertige Erzeugnisse	10	0	10				35	– 25
Herstellkosten Verkauf							**500**	**700**
Umlage Verwaltung und Vertrieb						– 240	100	140
Selbstkosten							**600**	**840**
Verkaufserlöse	– 1 480	0	– 1 480				– 580	– 900
Salden	**– 30**	**– 10**	**– 40**	**0**	**0**	**0**	**20**	**– 60**

Zuschlagskalkulation

34.19 Kostenverrechnungen und Umlagen
Hilfskostenstellen

Leistungserbringer (abgebende Kostenstelle)	Gebäude								
Kostenanrechnungsgrösse	m² gewichtet								
Gesamtleistung effektiv	15 650								
Gesamtleistung gewichtet	29 000								
Kosten pro m² in CHF 1000.–	1								
Leistungsempfänger	Techn. Dienst	Ökonomie	Wäscherei	Verwaltung	Ärztl. Dienst	Pflegedienst	OP/ GEBS	Med. Diagn.	Hotellerie	Total
m² effektiv	100	200	200	200	200	450	1 800	2 500	10 000	15 650
Äquivalenzziffer	0,5	0,5	0,5	1,0	1,0	1,0	3,0	3,0	1,5	–
m² gewichtet	50	100	100	200	200	450	5 400	7 500	15 000	29 000
Kostenzurechnung	50	100	100	200	200	450	5 400	7 500	15 000	29 000

Die Gebäudeeinrichtungen weisen einen sehr unterschiedlichen Ausbaustandard auf. Die technischen Einrichtungen im Operationssaal sind rund sechsmal höher als diejenigen in der Wäscherei.

Leistungserbringer (abgebende Kostenstelle)	Technischer Dienst								
Kostenanrechnungsgrösse	Geleistete Stunden								
Gesamtleistung	50 000								
Kosten pro geleistete Stunde in CHF 1000.–	0.141								
Leistungsempfänger		Ökonomie	Wäscherei	Verwaltung	Ärztl. Dienst	Pflegedienst	OP/ GEBS	Med. Diagn.	Hotellerie	Total
Stunden		1 000	2 000	1 000	1 200	1 000	15 000	8 000	20 800	50 000
Kostenzurechnung		141	282	141	169	141	2 115	1 128	2 933	7 050

Die Leistungen werden nach den Stundenrapporten der Handwerker errechnet.

Leistungserbringer (abgebende Kostenstelle)	Ökonomie								
Kostenanrechnungsgrösse	Leistungseinheiten								
Gesamtleistung	182 410								
Kosten pro Leistungseinheit in CHF 1000.–	0.1								
Leistungsempfänger			Wäscherei	Verwaltung	Ärztl. Dienst	Pflegedienst	OP/ GEBS	Med. Diagn.	Hotellerie	Total
Wischfläche/Vpfl. Tage			2 000	6 000	20 000	10 000	30 000	20 000	94 410	182 410
Kostenzurechnung			200	600	2 000	1 000	3 000	2 000	9 441	18 241

Die Leistungseinheiten beinhalten Reinigungsstunden und abgegebene Mahlzeiten.

Leistungserbringer	Wäscherei						
Kostenanrechnungsgrösse	Tonnen Schmutzwäsche						
Gesamtleistung	200						
Kosten pro Tonne in CHF 1000.–	12.91						
Leistungsempfänger				Ärztl. Dienst	Pflegedienst	OP/ GEBS	Med. Diagn.	Hotellerie	Total
Tonne Schmutzwäsche				10	30	40	20	100	200
Kostenzurechnung				129	388	516	258	1 291	2 582

Gewogen wird die trockene Schmutzwäsche von Patienten und Personal.

Leistungserbringer (abgebende Kostenstelle)	Verwaltung						
Kostenanrechnungsgrösse	Prozent						
Gesamtleistung	100						
Kosten je Prozent in CHF 1000.–	259.4						
Leistungsempfänger				Ärztl. Dienst	Pflegedienst	OP/ GEBS	Med. Diagn.	Hotellerie	Total
Prozente				10	20	5	5	60	100
Kostenzurechnung				2 594	5 188	1 297	1 297	15 565	25 941

Die Leistungen und der Schlüssel werden aufgrund von Aufschreibungen erhoben und kontrolliert.

Zuschlagskalkulation 34 — Lösung 19

Hauptkostenstellen

Leistungserbringer (abgebende Kostenstelle): Ärztlicher Dienst

Kostenanrechnungsgrösse: Arztminuten
Gesamtleistung: 1 386 500
Kosten pro Arztminute in CHF 1000.–: 0.008

Leistungsdefinition: GK für ärztliche Betreuung von Patienten in Minuten der direkten Kosten.

Leistungsempfänger	Chirurgie	Frauen-klinik	Kinder-klinik	Übrige KTR	Total
Arztminuten	500 000	150 000	350 000	386 500	1 386 500
Kostenzurechnung	4 000	1 200	2 800	3 092	11 092

Leistungserbringer (abgebende Kostenstelle): Pflegedienst

Kostenanrechnungsgrösse: Pflegestunden
Gesamtleistung: 105 835
Kosten pro Pflegestunde in CHF 1000.–: 0.200

Leistungsdefinition: GK für pflegerische Betreuung von Patienten in Stunden der direkten Kosten.

Leistungsempfänger	Chirurgie	Frauen-klinik	Kinder-klinik	Übrige KTR	Total
Stunden	25 000	15 000	40 000	25 835	105 835
Kostenzurechnung	5 000	3 000	8 000	5 167	21 167

Leistungserbringer (abgebende Kostenstelle): Operations- und Gebärsäle

Kostenanrechnungsgrösse: OP-Minuten
Gesamtleistung: 2 766 400
Kosten pro OP-Minute in CHF 1000.–: 0.02

Leistungsdefinition: GK für Benutzung der OP-Säle in Minuten der effektiven Operationszeit (Gebärsäle). Gemessen wird die Zeit von OP-Schnitt zu OP-Naht.

Leistungsempfänger	Chirurgie	Frauen-klinik	Kinder-klinik	Übrige KTR	Total
OP-Minuten	1 600 000	200 000	400 000	566 400	2 766 400
Kostenzurechnung	32 000	4 000	8 000	11 328	55 328

Leistungserbringer (abgebende Kostenstelle): Medizinische Diagnostik/Therapie

Kostenanrechnungsgrösse: Taxpunkte
Gesamtleistung: 6 036 600
Kosten pro Taxpunkt in CHF 1000.–: 0.005

Leistungsdefinition: GK für Benutzung der übrigen medizinischen Einrichtungen.

Leistungsempfänger	Chirurgie	Frauen-klinik	Kinder-klinik	Übrige KTR	Total
Taxpunkte	2 000 000	200 000	1 800 000	2 036 600	6 036 600
Kostenzurechnung	10 000	1 000	9 000	10 183	30 183

Leistungserbringer (abgebende Kostenstelle): Hotellerie

Kostenanrechnungsgrösse: Aufenthaltstage
Gesamtleistung: 147 430
Kosten pro Aufenthaltstag in CHF 1000.–: 0.3

Leistungsdefinition: Benutzung von Zimmer und Verpflegung nach Aufenthaltsdauer in Tagen.

Leistungsempfänger	Chirurgie	Frauen-klinik	Kinder-klinik	Übrige KTR	Total
Aufenthaltsdauer (effektiv)	65 000	25 000	25 000	32 430	147 430
Kostenzurechnung	19 500	7 500	7 500	9 730	44 230

Zuschlagskalkulation 34 Lösung 19

Betriebsabrechnung zu MEDICAL

Kostenart/Erlösart	Kosten	Zurechnungsschlüssel	Hilfskostenstellen				
			Gebäude	Techn. Dienst	Ökonomie	Wäscherei	Verwa
Besoldungen Ärzte	15 000	gemäss Erhebung Minuten					
Besoldungen Pflegepersonal	60 000	gemäss Erhebung Stunden					
Besoldungen übriges Personal	60 000	Stellenplan	3 000	6 000	8 000	2 000	
Medizinischer Bedarf	30 000	Materialbewirtschaftung					
Fremdleistungen	2 000	Fremdrechnung					
Lebensmittel u. Wäschebesorg.	10 000	Fremdrechnung			10 000		
Unterhalt und Reparaturen	12 000	Fremdrechnung	5 000	1 000			
Kalk. Abschreibungen/Zinsen	30 000	gemäss Anlagekartei	20 000				
Energie und Entsorgung	2 000	Fremdrechnung	1 000				
Allg. Büro- und Verwaltungsk.	12 000						
Total vor Umlage Hilfskostenst.	233 000		29 000	7 000	18 000	2 000	
Umlagen Hilfskostenstellen		**Umlageschlüssel**					
Gebäude		m² gewichtet	– 29 000	50	100	100	
Technischer Dienst		Stunden		– 7 050	141	282	
Ökonomie		Leistungseinheiten			– 18 241	200	
Wäscherei		Tonnen Schmutzwäsche				– 2 582	
Verwaltung		Prozent					–
Total nach Uml. Hilfskostenst.							
Umlagen Hauptkostenstellen							
Ärztlicher Dienst		Arztminuten					
Pflegedienst		Pflegestunden					
Operations- und Gebärsäle		Operationszeiten (Min.)					
Med. Diagnostik/Therapie		Taxpunkte					
Hotellerie		Aufenthaltstage					
Selbstkosten	233 000						
Erlöse	– 140 000						
Erfolg (– = Gewinn/+ = Verlust)	93 000		0	0	0	0	

Kostensätze in CHF je LE		
Statistik		
Aufenthaltstage	147 430	
Selbstkosten je Aufenthaltstag	1 580	
Anzahl Patient/innen	17 400	
Selbstkosten je Patient in CHF	13 391	
Kostendeckungsgrad (Erlös in % der Selbstkosten)		

Zuschlagskalkulation — Lösung 19

Je nach Rundung können sich leichte Abweichungen ergeben.

Kostenstellen					Kostenträger			
Dienst	Pflegedienst	OP/GEBS	Med. Diagn.	Hotellerie	Chirurgie	Frauenklinik	Kinderklinik	Übr. Medizin
4 000					3 000	1 000	3 000	4 000
	8 000				12 000	12 000	18 000	10 000
		14 000	12 000					
1 000	5 000	15 000	3 000		4 000			2 000
							2 000	
		4 000	2 000					
		10 000						
			1 000					
1 000	1 000							
6 000	14 000	43 000	18 000	0	19 000	13 000	23 000	16 000
200	450	5 400	7 500	15 000				
169	141	2 115	1 128	2 933				
2 000	1 000	3 000	2 000	9 441				
129	388	516	258	1 291				
2 594	5 188	1 297	1 297	15 565				
11 092	21 167	55 328	30 183	44 230	19 000	13 000	23 000	16 000
– 11 092					4 000	1 200	2 800	3 092
	– 21 167				5 000	3 000	8 000	5 167
		– 55 328			32 000	4 000	8 000	11 328
			– 30 183		10 000	1 000	9 000	10 183
				– 44 230	19 500	7 500	7 500	9 730
					89 500	29 700	58 300	55 500
					– 67 000	– 13 000	– 20 000	– 40 000
0	0	0	0	0	22 500	16 700	38 300	15 500
8/Min.	200/Std.	20/Min.	5/Punkt	300/Tag				
					65 000	25 000	25 000	32 430
					1 377	1 188	2 332	1 711
					9 000	4 000	400	4 000
					9 944	7 425	145 750	13 875
					75%	44%	34%	72%

Einzelnachkalkulationen

Patient/Patientin		**Egger Daniela, 1989**
Status	Eintritt	21. 09. 20_1
	Austritt	27. 09. 20_1
Klinik/Hauptkostenstelle		Frauenklinik
Diagnose		**Spontangeburt ohne Komplikationen** Jasmin; Geburtsgewicht > 2 500 Gramm
Einweisung		Hausarzt
Bemerkungen		gesund entlassen

Nachkalkulation

Direkte Kosten	Leistungs-einheit	Anzahl LE	Kostensatz je LE	Kosten/Erlöse in CHF
Direkte Arztkosten				
Diagnostik	Az-Minuten	60		400
Operation	Az-Minuten			
Direkte Pflegekosten	Pflegestunden	10		1 000
Medikamente				
Medikamente	CHF	30		30
Blut, Implantate	CHF	0		
Fremdleistungen	CHF			0
Total direkte Kosten				1 430
Gemeinkosten				
Ärztlicher Dienst	Az-Minuten	60	8	480
Pflegedienst	Pflegestunden	10	200	2 000
Operations- und Geburtssäle				
Operation				
Gebärsaal		50	20	1 000
Intensivstation				
Med. Diagnostik/Therapie	Taxpunkte	120	5	600
Hotellerie	Aufenthaltstage	7	300	2 100
Selbstkosten				7 610
Erlöse Krankenkassen				– 3 500
Verlust				4 110
Deckungsgrad (Erlös in % der Selbstkosten)				46%

Zuschlagskalkulation 34 — Lösung 19

Patient/Patientin		Schäublin Thomas, 1991
Status	Eintritt	30. 08. 20_1
	Austritt	10. 09. 20_1
Klinik/Hauptkostenstelle		Chirurgie
Diagnose		**Unterschenkelbruch nach Sportunfall ohne Komplikationen**
Einweisung		Notfall 144
Bemerkungen		gesund entlassen

Nachkalkulation

Direkte Kosten	Leistungs-einheit	Anzahl LE	Kostensatz je LE	Kosten/Erlöse in CHF
Direkte Arztkosten				
Diagnostik	Az-Minuten	30		200
Operation	Az-Minuten	40		1 000
Direkte Pflegekosten	Pflegestunden	14		1 500
Medikamente				
Medikamente	CHF	100		100
Schrauben	CHF	450		450
Fremdleistungen	CHF			250
Total direkte Kosten				3 500
Gemeinkosten				
Ärztlicher Dienst	Az-Minuten	70	8	560
Pflegedienst	Pflegestunden	14	200	2 800
Operations- und Geburtssäle				
Operation		50	20	1 000
Gebärsaal				
Intensivstation				
Med. Diagnostik/Therapie	Taxpunkte	120	5	600
Hotellerie	Aufenthaltstage	12	300	3 600
Selbstkosten				12 060
Erlöse SUVA				– 9 650
Verlust				2 410
Deckungsgrad (Erlös in % der Selbstkosten)				80%

Zuschlagskalkulation 34 Lösung 19

Patient/Patientin		**Würsch Stefan, 20_1**
Status	Eintritt	02. 07. 20_1
	Austritt	03. 10. 20_1
Klinik/Hauptkostenstelle		Kinderklinik
Diagnose		**Geburtsgewicht < 1000 Gramm mit Komplikationen**
Einweisung		Rega Notfall, Überweisung Regio-Spital
Bemerkungen		normalgewichtig entlassen

Nachkalkulation

Direkte Kosten	Leistungs-einheit	Anzahl LE	Kostensatz je LE	Kosten/Erlöse in CHF
Direkte Arztkosten				
Diagnostik	Az-Minuten	300		2 000
Operation	Az-Minuten	480		7 000
Direkte Pflegekosten	Pflegestunden	150		18 000
Medikamente				
Medikamente	CHF	4 500		4 500
Blut, Implantate	CHF	0		
Fremdleistungen Rega	CHF			3 600
Total direkte Kosten				35 100
Gemeinkosten				
Ärztlicher Dienst	Az-Minuten	780	8	6 240
Pflegedienst	Pflegestunden	150	200	30 000
Operations- und Geburtssäle				
Operation		480	20	9 600
Gebärsaal		0		0
Intensivstation		3 000	20	60 000
Med. Diagnostik/Therapie	Taxpunkte	2 000	5	10 000
Hotellerie	Aufenthaltstage	94	300	28 200
Selbstkosten				179 140
Erlöse IV-Versicherung				– 75 000
Verlust				104 140
Deckungsgrad (Erlös in % der Selbstkosten)				42%

Zuschlagskalkulation — Lösung 19

c) Die Chirurgie weist mit 75% einen höheren Deckungsgrad auf als die gesetzlich geforderten 50%. Die Kinderklinik mit 34% und die Frauenklinik mit 44% liegen unter der gesetzlichen Limite.

d) Eigentlich wären die Kostenträger mit den höchsten Deckungsgraden zu fördern (Chirurgie und übrige Medizin). Die Kinderklinik müsste aus betriebswirtschaftlicher Sicht geschlossen werden. Durch Leistungseinschränkungen und weitere Rationalisierungsmassnahmen müssten auch die Kosten der Frauenklinik stark gesenkt werden.

34.20

a)

Betriebsabrechnungsbogen

	Kostenartenrechnung			Kostenstellenrechnung			Kostenträgerrechnung	
	FIBU	Abgrenzung	BEBU	Materialstellen	Fertigung	Verwaltung Vertrieb	Erzeugnis A	Erzeugnis B
Einzelmaterial	1 580	20	1 600				900	700
Personal	900	0	900	90	600	210		
Abschreibungen	310	– 30	280	10	190	80		
Übriges	470	0	470	60	280	130		
Total	3 260	– 10	3 250	**160**	**1 070**	420	900	700
Umlage Materialstellen				– 160			90	70
Umlage Fertigung					– 1 070		660	410
Herstellkosten Produktion							1 650	1 180
Bestandesänderungen	– 20	– 10	–30				– 50	20
Herstellkosten Verkauf							1 600	1 200
Umlage Verwaltung und Vertrieb						– 420	240	180
Selbstkosten							1 840	1 380
Verkaufserlös	– 3 300	0	– 3 300				–1 800	– 1 500
Salden	– 60	– 20	– 80	0	0	0	40	– 120

Zuschlagskalkulation — Lösung 20

b)

Nr.	Aussage	Richtig	Begründung bei falscher Aussage
1	Der Gewinn beim Erzeugnis A beträgt 40.		Das ist ein Verlust. (Die Selbstkosten von 1840 übersteigen den Verkaufserlös von 1800.)
2	Der Zuschlagssatz für die Material-Gemeinkosten beträgt 10% des Einzelmaterials.	X	
3	Sofern an der Fertigungsstelle in dieser Periode 13 375 Fertigungsstunden (h) geleistet wurden, beträgt der Kostensatz CHF 80/h.	X	
4	Es wurden in dieser Periode stille Reserven auf den Sachanlagen aufgelöst.		Es wurden stille Reserven gebildet. (Der Abschreibungsaufwand ist höher als die Abschreibungskosten.)
5	Der Bestand an unfertigen und fertigen Erzeugnissen B nahm in der Periode um 20 zu.		Es handelt sich um eine Abnahme. (Eine Vorratsabnahme stellt Kosten dar, was im BAB mit positivem Vorzeichen dargestellt wird.)
6	Der Einzelmaterialeinkauf beträgt 1540, sofern der Einzelmaterialvorrat konstant um einen Drittel unter den Einstandspreisen bewertet wird.	X	

Deckungsbeitragsrechnung

35.01

① Im BAB werden die Kosten mit positivem Vorzeichen dargestellt (= Soll-Buchungen) und die Erlöse mit negativem Vorzeichen (= Haben-Buchungen), was bezüglich des Systems der doppelten Buchhaltung absolut richtig ist. Als Nachteil dieser Lösung muss die Darstellung des Deckungsbeitrags und des Erfolgs mit «verkehrtem» Vorzeichen in Kauf genommen werden: Ein positiver Deckungsbeitrag und ein positiver Erfolg (Gewinn) weisen ein negatives Vorzeichen auf (weil es sich dabei vom System der Doppik her um Haben-Überschüsse handelt).

BAB zu Aufgabe 35.01

Einzelmaterial
Einzellöhne
GK-Material
GK-Löhne
URE
Energie
Zinsen
Abschreibung
Übrige Kosten
Total Kosten
Umlage variable Kosten Lehrmittel
Umlage variable Kosten GA-Sekretariat
Umlage variable Kosten WB-Sekretariat
Total variable Kosten
Erlös Schulgelder GA
Erlös Kursgelder WB
Subventionen GA
Deckungsbeitrag①
Fixkosten Gebäude
Fixkosten Lehrmittel
Fixkosten GA-Sekretariat
Fixkosten WB-Sekretariat
Fixkosten Schulzimmer
Fixkosten zentrale Dienste
Erfolg (– = Gewinn/+ = Verlust)①

Deckungsbeitragsrechnung — 35 — Lösung 01

	Kostenstellenrechnung							Kostenträgerrechnung		
	Gebäude	Lehrmittel	GA-Sekretariat	WB-Sekretariat	Schulzimmer	Zentrale Dienste		Grund-ausbildung	Weiter-bildung	Total
000								600	400	1 000
000								18 000	10 000	28 000
720	500	100	10	10	20	80				
600	1 800	300	400	500		600				
760	700				60					
400	400									
740	3 500	70	30	40	40	60				
580	2 000	200	50	50	80	200				
300	900	30	110	100		160				
100	9 800	700	600	700	200	1 100		18 600	10 400	29 000
		– 420						231	189	420
			– 180					180		180
				– 210					210	210
								19 011	10 799	29 810
000								– 5 000		– 5 000
000									– 16 000	– 16 000
495								– 21 495		– 21 495
								– 7 484	– 5 201	– 12 685
	– 9 800									9 800
		– 280								280
			– 420							420
				– 490						490
					– 200					200
						– 1 100				1 100
395	0	0	0	0	0	0		–	–	– 395

35.02

BAB zu Aufgabe 35.02

Einzelmaterial
Einzellöhne
GK-Material
GK-Löhne
URE
Energie
Zinsen
Abschreibungen
Übrige Kosten
Total Kosten
Umlage variable Material-Gemeinkosten
Umlage variable Fertigungs-Gemeinkosten 1
Umlage variable Fertigungs-Gemeinkosten 2
Variable Herstellkosten
Erlös
Deckungsbeitrag (– = positiver DB)
Fixe Material-Gemeinkosten
Fixe Fertigungs-Gemeinkosten 1
Fixe Fertigungs-Gemeinkosten 2
Fixe Verwaltungs- und Vertriebs-Gemeinkosten
Erfolg (– = Gewinn)

Deckungsbeitragsrechnung

35 Lösung 02

	Kostenstellenrechnung				Kostenträgerrechnung		
	Material	Fertigung 1	Fertigung 2	Verwaltung und Vertrieb	Artikel X	Artikel Y	Total
500					300	200	500
325					190	135	325
150							
380							
80							
40							
50							
90							
185							
800	100	225	350	300	490	335	825
	– 30				18	12	30
		– 180			100	80	180
			– 140		90	50	140
					698	477	1 175
960					– 1 160	– 800	– 1 960
					– 462	– 323	– 785
	– 70						70
		– 45					45
			– 210				210
				– 300			300
160	0	0	0	0	–	–	– 160

35.03
Mehrstufige Deckungsbeitragsrechnung (in CHF 1000):

	Sparte A				Sparte B			Total
	Produkt A1	Produkt A2	Produkt A3	Total A	Produkt B1	Produkt B2	Total B	
Bruttoerlös	420	290	100	810	740	550	1 290	2 100
./. Erlösminderungen	− 20	− 10	0	− 30	− 40	− 50	− 90	− 120
= Nettoerlös	400	280	100	780	700	500	1 200	1 980
./. Variable Kosten	− 220	− 90	− 70	− 380	− 420	− 60	− 480	− 860
= Deckungsbeitrag 1	180	190	30	400	280	440	720	1 120
./. Produktefixkosten	− 30	− 20	− 40	− 90	− 50	− 60	− 110	− 200
= Deckungsbeitrag 2	150	170	− 10	310	230	380	610	920
./. Spartenfixkosten				− 300			− 200	− 500
= Deckungsbeitrag 3				10			410	420
./. Unternehmungsfixkosten								− 400
= Gewinn								20

Deckungsbeitragsrechnung 35

35.04

a) Siehe Tabellen 1 bis 3

b) Es entsteht ein zusätzlicher Deckungsbeitrag von CHF 7400.– (Erlös CHF 8000.– ./. variable Kosten CHF 600.–). Um diesen Betrag verbessert sich das Unternehmungsergebnis. (Voraussetzung ist allerdings, dass die zusätzliche Kursteilnehmerin noch in der bestehenden Klasse Platz hat.)

c) Die Überlegung, dass der Unterricht für die technischen Kaufleute infolge eines Verlustes einzustellen sei, basiert auf der Vollkostenrechnung, die allerdings für diese Problemstellung ein untaugliches Führungsinstrument darstellt und in der Praxis häufig zu Fehlentscheiden verleitet. Die mehrstufige Deckungsbeitragsrechnung zeigt, dass der Schule ein Deckungsbeitrag 2 von CHF 41000.– entgeht und sich das Unternehmungsergebnis um CHF 41000.– verschlechtert, sofern die Ausbildung für technische Kaufleute eingestellt wird, denn die Fixkosten für Gebäude, Sekretariate sowie Schuldirektion bleiben wahrscheinlich auch bei Auflösung der beiden Klassen für technische Kaufleute bestehen.

d) Sobald das Kursgeld die variablen Kosten von CHF 500.– übersteigt, entsteht ein zusätzlicher Deckungsbeitrag und das Unternehmungsergebnis verbessert sich entsprechend. Die Preisuntergrenze beträgt demnach CHF 500.–. (Voraussetzung ist allerdings, dass der Neffe noch in einer bestehenden Klasse Platz hat.)

e) Der Preis muss mindestens die zusätzlichen Kosten decken. Nebst den variablen Kosten für die Bücher von CHF 4500.– (15 Schüler × CHF 300.–/Schüler) müssen auch die zusätzlichen Lehrersaläre von CHF 40000.– einkalkuliert werden, sodass der Minimalbetrag für die Offerte CHF 44500.– beträgt.

Bei diesem Lösungsvorschlag wurde davon ausgegangen, dass
▷ für 15 zusätzliche Schüler eine zusätzliche Klasse geführt werden muss
▷ die zusätzliche Klasse im bestehenden Schulhaus noch Platz hat
▷ keine zusätzlichen Leitungsentschädigungen anfallen
▷ der zusätzliche Sekretariatsaufwand mit den bestehenden Mitarbeitern bewältigt werden kann

Wenn diese Annahmen in der Praxis nicht zutreffen, muss der Offertbetrag entsprechend angepasst werden.

Lösung 1 Vollkostenrechnung
Gesamtkalkulation (in CHF 1 000.–)

Erlöse
./. Kosten für Bücher
./. Lehrerlöhne
./. Entschädigungen Leiter
./. Umlage Gebäudekosten
./. Umlage zentrale Dienste
./. Umlage Lohn Schuldirektorin
./. Umlage Lohn Bereichsdirektoren
= Erfolg

Stückkalkulation (in CHF)

Erlös je Kursteilnehmer
./. Kosten je Kursteilnehmer
= Erfolg je Kursteilnehmer

Deckungsbeitragsrechnung — 35 Lösung 04

...enträgerrechnung

...ch Rechnungswesen				Bereich Unternehmungsführung					Total
...er	Treuhänder	Sachbearbeiter	Total	Planer	Koordinator	TK	HFW	Total	
500	240	160	900	420	140	140	600	1 300	2 200
– 30	– 16	– 12	– 58	– 30	– 6	– 7	– 40	– 83	– 141
– 160	– 88	– 56	– 304	– 144	– 40	– 72	– 200	– 456	– 760
– 30	– 20	– 15	– 65	– 20	– 10	– 20	– 40	– 90	– 155
– 60	– 30	– 15	– 105	– 45	– 15	– 30	– 75	– 165	– 270
– 100	– 40	– 20	– 160	– 60	– 20	– 35	– 100	– 215	– 375
– 50	– 24	– 16	– 90	– 42	– 14	– 14	– 60	– 130	– 220
– 75	– 36	– 24	– 135	– 42	– 14	– 14	– 60	– 130	– 265
– 5	– 14	2	– 17	37	21	– 52	25	31	14

5 000	6 000	8 000		7 000	7 000	4 000	6 000		
5 050	– 6 350	– 7 900		– 6 383	– 5 950	– 5 486	– 5 750		
50	– 350	100		617	1 050	– 1 486	250		

Lösung 04

Lösung 2 **Einstufige Deckungsbeitragsrechnung**

Gesamtkalkulation (in CHF 1 000.–)

Erlöse
./. Variable Kosten
= Deckungsbeitrag
./. Fixkosten Lehrerlöhne
./. Fixkosten Leiterentschädigungen
./. Fixkosten Gebäude
./. Fixkosten zentrale Dienste
./. Fixkosten Lohn Schuldirektorin
./. Fixkosten Löhne Bereichsdirektoren
= Erfolg

Stückkalkulation (in CHF)

Erlös je Kursteilnehmer
./. Variable Kosten je Kursteilnehmer
= Deckungsbeitrag je Kursteilnehmer

Lösung 3 **Mehrstufige Deckungsbeitragsrechnung**

Gesamtkalkulation (in CHF 1 000.–)

Erlöse
./. Variable Kosten
= Deckungsbeitrag 1
./. Fixkosten Lehrerlöhne
./. Fixkosten Leiterentschädigungen
= Deckungsbeitrag 2
./. Fixkosten Bereichsleiter
= Deckungsbeitrag 3
./. Fixkosten Gebäude
./. Fixkosten zentrale Dienste
./. Fixkosten Lohn Schuldirektorin
= Erfolg

Deckungsbeitragsrechnung 35 Lösung 04

...enträgerrechnung

...ich Rechnungswesen				Bereich Unternehmungsführung					Total
...er	Treu-händer	Sachbe-arbeiter	Total	Planer	Koordi-nator	TK	HFW	Total	
500	240	160	900	420	140	140	600	1 300	2 200
– 30	– 16	– 12	– 58	– 30	– 6	– 7	– 40	– 83	– 141
470	224	148	842	390	134	133	560	1 217	2 059
									– 760
									– 155
									– 270
									– 375
									– 220
									– 265
									14

5 000	6 000	8 000		7 000	7 000	4 000	6 000		
– 300	– 400	– 600		d) – 500	– 300	– 200	– 400		
4 700	5 600	b) 7 400		6 500	6 700	3 800	5 600		

500	240	160	900	420	140	140	600	1 300	2 200
– 30	– 16	– 12	– 58	– 30	– 6	– 7	– 40	– 83	– 141
470	224	148	842	390	134	133	560	1 217	2 059
– 160	– 88	– 56	– 304	– 144	– 40	– 72	– 200	– 456	– 760
– 30	– 20	– 15	– 65	– 20	– 10		– 20	– 40	– 90	– 155
280	116	77	473	226	84	c) 41	320	671	1 144
			– 135					– 130	– 265
			338					541	879
									– 270
									– 375
									– 220
									14

Deckungsbeitragsrechnung 35

35.05

	TED (Standard)	URSUS (Luxus)
Dauer eines Verkaufsgesprächs je Stück	10 Minuten	20 Minuten
Verkaufspreis je Stück	36.–	60.–
Variable Kosten (Einstandspreis) je Stück	24.–	40.–
Deckungsbeitrag je Stück	12.–	20.–
Deckungsbeitrag je Stunde	72.–	60.–
Deckungsbeitragsmarge	33⅓%	33⅓%

a) Der Deckungsbeitrag je Stück ist beim URSUS höher, weshalb dieses Modell bei freier Kapazität favorisiert werden soll.

b) In diesem Beispiel ist die Verkaufskapazität der so genannte Engpassfaktor. Der Deckungsbeitrag je Engpasseinheit (hier je Stunde Verkaufszeit) ist beim TED grösser, weshalb bei knapper Kapazität dieses Modell zu favorisieren ist.

c) Da die Deckungsbeitragsmarge (auch Deckungsgrad genannt) bei beiden Modellen gleich hoch ist, kommt es bei dieser Problemstellung nicht darauf an, welches Modell verkauft wird. Es wird auf jeden Fall zusätzlicher Deckungsbeitrag von CHF 240.– (33⅓% von CHF 720.–) erzielt. (Annahme: Das Verkaufsgespräch mit der Kindergärtnerin dauert für beide Bärensorten gleich lang.)

d) Bei freier Kapazität sind die variablen Kosten die Preisuntergrenze, d.h. CHF 24.– für TED, CHF 40.– für URSUS. Wenn die Bären zu den variablen Kosten geliefert werden, entstehen für das TEDDYLAND weder ein zusätzlicher Deckungsbeitrag noch zusätzliche Kosten. (Die Transportspesen wurden hier vernachlässigt.)

35.06

	Cervelat	Poulet
Verkaufspreis je Stück	5.–	9.–
Variable Kosten (Einstandspreis) pro Stück	2.–	3.–
Grillzeit pro Stück	6 Minuten	12 Minuten
Kapazität der Grillfläche	30 Stück	20 Stück
Deckungsbeitrag pro Stück	3.–	6.–
Kapazität pro Stunde	300 Stück	100 Stück
Deckungsbeitrag pro Stunde	900.–	600.–

a) Bei freier Kapazität sind die Poulets zu favorisieren, da hier der Deckungsbeitrag je Stück grösser ist.

b) Bei knapper Kapazität sind die Cervelats zu favorisieren, weil der Deckungsbeitrag je Stunde (Engpasseinheit) grösser ist.

c) Durch die Produktion von 20 Pouletbrüstchen wird der Grill für 12 Minuten belegt und ein Deckungsbeitrag von CHF 120.– (20×6) erzielt. Während dieser Zeit könnten 60 Cervelats produziert und damit ein zusätzlicher Deckungsbeitrag von CHF 180.– erwirtschaftet werden. Wenn stattdessen Poulets produziert werden, entgeht dem Fussballclub dieser Zusatznutzen von CHF 60.– (180–120). Diese CHF 60.– werden Opportunitätskosten genannt.

Normaler Verkaufspreis für 20 Pouletbrüstchen (20 × CHF 9.–)	CHF 180.–
+ Opportunitätskosten	CHF 60.–
= Verkaufspreis für 20 Pouletbrüstchen	CHF 240.–

Preis je Pouletbrüstchen = CHF 240.– : 20 Stück = **CHF 12.–** [1]

---

[1] Der Verkaufspreis für ein Poulet bei einem Kapazitätsengpass kann alternativ auch wie folgt ermittelt werden:

Variable Kosten je Poulet	CHF 3.–
+ Entgangener Deckungsbeitrag Cervelat = CHF 3 [DB je Stück] • 2 [Zeit] • 1,5 [Fläche]	CHF 9.–
= Verkaufspreis je Poulet	CHF 12.–

35.07

a)

	Pizza	Sandwich	Hotdog	Brezel
Verkaufspreis pro Mahlzeit	18.–	14.–	12.–	10.–
Variable Kosten pro Mahlzeit	6.–	4.–	3.–	2.–
Durchschnittliche Aufenthaltsdauer je Gast	20 Minuten	12 Minuten	10 Minuten	6 Minuten
Deckungsbeitrag pro Mahlzeit	12.–	10.–	9.–	8.–
Deckungsbeitrag je Stunde	36.–	50.–	54.–	80.–
Rangfolge bei Unterbeschäftigung	1	2	3	4
Rangfolge bei Überbeschäftigung	4	3	2	1

b)

	Normaler Verkaufspreis Sandwich	CHF 14.–
+	Opportunitätskosten (entgangener DB im Vergleich zu Brezeln)	CHF 6.–
=	Verkaufspreis für Sandwich	CHF 20.–

oder

	Variable Kosten Sandwich	CHF 4.–
+	Entgangener Deckungsbeitrag Brezel = CHF 8 [DB je Stück] • 2 [Zeit]	CHF 16.–
=	Verkaufspreis für Sandwich	CHF 20.–

35.08

In dieser Aufgabe stellt sich die Frage, ob ein Artikel (hier Fotokopien) selbst hergestellt oder gekauft werden soll **(make or buy)**.

a) 4 Rappen/Fotokopie (3 Rappen variable Kosten und durchschnittlich 1 Rappen Fixkosten).

b) Kurzfristig (für einen Auftrag oder einige wenige Aufträge) gilt bei unausgelasteter Kapazität: Da die variablen Kosten der Hausdruckerei von 3 Rappen tiefer sind als der von der auswärtigen Druckerei offerierte Seitenpreis von 3,5 Rappen, wird der Druckauftrag in der Hausdruckerei erledigt.

c) Bei einer langfristigen Betrachtung müssen auch die abbaubaren Fixkosten mit in die Überlegung einbezogen werden. Hier könnten sicher die Lohnkosten für den Druckereiangestellten von CHF 70 000.– eingespart werden, sodass sich der Fremdbezug wirtschaftlich lohnen würde.

Zusatzbemerkungen:
▷ Bei knapper Kapazität (z. B. bei Semesterbeginn) müssen Druckaufträge unabhängig von der Kostenfrage auswärts vergeben werden, wenn die Lernpersonen rechtzeitig mit Lernunterlagen versorgt werden sollen.
▷ Nebst wirtschaftlichen Überlegungen spielen auch andere Beweggründe eine Rolle: Zum Beispiel will man den langjährigen Druckereimitarbeiter nicht entlassen. Oder die Flexibilität ist mit einer Hausdruckerei höher (kurzfristige Aufträge können noch erledigt werden).

Deckungsbeitragsrechnung 35

35.09

a)

Zu deckende Fixkosten insgesamt	650 000
./. Durch den Verkauf von Y erzielte Deckungsbeiträge	– 460 000
= Durch den Verkauf von X zu deckende Fixkosten	190 000

Nutzschwelle (break-even)	Fixkosten / DB/je Stück	190 000 / 20	**9 500 Stück**

b)

Fixkosten gemäss Ausgangslage	650 000
./. Senkung der Fixkosten	– 200 000
= Durch den Verkauf von X zu deckende Fixkosten	450 000
+ Gewinn	50 000
= Zu erzielender Deckungsbeitrag	500 000

Menge	Deckungsbeitrag / DB/je Stück	500 000 / 20	**25 000 Stück**
Umsatz	Menge • Verkaufspreis	25 000 • 60	**CHF 1 500 000.–**

Lösungsvariante:
▷ Der Deckungsbeitrag von 20 entspricht 33,33 % des Verkaufspreises von 60.
▷ Der gesuchte Umsatz lässt sich wie folgt ermitteln: 500 000 : 0,3333 = CHF 1 500 000.–

c) Die Preisuntergrenze bei Unterbeschäftigung entspricht den variablen Kosten (Grenzkosten) von **CHF 17.–**.

d) Preisuntergrenze bei Überbeschäftigung

Variable Kosten (Grenzkosten) von Y	17
+ Opportunitätskosten (entgangener DB/Stunde von X)①	25
= Verkaufspreis von Y	**42**

Lösungsvariante:

Verkaufspreis von Y bei Normalbeschäftigung	40
+ Opportunitätskosten (Differenz-DB)②	2
= Verkaufspreis von Y bei Überbeschäftigung	42

① DB von X je Stunde = 20 : 48 Minuten • 60 Minuten = 25
② Der DB bei X beträgt 25/Stunde und bei Y 23/Stunde. Die Differenz zulasten von Y beträgt 2/Stunde.

35.10

a)
Deckungsbeitrag	400.–
./. Fixkosten	360.–
Gewinn	**40.–**

b) Fixkosten : DB/Stück = 360 : 8 = **45 Stück**

Die Nutzschwelle wird bei einer Absatzmenge von 45 Stück bzw. bei einem Verkaufsumsatz von CHF 900.– erreicht.

c)

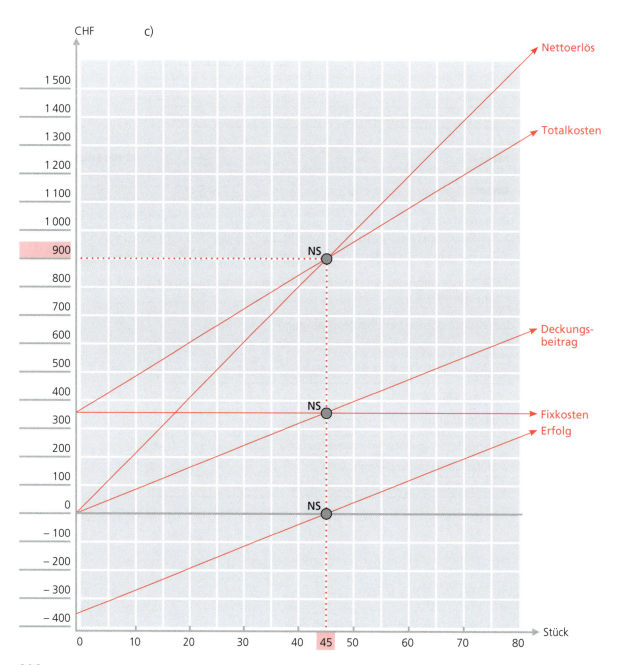

Deckungsbeitragsrechnung

35 Lösung 10

d) Zu erzielender Deckungsbeitrag = Fixkosten + Gewinn = 360 + 200 = 560
   Menge = DB : DB/Stück = 560 : 8 = **70 Stück**

e)

Verkaufspreis je Raffel	Deckungsbeitrag je Raffel	Für Nutzschwelle erforderliche Menge
CHF 30.–	30 – 12 = 18	360 : 18 = **20**
CHF 27.–	27 – 12 = 15	360 : 15 = **24**
CHF 24.–	24 – 12 = 12	360 : 12 = **30**
CHF 21.–	21 – 12 = 9	360 : 9 = **40**
CHF 18.–	18 – 12 = 6	360 : 6 = **60**
CHF 15.–	15 – 12 = 3	360 : 3 = **120**

f)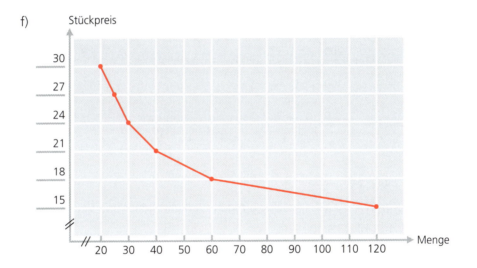

35.11

a)

Break-even	Differenz Fixkosten / Differenz variable Kosten	400 000 / 80	**5000 Stück**

Deckungsbeitragsrechnung 35 Lösung 11

b)
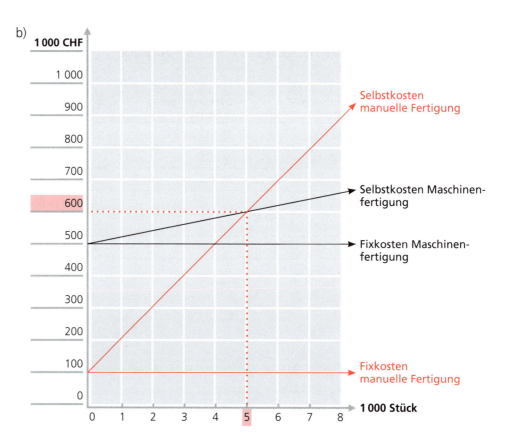

35.12

a) CHF 5000.– (Abschreibungen, Verkehrssteuer und Versicherung)

b) CHF 23.–/100 km

c) $\dfrac{5000 + 200 \cdot 23}{20000} = \dfrac{9600}{20000} = $ CHF –.48

d) Das Auto kostet CHF 57.50 (250 km zu CHF 23.–/100 km; man muss hier nur mit den variablen Kosten rechnen, da die fixen Kosten unabhängig von dieser Fahrt sind). Das Auto ist also um CHF 61.50 billiger.

Aus der Fülle weiterer Überlegungen hier ein paar Beispiele:

▷ Pro Bahn: Umweltschutz, Stress des Autofahrens, höhere Unfallgefahr auf der Strasse, Parkplatzsuche in Bern

▷ Pro Auto: beliebige Abfahrtszeiten mit dem Auto, Möglichkeit des Transportes umfangreicher Unterlagen im Auto, evtl. muss in Zürich und/oder Bern noch das Tram benützt werden.

e) Bei dieser Kilometerzahl müssen die fixen Kosten durchschnittlich CHF –.27 je km betragen (die variablen betragen CHF –.23 je km).

$\dfrac{5000.-}{-.27} = 18519$ km

35.13

a)
Ertrag	95 · 100 · 24	228 000.–
./. Variable Kosten	100 · 400	– 40 000.–
./. Fixe Kosten		– 200 000.–
= Verlust		12 000.–

b) $\dfrac{200\,000 + 40\,000 + 60\,000}{100 \cdot 24} = 125$ Personen

c)
Zusatzertrag je Tag	50 · 24	1 200.–
./. Variable Kosten je Tag		– 400.–
= Verbesserung des Betriebsergebnisses je Tag (zusätzlicher DB)		800.–

d) $\dfrac{200\,000 + 40\,000}{100 \cdot 20} = 120$ Personen

35.14

a)

Verkaufspreis	CHF 160	100%
./. Variable Kosten (Einstandspreis)	– CHF 120	– 75%
= Deckungsbeitrag DB-Marge	CHF 40	25%

b)

Nutzschwelle	$\dfrac{\text{Fixkosten}}{\text{DB/Stück}}$	$\dfrac{6\,000}{40}$	150 Stück

c)

Nutzschwelle	Menge · Verkaufspreis	150 Stück · 160/Stück	CHF 24 000

oder

Nutzschwelle	$\dfrac{\text{Fixkosten}}{\text{DB-Marge}}$	$\dfrac{6\,000}{25\%}$	CHF 24 000

d)
Mengenmässiges Gewinnziel

Gewinnziel	$\dfrac{\text{Fixkosten + Gewinn}}{\text{DB/Stück}}$	$\dfrac{6\,000 + 1\,000}{40}$	175 Stück

Wertmässiges Gewinnziel

Gewinnziel	Menge · Verkaufspreis	175 Stück · 160/Stück	CHF 28 000

oder

Gewinnziel	$\dfrac{\text{Fixkosten + Gewinn}}{\text{DB-Marge}}$	$\dfrac{6\,000 + 1\,000}{25\%}$	CHF 28 000

Deckungsbeitragsrechnung 35 Lösung 14

e)

Verkaufspreis	CHF 160
./. Gewinn (10% des Verkaufspreises)	– CHF 16
./. Variable Kosten (Einstandspreis)	– CHF 120
= **Deckungsbeitrag für Fixkosten**	**CHF 24**

Nutzschwelle	$\dfrac{\text{Fixkosten}}{\text{DB}_{fix}/\text{Stück}}$	$\dfrac{6\,000}{24}$	**250 Stück**

35.15

a)

Anzahl Nächte	100 Betten • 240 Tage • 75% Auslastung	**18 000 Nächte**

b)

Verkaufserlös	18 000 Nächte zu CHF 120/Nacht	2 160 000
./. Variable Kosten	18 000 Nächte zu CHF 30/Nacht	– 540 000
= **Deckungsbeitrag**	18 000 Nächte zu CHF 90/Nacht	**1 620 000**
./. Fixkosten		– 1 800 000
= **Verlust**		**– 180 000**

c)

Nutzschwelle	$\dfrac{\text{Fixkosten}}{\text{DB/Nacht}}$	$\dfrac{1\,800\,000}{90}$	**20 000 Nächte**

d)

DB/Nacht	$\dfrac{\text{Fixkosten}}{\text{Anzahl Nächte}}$	$\dfrac{1\,800\,000}{18\,000\text{ Nächte}}$	**CHF 100/Nacht**

Variable Kosten je Nacht	CHF 30
+ Deckungsbeitrag je Nacht	CHF 100
= **Verkaufspreis je Nacht**	**CHF 130**

Deckungsbeitragsrechnung

35 Lösung 15

e)

Gewinnziel	$\dfrac{\text{Fixkosten + Gewinn}}{\text{DB/Nacht}}$	$\dfrac{1\,668\,000 + 60\,000}{90}$	**19 200 Nächte**

Kapazität	24 000 Nächte	100%
Kapazitätsauslastung	19 200 Nächte	**80%**

35.16

	Nettoerlös	Variable Materialkosten	Variable Lohnkosten	DB-Marge	Produktfixkosten
Lärmdämmung für Motorhauben	100	40	20	40%	20
Lärmdämmung für Türen	200	60	0	70%	60

	Nettoerlös	Variable Materialkosten	Variable Lohnkosten	DB-Marge	Produktfixkosten
Frontairbags	800	200	400	25%	80
Seitenairbags	1 000	400	200	40%	120

Mehrstufige DB-Rechnung

	Lärmdämmung			Airbags			Unternehmung
	Motorhauben	Türen	Sparte	Frontairbags	Seitenairbags	Sparte	
Nettoerlös	100	200	300	800	1 000	1 800	2 100
./. Variable Materialkosten	– 40	– 60	– 100	– 200	– 400	– 600	– 700
./. Variable Lohnkosten	– 20	0	– 20	– 400	– 200	– 600	– 620
= DB I	40	140	180	200	400	600	780
./. Produktfixkosten	– 20	– 60	– 80	– 80	– 120	– 200	– 280
= DB II	20	80	100	120	280	400	500
./. Spartenfixkosten			– 120			– 100	– 220
= DB III			– 20			300	280
./. Unternehmensfixkosten							– 200
= Gewinn							80

35.17

a) 40%

b) $\dfrac{48000 \cdot 100\%}{40\%}$ = CHF 120 000.–

c) $\dfrac{50000 \cdot 100}{33^{1}/_{3}}$ = CHF 150 000.– (neue Nutzschwelle)

Die Umsatzsteigerung beträgt CHF 30 000.–. Das sind 25%.

d) $\dfrac{50000}{2}$ = 25 000 Stück

e) Die variablen Kosten von CHF 6.–/Stück sind die Preisuntergrenze für einen Zusatzauftrag.

35.18

a) Der Nettoerlös beträgt in der Ausgangslage CHF 2 000 000.–. Bei einem Nettoerlös von CHF 2 100 000.– wäre die Nutzschwelle erreicht. Dazu müssten die Verkaufspreise um CHF 100 000.–, d.h. um 5%, erhöht werden.

b) Die Bruttogewinnmarge beträgt in der Ausgangslage 20% des Nettoerlöses. Um bei gleicher Marge den Verlust von CHF 100 000.– zu decken, müsste ein Mehrumsatz von CHF 500 000.–, d.h. 25% mehr als CHF 2 000 000.–, erzielt werden.

35.19

a)

Verkaufserlös	1 600 000.–
./. Variable Kosten (Einzelmaterial)	– 800 000.–
= Deckungsbeitrag	**800 000.–**
./. Fixkosten	– 880 000.–
= Verlust	**– 80 000.–**

b) $\dfrac{880000}{40}$ = 22 000 Stück;   Umsatz = CHF 1 760 000.–

c) $\dfrac{861000}{41}$ = 21 000 Stück;   Umsatz = CHF 1 680 000.–

35.20

a) $\dfrac{9000}{2 - 0.50} = \dfrac{9000}{1.50}$ = 6000 Stück; bei 6000 Stück sind beide Varianten gleich teuer. Ab 6001 Stück ist Variante 2 günstiger.

b) Arbeitslosigkeit der Heimarbeiter, keine Entlassung von Mitarbeitern

35.21

a) CHF   300 000.–
b) CHF 1 200 000.–

35.22

a)

Fixkosten pro Jahr	CHF 10 000.–
+ Variable Kosten für 20 000 km	CHF 5 000.–
= Gesamtkosten für 20 000 km	CHF 15 000.–

Die durchschnittlichen jährlichen Kosten betragen CHF 15 000.– : 20 000 km = **75 Rappen/km.**

b) Für diese Make-or-buy-Überlegung (Leistung selbst erstellen oder einkaufen) dürfen kurzfristig nur die variablen Kosten berücksichtigt werden, da die Fixkosten unabhängig vom Entscheid sowieso anfallen:

Kosten für Bahnfahrt	CHF 70.–
./. Variable Kosten für Autofahrt (160 km • CHF 25/100 km)	CHF 40.–
= **Differenz zugunsten des Autos**	**CHF 30.–**

c) Für das Auto sprechen ausserdem: Es lassen sich leicht noch Dokumente oder Waren transportieren. Der Weg zum und vom Bahnhof entfällt. Man ist nicht an einen festen Fahrplan gebunden.

Für die Bahn sprechen: Die Bahn ist energiesparender, umweltfreundlicher. Die Unfallgefahr mit der Bahn ist geringer. Während der Bahnfahrt lassen sich noch Büroarbeiten erledigen. Eine allfällige Parkplatzsuche am Zielort entfällt.

35.23

a)

	Wasser	Cola	Bier
Zeitbedarf pro Ausschank inkl. Einkassieren	30 Sekunden	60 Sekunden	90 Sekunden
Verkaufspreis je Becher	3.–	4.–	5.–
Einstandspreis je Becher	–.30	–.50	1.–
Deckungsbeitrag je Becher	2.70	3.50	4.–
Deckungsbeitrag je Stunde	324.–	210.–	160.–

b) Der Deckungsbeitrag für eine Kombination von 5 Wasser, 3 Cola und 1 Bier beträgt CHF 28.– (13.50 + 10.50 + 4.–)

Die Nutzschwelle wird erreicht, wenn alle Fixkosten gedeckt sind: CHF 840.– : 28.– = 30 Kombinationen. Daraus ergeben sich folgende Mengen:

▷ 150 Wasser
▷ 90 Cola
▷ 30 Bier

c) Bei Unterbeschäftigung sind die Produkte mit hohem Deckungsbeitrag pro Becher zu favorisieren, bei Überbeschäftigung jene mit hohem Deckungsbeitrag je Stunde (Engpassfaktor):

Rangfolge bei Unterbeschäftigung	1. Bier	2. Cola	3. Wasser
Rangfolge bei Überbeschäftigung	1. Wasser	2. Cola	3. Bier

d)

	Cola	Bier
Normaler Verkaufspreis je Becher	CHF 4.–	CHF 5.–
+ Opportunitätskosten	CHF 1.90 ①	CHF 4.10 ②
= (Theoretischer) Verkaufspreis in Spitzenzeiten	CHF 5.90	CHF 9.10

① Gleichzeitig können entweder 2 Wasser oder 1 Cola verkauft werden:

Deckungsbeitrag für 2 Wasser (2 Becher zu CHF 2.70)	CHF 5.40
./. Deckungsbeitrag für 1 Cola	– CHF 3.50
= Entgangener Deckungsbeitrag (Opportunitätskosten)	CHF 1.90

② Gleichzeitig können entweder 3 Wasser oder 1 Bier verkauft werden:

Deckungsbeitrag für 3 Wasser (3 Becher zu CHF 2.70)	CHF 8.10
./. Deckungsbeitrag für 1 Bier	– CHF 4.–
= Entgangener Deckungsbeitrag (Opportunitätskosten)	CHF 4.10

35.24

a)

Nutzschwelle (Gewinn = 0)	Fixkosten / DB/Stück	100 000 / (15 − 10)	100 000 / 5	20 000 Stück

Der entsprechende Umsatz ergibt sich durch Multiplikation der Menge mit dem Verkaufspreis: 20 000 Stück · CHF 15/Stück = CHF **300 000.–**.

b)

Menge bei Gewinn von CHF 75 000	(Fixkosten + Gewinn) / DB/Stück	(100 000 + 75 000) / (15 − 10)	175 000 / 5	35 000 Stück

Der entsprechende Umsatz ergibt sich durch Multiplikation der Menge mit dem Verkaufspreis: 35 000 Stück · CHF 15/Stück = CHF **5 250 000.–**.

c)

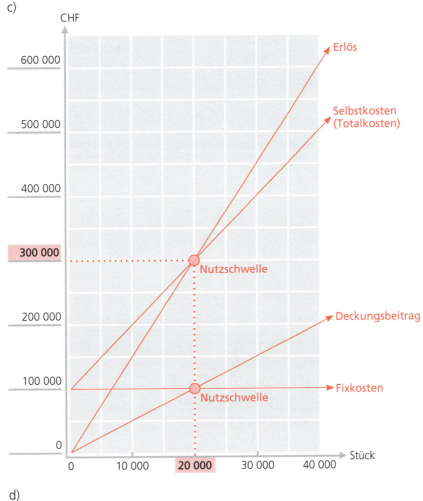

d)

Benötigter DB/Stück für Nutzschwelle	Fixkosten / Absatzmenge	CHF 100 000 / 25 000 Stück	CHF 4.–/Stück	Verkaufspreis CHF 15.– ./. Benötigter DB − CHF 4.– = Einkaufspreis CHF 11.–

Wenn der Einkaufspreis von USD 10.–/Stück zu einem **Wechselkurs von CHF 1.10/USD** umgerechnet wird, ergibt sich ein Einkaufspreis von CHF 11.–/Stück.

35.25

Nettoerlös (Umsatz)	150 000	100%
./. Variable Kosten	− 80 000	− 60%
= Deckungsbeitrag	**60 000**	**40%**
./. Fixkosten	− 80 000	
= Verlust	**− 20 000**	

a)

Break-even	$\dfrac{\text{Fixkosten}}{\text{DB-Marge}}$	$\dfrac{80\,000}{40\%}$	CHF 200 000

b)

Gewinnziel	$\dfrac{\text{Fixkosten}+\text{Gewinn}}{\text{DB-Marge}}$	$\dfrac{110\,000}{40\%}$	CHF 275 000

c)

Nettoerlös (Umsatz)	150 000 • 95% • 120%	171 000
./. Variable Kosten	90 000 • 120%	− 108 000
= Deckungsbeitrag		**63 000**
./. Fixkosten	80 000 + 10 000	− 90 000
= Verlust		**27 000**

Der Verlust erhöht sich um CHF 7 000, weshalb sich die Massnahmen nicht lohnen.

35.26

a)

	Zwetschgen	Aprikosen	Äpfel
Erwartete Absatzmenge (Verkaufspotenzial)	6 000 kg	8 000 kg	12 000 kg
Verkaufserlös je 100 kg Frischobst in CHF	400	500	200
Variable Kosten je 100 kg Frischobst in CHF	230	350	80
Dörrzeit in Stunden für 100 kg Frischobst	10 h	5 h	3 h
Deckungsbeitrag je 100 kg Frischobst in CHF	170	150	120
Deckungsbeitrag je Stunde in CHF	17	30	40

b)

Reihenfolge der Früchte	Produktionsmenge in Kilogramm	Benötigte Kapazität in Stunden	Deckungsbeitrag
1. Äpfel (weil höchster DB je h)	12 000 kg	360 h	CHF 14 400
2. Aprikosen (weil zweithöchster DB je h)	8 000 kg	400 h	CHF 12 000
3. Zwetschgen (weil geringster DB je h)	2 400 kg	240 h	CHF 4 080
Total	–	1 000 h	CHF 30 480

35.27

a)

Fixkosten total	800 000
./. Deckungsbeitrag Produkt Q (100 000 Stück • CHF 5/Stück)	– 500 000
= Durch Produkt P zu deckende Fixkosten	300 000

Break-even-Ziel	$\dfrac{\text{Fixkosten}}{\text{DB/Stück}}$	$\dfrac{300\,000}{20}$	**15 000 Stück**

b)

Fixkosten total	800 000
./. Deckungsbeitrag Produkt P (30 000 Stück • CHF 20/Stück)	– 600 000
= Durch Produkt Q zu deckende Fixkosten	200 000

Gewinnziel	$\dfrac{\text{Fixkosten + Gewinn}}{\text{DB-Marge}}$	$\dfrac{200\,000 + 50\,000}{12{,}5\%}$	**CHF 2 000 000**

oder

Gewinnziel	$\dfrac{\text{Fixkosten + Gewinn}}{\text{DB/Stück}}$	$\dfrac{200\,000 + 50\,000}{5}$	50 000 Stück

Umsatz für Q = 50 000 Stück • CHF 40/Stück = CHF 2 000 000

c) Produkt Q ist zu favorisieren, weil der Deckungsbeitrag je Minute Fertigung (dem Engpass) höher ist als beim Produkt P.
(DB/Minute für Q = CHF 5.–, DB/Minute für P = CHF 2.–)

d) Verkaufspreis = CHF 80.–
(variable Kosten P 30 + verdrängte DB Q 50)

35.28

a)

Gewinnschwelle	$\dfrac{\text{Fixkosten}}{\text{DB-Marge}}$	$\dfrac{120\,000}{33{,}33\%}$	360 000

b)

Gewinn CHF 2/Stück	$\dfrac{\text{Fixkosten}}{\text{DB nach Gewinn je Stück}}$	$\dfrac{120\,000}{10 - 2}$	15 000 Stück

c)

Gewinnschwelle	$\dfrac{\text{Fixkosten}}{\text{DB je Stück}}$	$\dfrac{144\,000}{9}$	16 000 Stück

Umsatz gemäss Teilaufgabe c)	16 000 Stück	
./. Umsatz gemäss Teilaufgabe a)	12 000 Stück	100%
= Umsatzsteigerung	4 000 Stück	33%

c) Die variablen Kosten von CHF 20.– stellen die kurzfristige Preisuntergrenze dar.

35.29 Teilaufgabe 1   **BAB zu Aufgabe 35.23** (in CHF 1000.–)

Personal	
Treibstoff	
Hafengebühren	
Trockendock	
Verpflegung	
Schiffsmiete	
Schiffsreparaturen	
Verwaltung	
Total	
Umlage Vorkostenstelle Schiff	
Total nach Umlage Vorkostenstelle Schiff	
Umlage Reiseleitung	
Umlage Küche	
Umlage Zimmer/Zimmerdienste	
Umlage Administration	
Selbstkosten	
Erlös	
Erfolg (+ = Verlust / – = Gewinn)	

Deckungsbeitragsrechnung — 35 — Lösung 29

	Kostenartenrechnung			Kostenstellenrechnung					Kostenträgerrechnung		
	Abgrenzungen	Kosten/Leistung	Schiff	Reiseleitung	Küche	Zimmer/Dienste	Administration	Kabine	Restaurant	Ausflüge
480	120	600	120	60	300	90	30			
620	–	620	620							
520	–	520	390	130						
–	150	150	150							
580	–	580							580	
530	–	530	530							
240	50	290	290							
310	– 90	220					220			
3 280	230	3 510	2 100	190	300	90	250	0	580	0
			– 2 100	35	245	1 750	70			
			0	225	545	1 840	320	0	580	0
				– 225						225
					– 545			5	540	
						– 1 840		1 800	40	
							– 320	193	98	29
								1 998	1 258	254
3 200		– 3 200						– 1 930	– 980	– 290
80	230	310	0	0	0	0	0	68	278	– 36

Berechnung Umlage Schiff

Kostenstelle	Anzahl m³	Äquivalenzziffer	m³ gewichtet	Betrag
Reiseleitung	500	1	500	35
Küche	3 500	1	3 500	245
Zimmerservice	12 500	2	25 000	1 750
Administration	1 000	1	1 000	70
Total	17 500		30 000	2 100

Deckungsbeitragsrechnung

35 Lösung 29

Teilaufgabe 2 — **Fixe und variable Kosten**

	Variabler Kostenanteil (Variator)[1]	Kosten in CHF pro Woche Fahrt mit 200 Passagieren	Kosten in CHF pro Woche Stillstand
Personalkosten	0	40 000	40 000
Treibstoffkosten	–	35 000	14 000
Hafengebühren	–	35 000	7 000
Trockendock	0	15 000	15 000
Verpflegungskosten	10	21 000	0
Schiffsmiete	0	50 000	50 000
Schiffsreparaturen	0	10 000	10 000
Verwaltungskosten	0	12 000	12 000
Total Kosten	–	218 000	148 000

Treibstoff

2 Fahrtentage	= 2 × 36,0 t à 250.–	= 18 000.–
5 Hafentage	= 5 × 13,6 t à 250.–	= 17 000.–
Treibstoffverbrauch pro Kreuzfahrtwoche		35 000.–
Woche Stillstand = 7 × 8,0 t à 250.–		= 14 000.–

Hafengebühren

5 Hafentage	= 5 × 7 000.–	= 35 000.–
Woche Stillstand = 7 × 1 000.–		= 7 000.–

Deckungsbeitragsrechnung — **35** Lösung 29

Teilaufgabe 3

Deckungsbeitragsrechnung

a) Fixkosten Fahrtwoche : Deckungsbeitrag pro Passagier

230 000 : 1260 = 182.54

183 Passagiere

b) Fixkosten Fahrtwoche + Gewinn 20 000 = 250 000

Fixkosten + Gewinn : Deckungsbeitrag pro Passagier
250 000 : 1260 = 198.41

199 Passagiere

c) Differenzkosten (Stillstand 160 000 – Fahrt 230 000) = 70 000

Verkaufspreis pro Passagier (pro Woche)	1 400
./. Verpflegung pro Woche (7 × 20)	– 140
Deckungsbeitrag	**1 260**
+ Annullationsentschädigung	+ 100
Differenzbetrag pro Woche pro Passagier	**1 360**

Differenzkosten pro Woche : Differenzbetrag pro Passagier
70 000 : 1360 = 51.47

52 Passagiere

d)

Anzahl zusätzliche Passagiere	Lastminute AG	Provisions AG	Priorität für
50	50 × 800 – 7000 = 33 000	(50 × 900) × 80% = 36 000	Provisions AG
75	75 × 800 – 7000 = 53 000	(75 × 900) × 80% = 54 000	Provisions AG
100	100 × 800 – 7000 = 73 000	(100 × 900) × 80% = 72 000	Lastminute AG

Normalkostenrechnung

36.01

b) Diese Unterdeckung bei der Materialstelle kann verschiedene Ursachen haben, denen in der Praxis im Einzelnen nachgegangen werden muss:

▷ Entweder sind die Ist-Kosten höher als geplant, weil die verbrauchten **Mengen** zu hoch sind (z. B. hat diese Stelle mehr Hilfsmaterial verbraucht als geplant) oder die **Preise** gestiegen sind (z. B. sind die Löhne an dieser Stelle höher als geplant oder das verbrauchte Hilfsmaterial ist gegenüber der Planung teurer geworden).

▷ Oder dann ist die effektive **Beschäftigungshöhe** tiefer als die geplante (so genannte Unterbeschäftigung), sodass zu wenig Normalkosten auf die Kostenträger weiterverrechnet werden. (Die Umlage der Materialgemeinkosten erfolgt in diesem Betrieb proportional zum Einzelmaterialverbrauch. Wenn bei einer Unterbeschäftigung weniger Produkte hergestellt werden und damit weniger Einzelmaterial verbraucht wird, so werden auch weniger Materialgemeinkosten umgelegt, sodass sich eine Unterdeckung ergibt.)

In Aufgabe 36.03 wird ausführlicher auf die Abweichungsanalyse eingegangen.

BAB zu Aufgabe 36.01 a) (in CHF 1000.–)

Einzelmaterial
Einzellöhne
Übriges Material
Übrige Löhne
Zinsen
Abschreibungen
Sonstiges
Total Kosten
Umlage Vorkostenstelle Gebäude
Total Kosten nach Umlage Vorkostenstelle
Umlage Material-GK
Umlage Fertigungs-GK
Kalkulierte Herstellkosten der Produktion
Bestandesänderungen Produkt B
Kalkulierte Herstellkosten verkaufte Erzeugnisse
Umlage Verwaltungs- und Vertriebs-GK
Kalkulierte Selbstkosten
Erlöse
Erfolg bzw. Deckungsdifferenzen[1]

Normalkostenrechnung

36 Lösung 01

	Kostenstellenrechnung				Kostenträgerrechnung		
	Gebäude	Material	Fertigung	Verwaltung/Vertrieb	Produkt A	Produkt B	Total
850					550	300	850
680					480	200	680
140	30	10	60	40			
615	90	70	110	345			
260	100	20	80	60			
410	70	30	220	90			
360	40	20	180	120			
3 315	330	150	650	655	1 030	500	1 530
	– 320	40	200	80			
3 315	10	190	850	735	1 030	500	1 530
		– 170			110	60	170
			– 820		520	300	820
					1 660	860	2 520
86					0	– 86	– 86
					1 660	774	2 434
				– 730	498	232	730
					2 158	1 006	3 164
3 450					– 2 100	– 1 350	– 3 450
221	10	20	30	5	58	– 344	– 286

① Ein Minuszeichen bedeutet Gewinn bzw. Überdeckung. Eine Pluszahl stellt einen Verlust bzw. eine Unterdeckung dar.

36.02

Absatz-Erfolgsrechnung	
Verkaufserlös	3 450
./. Kalkulierte Herstellkosten der verkauften Erzeugnisse	– 2 434
./. Kalkulierte Verwaltungs- und Vertriebs-GK	– 730
= **Kalkulierter Gewinn**	**286**
./. Unterdeckungen (10 + 20 + 30 + 5)	– 65
= **Effektiver Gewinn (Ist)**	**221**

Produktions-Erfolgsrechnung	
Verkaufserlös	3 450
+ Bestandeszunahme Produkt B zu kalkulierten Herstellkosten	86
= **Produktionsertrag**	**3 536**
./. Kalkulierte Herstellkosten der Produktion	– 2 520
./. Kalkulierte Verwaltungs- und Vertriebs-GK	– 730
= **Kalkulierter Gewinn**	**286**
./. Unterdeckungen (10 + 20 + 30 + 5)	– 65
= **Effektiver Gewinn (Ist)**	**221**

36.03

a) Normalkostensatz = $\dfrac{\text{geplante Kosten}}{\text{geplante Schulstunden}} = \dfrac{\text{CHF } 4\,000\,000.-}{1\,000\,000 \text{ Std.}} =$ **CHF 4.–/Stunde**

b)
Ist-Kosten	4 037 000
./. Umlage zu Normalkosten (800 000 Stunden zu CHF 4.–/Std.)	– 3 200 000
= **Unterdeckung**	**837 000**

c) Es wurde weniger Unterricht erteilt, weil mangels Nachfrage nicht alle Kurse durchgeführt werden konnten. Die Gründe für diesen Einbruch bei den verkauften Kursen müssen von der Schulleitung sorgfältig untersucht werden. Mögliche Gründe für den Absatzrückgang sind zum Beispiel: abnehmende Qualität des eigenen Angebots, verstärkte Konkurrenz anderer Schulen, verändertes Konsumverhalten der Kundschaft.

d) Die Kostenüberschreitung bei der Energie ist eine so genannte Verbrauchsabweichung, die entweder durch veränderte Preise oder Mengen verursacht wurde:

Preisabweichung: Die verbrauchte Energie ist teurer als geplant (z. B. höhere Erdöl- und Strompreise auf dem Weltmarkt oder ungünstige Lieferantenwahl durch den Verwaltungschef).

Mengenabweichung: Die Menge der verbrauchten Energie war höher als geplant (z. B. weil der Winter überdurchschnittlich kalt war oder die Steuerung der Heiz- und Klimaanlage nicht richtig funktionierte).

e) Für die Überschreitung des Energiekostenbudgets ist der Verwaltungschef dann nicht verantwortlich, wenn die Mengenabweichung auf einen kalten Winter oder heissen Sommer und die Preisabweichung auf allgemein gestiegene Energiebeschaffungskosten zurückzuführen sind.

Die Hauptursache für die grosse Unterdeckung liegt aber in der gegenüber dem Budget um 20% geringeren **Beschäftigung** (so genannte Volumenabweichung), und hier muss die Schulleitung Verantwortung übernehmen, nicht der Verwaltungschef. Durch die geringere Beschäftigung wurden den Kostenträgern 200 000 Stunden zu CHF 4.– (also CHF 800 000.–) weniger verrechnet als geplant.

In diesem Extrembeispiel kommt das Hauptproblem der starren Planung mit Normalkosten zum Vorschein: Wenn die Beschäftigungshöhe nicht richtig geplant wird, entstehen grosse Deckungsdifferenzen. Diese sind umso höher, je grösser der Anteil der Fixkosten an einer Kostenstelle ist. (Hier im Beispiel der Schulräume sind fast alle Kosten fix.)

Hätte man bei der Budgetierung zum Voraus um den Beschäftigungsrückgang gewusst und deshalb mit einer Beschäftigungshöhe von 800 000 Schulstunden gerechnet, wäre der Normalkostensatz bei CHF 5.–/Stunde festgelegt worden. Die Umlage auf die Kostenträger hätte dann CHF 4 000 000.– betragen (800 000 Stunden zu CHF 5.–/Std.), sodass eine Unterdeckung von nur CHF 37 000.– resultiert hätte.

36.04

Richtig sind: b, c, g, n, o, p und r.

Erklärungen zu den falschen Auswahlantworten:

a) Die Gesamt*kosten* betragen 1400.

d) Die Einzellöhne betragen 110.

e) Die Material-Gemeinkosten betragen 63 (das ist das Total der Kostenstelle Material). Das Gemeinkostenmaterial (Hilfs- und Betriebsstoffe) beträgt 10 (200 Materialkosten abzüglich 190 Einzelmaterial).

f) 600 sind der *Verbrauch* an Handelswaren, nicht der Einkauf.

h) 630 sind die kalkulierten *Selbstkosten*.

i) Das ist eine *Zunahme* von 30.

k) 236 sind die Fertigungs-*Gemein*kosten. Die gesamten Fertigungskosten betragen 346 (110 + 236).

l) Überdeckungen entstehen durch Überbeschäftigung.

m) 570 sind die *kalkulierten* Herstellkosten der Produktion.

q) Verlust von 12.

36.05

a) Diese Frage kann aufgrund der Finanzbuchhaltung nicht beantwortet werden. Deshalb muss zuerst unter Aufgabe b) eine Betriebsabrechnung erstellt werden. Diese zeigt, dass bei den Segelyachten ein Gewinn und bei den Motorbooten ein Verlust erwirtschaftet wird.

b) Siehe Betriebsabrechnungsbogen

c) und d) siehe übernächste Seite

BAB zu Aufgabe 36.05

Rohmaterial
Löhne
Sozialleistungen
Abschreibungen
Übriges
Total
Umlage Vorkostenstelle Gebäude
Total nach Umlage Vorkostenstelle
Umlage Rohmateriallager
Umlage Fertigung 1
Umlage Fertigung 2
Herstellkosten der Produktion
Bestandesänderung unfertige Boote
Herstellkosten der verkauften Boote
Umlage Verwaltung und Vertrieb
Selbstkosten
Verkaufserlöse
Erfolg bzw. Deckungsdifferenzen

Normalkostenrechnung

36 Lösung 05

...artenrechnung			Kostenstellenrechnung					Kostenträgerrechnung	
	Sachliche Abgrenzung	Kosten/ Leistung	Gebäude	Lager	Fertigung 1	Fertigung 2	Verwaltung/ Vertrieb	Segelyachten	Motorboote
800	300	2 100						600	1 500
800		2 800	100	120	1 240	940	400		
550	10	560	20	24	248	188	80		
200	− 185	1 015	200	40	450	300	25		
000		1 000	10	20	730	180	60		
350	125	7 475	330	204	2 668	1 608	565	600	1 500
			− 330	40	160	80	50		
350	125	7 475	0	244	2 828	1 688	615	600	1 500
				− 210				60	150
					− 3 000			500	2 500
						− 1 800		600	1 200
								1 760	5 350
55	− 55	− 110						240	− 350
								2 000	5 000
							− 350	100	250
								2 100	5 250
000		− 8 000						− 4 000	− 4 000
705	70	− 635	0	34	− 172	− 112	265	− 1 900	1 250

227

c) Absatz-Erfolgsrechnung

Verkaufserlöse Boote	8 000
./. Kalkulierte Herstellkosten der verkauften Boote	– 7 000
./. Kalkulierte Verwaltungs- und Vertriebsgemeinkosten	– 350
= **Kalkulierter Betriebsgewinn**	650
+ Überdeckungen (172 + 112)	284
./. Unterdeckungen (34 + 265)	– 299
= **Effektiver Betriebsgewinn gemäss BEBU**	635
+ Sachliche Abgrenzungen	70
= **Betriebsgewinn gemäss FIBU**	705
+ Wertschriftenerfolg (neutral)	200
= **Unternehmungsgewinn**	905

Produktions-Erfolgsrechnung

Verkaufserlöse Boote	8 000
+ Bestandeszunahme unfertige Boote zu kalkulierten Herstellkosten	110
= **Produktionsertrag**	8 110
./. Kalkulierte Herstellkosten der produzierten Boote	– 7 110
./. Kalkulierte Verwaltungs- und Vertriebsgemeinkosten	– 350
= **Kalkulierter Betriebsgewinn**	650
+ Überdeckungen (172 + 112)	284
./. Unterdeckungen (34 + 265)	– 299
= **Effektiver Betriebsgewinn gemäss BEBU**	635
+ Sachliche Abgrenzungen	70
= **Betriebsgewinn gemäss FIBU**	705
+ Wertschriftenerfolg (neutral)	200
= **Unternehmungsgewinn**	905

Kontrolle: Der Unternehmungsgewinn gemäss provisorischer Erfolgsrechnung der FIBU beträgt 850. Zählt man die im provisorischen Abschluss der FIBU noch nicht erfasste Zunahme der unfertigen Boote von 55 hinzu, erhält man den in den obigen Absatz- und Produktionserfolgsrechnungen ausgewiesenen definitiven Unternehmungsgewinn von 905.

Hinweise: Die beiden Erfolgsrechnungen unterscheiden sich nur bis zum kalkulierten Betriebsgewinn; die folgenden drei Stufen sind identisch. Bei der Produktionserfolgsrechnung wurde in dieser Lösung der in der Praxis bevorzugte Kostenträgertyp gewählt.

d) ▷ Kostensenkungsmassnahmen (Probleme: Wo sollen Kosten eingespart werden? Wenn z.B. günstigere Materialien verwendet werden, nimmt die Qualität der Boote ab. Wenn weniger Löhne bezahlt werden, ist mit dem Abgang von qualifizierten Mitarbeitern zu rechnen. Die fixen Anlagekosten können nicht abgebaut werden.)

▷ Erhöhung der Verkaufspreise für Motorboote (Problem: Können die Motorboote dann noch verkauft werden?)

▷ Einstellung des Motorbootbaus (Probleme: Fixkosten bleiben bestehen. Verlust von Synergien.)

Normalkostenrechnung 36

36.06
Berechnung der kalkulatorischen Abschreibungen und Zinsen

Kostenstelle	Anschaffungswert (in TCHF)	Durchschnittliche Nutzungsdauer	Kalkulatorische Abschreibungen	Kalkulatorische Zinsen
Gebäude	6 000	40 Jahre	150	300
Einkauf	100	5 Jahre	20	5
Schneiderei	1 000	8 Jahre	125	50
Finish	300	10 Jahre	30	15
Verwaltung	400	10 Jahre	40	20
Total	**7 800**	–	**365**	**390**

Produktions-Erfolgsrechnung

		Rucksäcke	Zelte	Total
	Kalkulierter Nettoerlös	3 456	1 536	4 992
+/–	Bestandesänderungen unfertige Erzeugnisse	– 8	– 2	– 10
+/–	Bestandesänderungen fertige Erzeugnisse	30	– 64	– 34
=	**Kalkulierter Produktionsertrag**	**3 478**	**1 470**	**4 948**
./.	Kalkulierte Herstellkosten der Produktion	– 2 722	– 1 214	– 3 936
=	**Kalkulierter Bruttogewinn**	**756**	**256**	**1 012**
./.	Kalkulierte Verwaltungs-Gemeinkosten	– 540	– 192	– 732
=	**Kalkulierter Gewinn gemäss BEBU**	**216**	**64**	**280**
+/–	Deckungsdifferenzen			– 32
=	**Ist-Gewinn gemäss BEBU**			**248**
+/–	Sachliche Abgrenzungen			192
=	**Betriebsgewinn gemäss FIBU**			**440**

Absatz-Erfolgsrechnung (Ausschnitt)

		Rucksäcke	Zelte	Total
	Kalkulierter Nettoerlös	3 456	1 536	4 992
./.	Kalkulierte Herstellkosten verkaufte Erzeugnisse	– 2 700	– 1 280	– 3 980
=	**Kalkulierter Bruttogewinn**	**756**	**256**	**1 012**
./.	Kalkulierte Verwaltungs-Gemeinkosten	– 540	– 192	– 732
=	**Kalkulierter Gewinn gemäss BEBU**	**216**	**64**	**280**

BAB (in CHF 1000.–)

Einzelmaterial
Personalkosten
Abschreibungen
Zinsen
Übriges
Total
Umlage Gebäude
Umlage Einkauf
Umlage Schneiderei
Umlage Finish
Herstellkosten Produktion
Bestandesänderung unfertige Erzeugnisse
Herstellkosten fertige Erzeugnisse
Bestandesänderung fertige Erzeugnisse
Herstellkosten verkaufte Erzeugnisse
Umlage Verwaltung
Selbstkosten
Nettoerlöse
Salden
Bezeichnung der Salden

Normalkosten-rechnung

36 Lösung 06

enartenrechnung			Kostenstellenrechnung					Kostenträgerrechnung	
	Sachliche Abgrenzung	Kosten/ Leistung	Gebäude	Einkauf	Schneiderei	Finish	Verwaltung	Rucksäcke	Zelte
1 620	− 10	1 610						1 070	540
2 020	− 10	2 010	70	100	710	605	525		
400	− 35	365	150	20	125	30	40		
160	+ 230	390	300	5	50	15	20		
325	−	325	80	15	35	110	85		
4 525	+ 175	4 700	600	140	920	760	670	1 070	540
			− 600	25	400	100	75		
				− 161				107	54
					− 1 296			999	297
						− 869		546	323
								2 722	1 214
8	2	10						+ 8	+ 2
								2 730	1 216
27	7	34						− 30	+ 64
								2 700	1 280
							− 732	540	192
								3 240	1 472
								− 3 456	− 1 536
5 000	+ 8	− 4 992							
440	+ 192	− 248	0	4	24	− 9	13	− 216	− 64
winn	Total sachliche Abgrenzung	Effektiver Gewinn gemäss BEBU	Keine Deckungs-differenz	Unter-deckung	Unter-deckung	Über-deckung	Unter-deckung	Kalku-lierter Gewinn	Kalku-lierter Gewinn

231

36.07

a)
Betriebsabrechnungsbogen in CHF 1000.–

	Kostenartenrechnung			Kostenstellenrechnung			Kostenträgerrechnung	
	FIBU	Abgrenzung	BEBU	Materialstellen	Fertigung	Verw./Vertrieb	Bügeleisen	Kaffeemaschinen
Einzelmaterial	350	0	350				150	200
Personal	192	0	192	20	100	72		
Abschreibungen	77	3	80	10	50	20		
Übriges	130	0	130	10	70	50		
Total	**749**	**3**	**752**	**40**	**220**	**142**	**150**	**200**
Umlage Materialstellen				– 35			15	20
Umlage Fertigungsstelle					– 210		80	130
HK der Produktion							**245**	**350**
BÄ unfertige Erzeugnisse	– 9	0	– 9				– 15	6
HK fertige Erzeugnisse							**230**	**356**
BÄ fertige Erzeugnisse	14	0	14				10	4
HK Verkauf							**240**	**360**
Verwaltg.- u. Vertriebs-GK						– 150	60	90
Selbstkosten							**300**	**450**
Fakturierte Erlöse	– 800	0	– 800				– 300	– 500
Erlösminderungen	14	2	16				6	10
Salden	**– 32**	**5**	**– 27**	**5**	**10**	**– 8**	**6**	**– 40**

b)
Absatz-Erfolgsrechnung in CHF 1000.–

	Bügeleisen	Kaffeemaschinen	Total
Fakturierte Erlöse	300	500	800
./. Erlösminderungen	– 6	– 10	– 16
= **Normal-Nettoerlös**	294	490	784
./. Normal-Herstellkosten verkaufte Produkte	– 240	– 360	– 600
= **Normal-Bruttogewinn**	54	130	184
./. Normal-Verwaltungs- und Vertriebs-Gemeinkosten	– 60	– 90	– 150
= **Normal-Erfolg (kalkulierter Erfolg)**	– 6	40	34
./. Deckungsdifferenzen			– 7
= **Ist-Gewinn BEBU**			27
+ Sachliche Abgrenzungen			5
= **Betriebsgewinn FIBU**			32

c)
Einzelkalkulation

Einzelmaterial		200
+ Material-Gemeinkosten	10% von 200	20
+ Fertigungs-Gemeinkosten	0,8 h • 100/h	80
= **Herstellkosten**		**300**
+ Verwaltungs- und Vertriebs-GK	25% von 300	75
= **Selbstkosten**		**375**

Normalkostenrechnung 36

36.08
a)

Betriebsabrechnungsbogen in CHF 1000.–

	Kostenartenrechnung			Kostenstellenrechnung				Kostenträgerrechnung	
	FIBU	Abgrenzung	BEBU	Gebäude	Materialstellen	Fertigung	Verwaltung Vertrieb	Fritteusen	Toaster
Einzelmaterial	500	0	500					200	300
Personalkosten	430	10	440	15	35	250	140		
Abschreibungen	150	– 15	135	20	10	70	35		
Übrige Gemeinkosten	180	20	200	15	50	65	70		
Total	**1 260**	**15**	**1 275**	50	95	385	245	200	300
Umlage Vorkostenstelle				– 50	10	25	15		
Total Hauptkostenstellen					105	410	260		
Verrechnung Material-GK					– 100			40	60
Verrechnung Fertigungs-GK						– 400		180	220
HK der Produktion								420	580
BÄ unfertige Erzeugnisse	10	0	10					20	– 10
HK der fertigen Erzeugnisse								440	570
BÄ fertige Erzeugnisse	– 10	0	– 10					– 40	30
HK der verkauften Erzeugnisse								400	600
Verrechnung VV-GK							– 250	100	150
Selbstkosten								500	750
Verkaufserlöse	– 1 300	0	– 1 300					– 600	– 700
Salden	**– 40**	**15**	**– 25**	**0**	**5**	**10**	**10**	**– 100**	**50**

b)

Nr.	Frage	Antwort
1	Was bedeutet die Zahl – 40 in der Kolonne FIBU?	Betriebsgewinn FIBU
2	Handelt es sich bei den Abschreibungen um eine Bildung oder eine Auflösung stiller Reserven?	Bildung
3	Was bedeutet der Saldo in der Kolonne Materialstellen?	Unterdeckung
4	Was bedeutet die Zahl in der Ecke rechts unten im BAB?	Normal-Verlust (kalkulierter Verlust)

4. Teil Investitionsrechnung

Statische Rechenverfahren[1]

43.01
a)

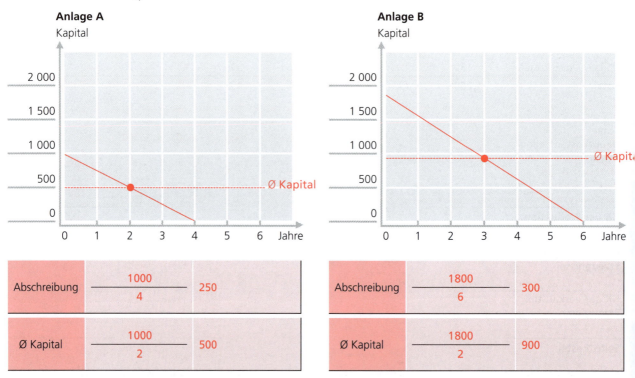

	Anlage A	Anlage B
Jährliche Betriebskosten	500	400
Jährliche Abschreibung	250	300
Jahreszins auf Durchschnittskapital	40	72
Jährliche Gesamtkosten	790	772
Rangfolge	2	1

[1] Zu den Kapiteln 41 und 42 bestehen keine Aufgaben.

Statische Rechenverfahren

43 Lösung 01

b) **Anlage A**

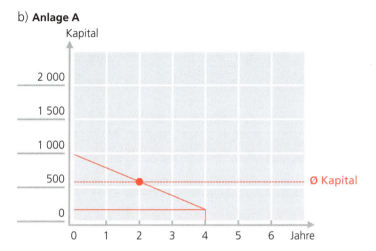

Abschreibung	$\dfrac{1000 - 200}{4}$	200

Ø Kapital	$\dfrac{1000 + 200}{2}$	600

	Anlage A
Jährliche Betriebskosten	500
Jährliche Abschreibung	200
Jahreszins auf Durchschnittskapital	48
Jährliche Gesamtkosten	748
Rangfolge	1

43.02

a)

	Anlage A	Anlage B
Jährlicher Erlös	850	900
./. Jährliche Betriebskosten	– 500	– 400
./. Jährliche Abschreibungen	– 250	– 300
./. Jahreszins auf Durchschnittskapital	– 40	– 72
= Jahresgewinn	60	128
Rangfolge	2	1

Statische Rechenverfahren

43 Lösung 02

b)

	Anlage A	Anlage B
Rentabilität	$\dfrac{60 + 40}{500} = 20\%$	$\dfrac{128 + 72}{900} = 22{,}2\%$
Rangfolge	2	1

c)

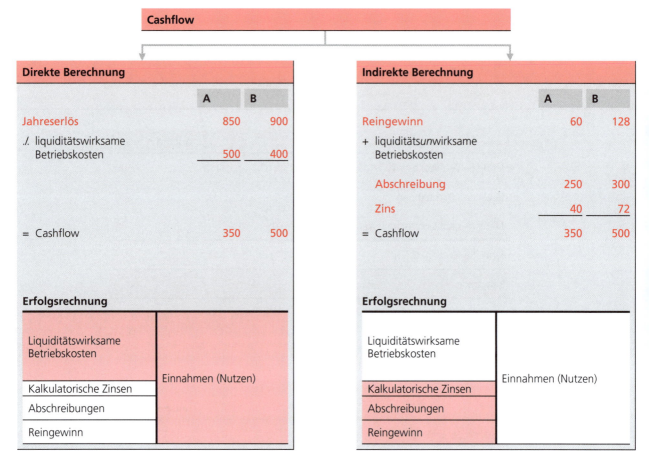

Statische Rechenverfahren — 43 Lösung 02

Wiedergewinnungszeit (grafisch)

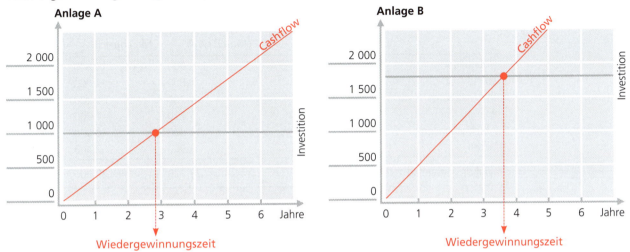

Wiedergewinnungszeit (rechnerisch)

	Anlage A	Anlage B
Wiedergewinnungszeit	$\dfrac{1000}{350} = 2{,}9$ Jahre	$\dfrac{1800}{500} = 3{,}6$ Jahre
Rangfolge	1	2

d)

	Anlage A	Anlage B
Rückflusszahl	$\dfrac{4}{2{,}9} = 1{,}4$ x	$\dfrac{6}{3{,}6} = 1{,}7$ x
Rangfolge	2	1

Falls für die zu beurteilenden Investitionen die Nutzungsdauer verschieden ist, muss unbedingt die Rückflusszahl berechnet werden, da sonst – wie Resultat bei c) zeigt – ein falscher Schluss gezogen wird.

43.03

a) **Kostenvergleich**

	Maschine A	Maschine B
Unterhalt	1 000	600
Löhne	4 800	12 000
Materialkosten	1 200	1 200
Energiekosten	770	1 800
Abschreibungen	12 500	10 000
Zinsen	3 000	2 400
Jährliche Gesamtkosten	23 270	28 000
Rangfolge	1	2

Kritik: Die Anlagen haben nicht dieselben Erlöse.

b) **Gewinnvergleich**

	Anlage A	Anlage B
Erlös	40 000	45 000
./. Gesamtkosten	− 23 270	− 28 000
= Gewinn	16 730	17 000
Rangfolge	2	1

c) **Rentabilität**

	Anlage A	Anlage B
Rentabilität	$\frac{19\,730}{50\,000} = 39{,}5\%$	$\frac{19\,400}{40\,000} = 48{,}5\%$
Rangfolge	2	1

d) **Amortisationsrechnung**

	Anlage A	Anlage B
Wiedergewinnungszeit	$\frac{100\,000}{32\,230} = 3{,}1$ Jahre	$\frac{80\,000}{29\,400} = 2{,}7$ Jahre
Rangfolge	2	1

Lösung 03

e) **Gewinnvergleich mit Berücksichtigung von Liquidationserlös und Revision**

	Maschine A	Maschine B
Erlös	40 000	45 000
./. Unterhalt	– 1 000	– 600
./. Revisionsanteil 4000 : 8	– 500	0
./. Löhne	– 4 800	– 12 000
./. Materialkosten	– 1 200	– 1 200
./. Energiekosten	– 770	– 1 800
./. Abschreibungen 90 000 : 8	– 11 250	– 10 000
./. Zinsen 55 000 · 6%	– 3 300	– 2 400
= Reingewinn	17 180	17 000
Rangfolge	1	2

Die Rangfolge verschiebt sich zugunsten von Maschine A.

43.04

a)

Jährlicher Erlös bei 25 000 Stück	2 250 000
./. Variable Stückkosten bei 25 000 Stück	– 1 000 000
./. Jährliche Betriebskosten	– 190 000
./. Jährliche Abschreibungen	– 500 000
./. Jährliche Zinskosten	– 250 000
= Reingewinn	310 000

b) Rendite $= \dfrac{310\,000 + 250\,000}{2\,500\,000} =$ **22,4%**

c) Cashflow

Direkte Berechnung:

Jährlicher Erlös	2 250 000
./. Variable Stückkosten	– 1 000 000
./. Betriebskosten	– 190 000
= Cashflow	**1 060 000**

Indirekte Berechnung:

Reingewinn	310 000
+ Abschreibungen	500 000
+ Kalkulatorische Zinsen	250 000
= Cashflow	**1 060 000**

d) Wiedergewinnungszeit $= \dfrac{4\,500\,000}{1\,060\,000} =$ **4,2 Jahre**

43.05

a)

	Berechnung	Betrag
Cashflow ohne Grossrevision		19 000
./. Jährlicher Anteil Grossrevision	9 000 : 6	– 1 500
./. Abschreibung	75 000 : 6	– 12 500
= Gewinn vor Zinsen		**5 000**
./. Kalkulatorischer Zins	(80 000 + 5 000) : 2 · 10%	– 4 250
= Gewinn		**750**

b)

Rendite	$\dfrac{\text{Gewinn vor Zinsen}}{\text{Ø Kapitaleinsatz}}$	$\dfrac{5\,000}{42\,500}$	14,7%

c) Da die Geldflüsse wegen der Grossrevision und des Liquidationserlöses unregelmässig anfallen, müssen die Jahre einzeln in Form einer Tabelle betrachtet werden. Das Minuszeichen in der Tabelle bedeutet Ausgabe bzw. noch nicht amortisierter Betrag.

Jahr	Geldflüsse	Total amortisiert
Anfang 1. Jahr (Investition)	– 80 000	– 80 000
Ende 1. Jahr	19 000	– 61 000
Ende 2. Jahr	19 000	– 42 000
Ende 3. Jahr	19 000 – 9 000	– 32 000
Ende 4. Jahr	19 000	– 13 000
Ende 5. Jahr	19 000	6 000
Ende 6. Jahr	19 000 + 5 000	30 000

Wiedergewinnungszeit	4 Jahre + $\dfrac{13\,000}{19\,000}$	**4,7 Jahre**

Die drei Methoden zeigen, dass sich die Investition lohnt.

43.06

a)

	Berechnung	Betrag
Zusätzlicher Verkaufserlös (Einnahmen)		160 000
./. Zusätzliche Betriebskosten (Ausgaben)		− 84 000
= Zusätzlicher Cashflow		**76 000**
./. Zusätzliche Abschreibung	(270 000 − 30 000) : 5	− 48 000
= Zusätzlicher Gewinn vor Zinsen		**28 000**
./. Zusätzliche kalkulatorische Zinsen	(310 000 + 70 000) : 2 · 8%	− 15 200
= Zusätzlicher Gewinn		**12 800**

b)

Rendite	$\dfrac{\text{Gewinn vor Zinsen}}{\varnothing \text{ Kapitaleinsatz}}$	$\dfrac{28\,000}{190\,000}$	**14,7%**

c)

Wiedergewinnungszeit	$\dfrac{\text{Kapitaleinsatz}}{\text{Cashflow}}$	$\dfrac{310\,000}{76\,000}$	**4,1 Jahre**

Die drei Methoden zeigen, dass sich die Investition lohnt.

43.07

a)
Ersparnisse Personalkosten	18 000
./. Zusätzliche Raum-, Energie- und Unterhaltskosten	− 6 000
./. Abschreibungen	− 5 250
./. Zinsen	− 3 000
Jährliche Kostenersparnis	**3 750**

b) Rendite = $\dfrac{3\,750 + 3\,000}{30\,000}$ = **22,5%**

c) Wiedergewinnungszeit = 51 000 : 12 000 = **4,25 Jahre**

Alle drei Berechnungen zeigen, dass sich die Anschaffung vom wirtschaftlichen Standpunkt aus gesehen lohnt.

43.08

a) Deckungsbeitrag bei 7 200 Stück   = 446 400.–
   ./. Fixkosten ohne Zinsen   – 240 000.–
   = Gewinn und Zinsen   206 400.–

   Rendite = $\dfrac{206\,400}{2\,000\,000}$ = **10,3 %**

b) Deckungsbeitrag bei 6 480 Stück   = 401 760.–
   ./. Fixkosten ohne Zinsen   – 240 000.–
   = Gewinn und Zinsen   161 760.–

   Rendite = $\dfrac{161\,760}{2\,000\,000}$ = **8,1 %**

43.09

a) Betriebskosten   12 000
    + Abschreibungen   50 000
    + Kalk. Zinsen (8% von 250 000)   20 000

    Jährliche Kosten für Maschine   82 000
    ./. Jährliche Kosten für Arbeiter (2000 h • 40.–)   – 80 000

    Jährlicher Kostenvorteil für Arbeiter   **2 000**

b) Jährliche Kosten für Maschine (= Kosten für Arbeiter)   80 000
    ./. Betriebskosten   – 12 000

    Kosten für Abschreibungen und Zinsen   68 000

    Abschreibungen + kalk. Zinsen = 68 000   x = Anschaffungswert
    x : 10   + 8% von 0,5x   = 68 000
    0,1 x   + 0,04 x   = 68 000
    0,14 x   = 68 000
    x   = **485 714**

c) 40 x   = 70 000 + 6 x   x = Auftragsvolumen in Stunden
    34 x   = 70 000
    x   = **2 059 Stunden**

43.10

		Offerte A	Offerte B
a)	Abschreibungen	10 000	20 000
	+ Kalk. Zinsen	3 000	7 000
	+ Übrige fixe Kosten	3 000	6 000
	Total Fixkosten	16 000	33 000
	+ Variable Kosten	32 000	36 000
	Gesamtkosten je Maschine und Jahr	48 000	69 000
	Kosten für Gesamtkapazität von 1200 Tonnen	**288 000**	**276 000**

Offerte B ist günstiger

b) $6 \cdot 16000 + 160x = 4 \cdot 33000 + 120x$ x = jährliche Verarbeitungsmenge
      $96000 + 160x = 132000 + 120x$
      $40x = 36000$
      x = **900 t**

Der kritische Punkt bedeutet, dass bei einer Verarbeitungsmenge von 900 t bei beiden Offerten die gleich hohen jährlichen Durchschnittskosten entstehen. Bei kleineren Mengen ist Offerte A günstiger, bei grösseren Offerte B.

43.11

a)

Betriebliche Fixkosten	6 000
+ Abschreibungen	5 600
+ Zinsen 10% auf Ø-Kapital von 16 000	1 600
= Fixkosten total	13 200

$$\text{Mindestabsatz in Stücken} = \frac{\text{Fixkosten total}}{\text{DB/Stück}} = \frac{13\,200}{2.20} = 6\,000$$

b)

$$\text{Notwendiger Deckungsbeitrag/Stück} = \frac{13\,200}{6\,600} = 2.-$$

+ Variable Kosten/Stück   –.80

Mindestverkaufspreis   2.80

c)

Verkaufserlös bei 6600 abgesetzten Glacen	19 800
./. Betriebliche Fixkosten (ohne Zinsen und Abschreibung)	− 6 000
./. Variable Kosten (6600 • 0,80)	− 5 280
= Cashflow	8 520

$$\text{Wiedergewinnungszeit} = \frac{\text{Kapitaleinsatz}}{\text{Ø Cashflow}} = \frac{30\,000}{8\,520} = 3{,}5 \text{ Jahre}$$

d)

Gesamter Deckungsbeitrag bei 6600 Glacen (6600 • 2.20)	14 520
./. Betriebliche Fixkosten	− 6 000
./. Abschreibung	− 5 600
Reingewinn + Zinsen	2 920

$$\text{Rendite} = \frac{2\,920}{16\,000} = \mathbf{18{,}3\,\%}$$

43.12

a) Die fixen Kosten sind immer gleich hoch, unabhängig von der Leistung (z. B. Mietkosten, Zinsen, Gehälter). Die variablen Kosten verändern sich mit der Höhe des Umsatzes, d. h., sie erhöhen sich bei steigender Leistung bzw. fallen bei sinkender Leistung (z. B. Einzelmaterialverbrauch, Einzellöhne, Warenaufwand, Benzinverbrauch).

	50-Plätzer	40-Plätzer
b) Fixe Betriebskosten	130 000.–	130 000.–
Variable Betriebskosten (60 000 km • 1.–)	60 000.–	60 000.–
Abschreibungen	50 000.–	45 000.–
Kalkulatorischer Zins	18 000.–	16 200.–
Durchschnittliche jährliche Gesamtkosten	**258 000.–**	**251 200.–**
c) Jährlicher Fahrerlös (200 Tage)	260 000.–	240 000.–
Jährliche Gesamtkosten	258 000.–	251 200.–
Jährlicher Erfolg	**2 000.–**	**− 11 200.–**

d) Rendite 50-Plätzer = (2 000.– + 18 000.–) : 300 000 = **6,7 %**
Rendite 40-Plätzer = (− 11 200.– + 16 200.–) : 270 000 = **1,9 %**

e) Bei praktisch gleichen Kosten verfügt der 50-Plätzer über mehr Kapazität, was sich normalerweise in einem höheren Fahrertrag pro Tag auswirkt. Der Car-Disponent kann den grösseren Car auch dort einsetzen, wo der 40-Plätzer zu klein ist (höhere Flexibilität, grössere Anzahl Einsatztage). Für den Carreisenden ist es ein Komfort, wenn der Car nicht auf den letzten Platz besetzt ist.

f) Payback-Dauer 50-Plätzer = Kapitaleinsatz : Cashflow = 500 000 : 70 000 = **7,1 Jahre**
Payback-Dauer 40-Plätzer = Kapitaleinsatz : Cashflow = 450 000 : 50 000 = **9 Jahre**
Beim 40-Plätzer ist die Payback-Dauer länger als die Nutzungsdauer.

g) $\text{Nutzschwelle} = \dfrac{\text{Fixkosten}}{\text{Deckungsbeitrag/Tag}} = \dfrac{191\,200.–}{900.–} = 212{,}4 \text{ Tage} \longrightarrow \mathbf{213 \text{ Tage}}$

Statische Rechenverfahren — 43 Lösung 12

Lösungsblatt zu Aufgabe 43.12 g)

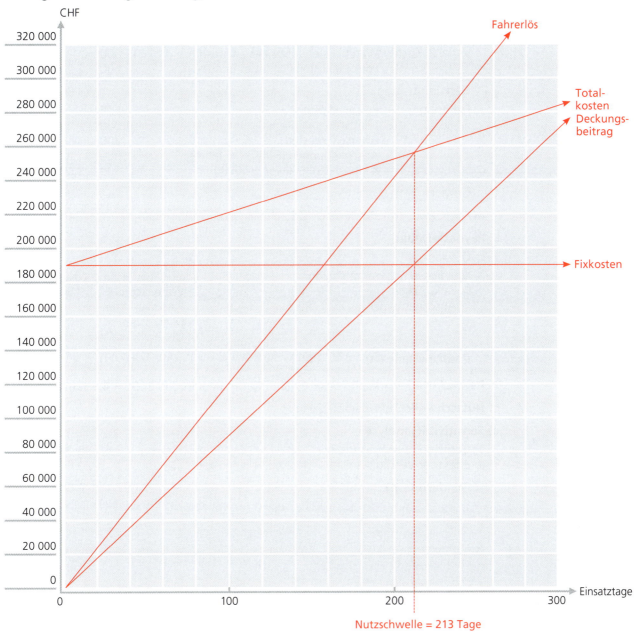

Nutzschwelle = 213 Tage

h) Geforderter Gewinn vor Zinsen   10% von 300 000.–   30 000.–
   Gewinn vor Zinsen bei 200 Einsatztagen   20 000.–
   Notwendige Gewinnsteigerung (Zusatzdeckungsbeitrag)   10 000.–

   Zusätzliche Einsatztage = $\dfrac{10\,000.-}{1\,000.-}$ = **10 Tage**

43.13

a) Return on Investment

Erlös			26 000	100%
./. Variable Kosten Warenkosten (75% des Erlöses)	19 500			
Personalkosten (10% des Erlöses)	2 600	22 100		85%
Deckungsbeitrag		3 900		15%
./. Fixkosten Personalkosten	500			
Mietzinse	1 000			
Diverse Fixkosten	400			
Abschreibungen (8 000 : 10 Jahre)	800			
Kalk. Zinsen (6% von 5 000①)	300	3 000		
Gewinn		900		

ROI = (Gewinn + kalk. Zinsen) : Ø Kapitaleinsatz = (900 + 300) : 5 000 = **24%**

b) Payback-Dauer

Gewinn	900		Erlös		26 000
+ liquiditäts*un*wirksame Kosten:		./.	liquiditätswirksame Kosten:		
▷ kalk. Zinsen	300		▷ Warenkosten	19 500	
▷ Abschreibungen	800		▷ Personalkosten	3 100	
			▷ Mietkosten	1 000	
			▷ Übrige lw. Kosten	400	24 000
Cashflow (indirekt)	2 000		Cashflow (direkt)		2 000

Payback-Dauer = Kapitaleinsatz : jährl. Cashflow = 9 000 : 2 000 = **4,5 Jahre**

c) Nutzschwelle siehe nächste Seite

d) Sensitivitätsanalyse

Geplanter Verkaufsumsatz	26 000	100,0%
./. Effektiver Verkaufsumsatz = Nutzschwellenumsatz②	20 000	76,9%
Minderumsatz	6 000	**23,1%**

---

① Durchschnittliches Kapital = (9 000 + 1 000) : 2 = 5 000

② Der Nutzschwellenumsatz ist der Umsatz, der genau eine Verzinsung von 6% ergibt.

Statische Rechenverfahren
43 Lösung 13

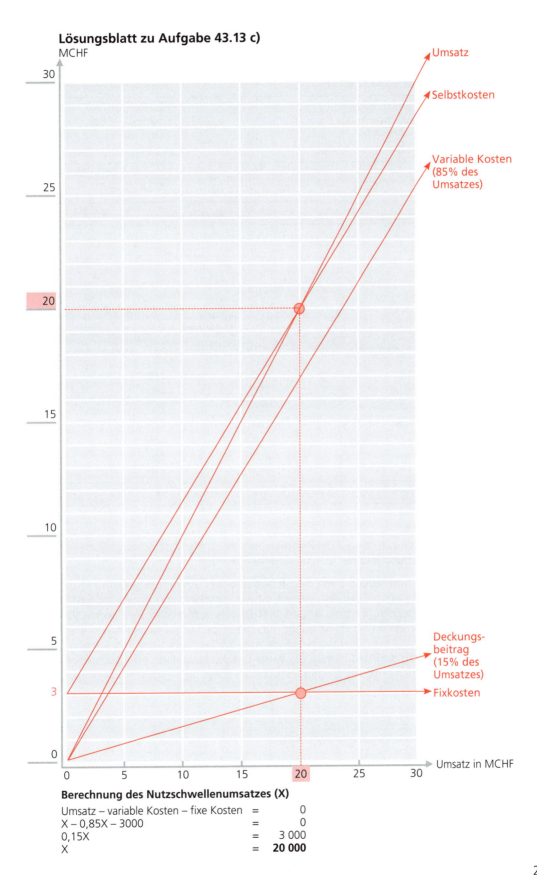

Lösungsblatt zu Aufgabe 43.13 c)

Berechnung des Nutzschwellenumsatzes (X)

Umsatz − variable Kosten − fixe Kosten	=	0
X − 0,85X − 3000	=	0
0,15X	=	3 000
X	=	**20 000**

43.14

a)

Fastfood-Restaurant		High-Tech-Unternehmung	
Durchschnittlicher Cashflow = 1600 : 8 =	200	Durchschnittlicher Cashflow = 1800 : 8 =	225
Abschreibung	– 125	Abschreibung	– 125
Reingewinn vor Zinsen	75	Reingewinn vor Zinsen	100
Rendite = $\frac{75}{500}$ =	15%	Rendite = $\frac{100}{500}$ =	20%
	Rang 2		Rang 1

b)

	Fastfood-Restaurant		High-Tech-Unternehmung	
	Rückzahlungen	Amortisation Restaurant	Rückzahlungen	Amortisation High-Tech-Unternehmung
1. Jahr	150	– 850	0	– 1 000
2. Jahr	200	– 650	0	– 1 000
3. Jahr	250	– 400	0	– 1 000
4. Jahr	200	– 200	0	– 1 000
5. Jahr	200	0	0	– 1 000
6. Jahr	200	200	400	– 600
7. Jahr	200	400	600	0
8. Jahr	200	600	800	800
Rang		1		2

c) Würde nur auf die **Rendite** abgestellt, müsste der Investition in die High-Tech-Unternehmung klar der Vorzug gegeben werden.

Wird jedoch auch die **Sicherheit** der Kapitalrückgewinnung mittels der Wiedergewinnungszeit miteinbezogen, ist ein Entscheid zugunsten der Fastfood-Unternehmung angezeigt. Erstens fliessen hier bereits vom ersten Jahr an die investierten Mittel wieder zurück und im Moment, wo die High-Tech-Investition den ersten Rückfluss verspricht, sind bei dieser die eingebrachten Mittel wieder «im Trockenen». Zweitens ist es fraglich, ob die Investition in die Panel-Entwicklung dann effektiv zum erhofften Durchbruch mit den entsprechenden Rückflüssen führt.

Statische Rechenverfahren 43

43.15

Fixkosten

Personalkosten (Ausgaben)		90 000
+ Diverse Fixkosten (Ausgaben)		25 000
= **Liquiditätswirksame Fixkosten**		**115 000**
+ Abschreibungen	(300 000 – 90 000) : 5 = 210 000 : 5	42 000
+ Kalkulatorischer Zins	6% von (390 000 : 2) = 6% von 195 000	11 700
= **Fixkosten**		**168 700**

Variable Kosten und DB je km

Dieselkosten (Ausgaben)	1.60 • 35 : 100	0.56
+ LSVA (Ausgaben)		0.86
+ Übrige (Ausgaben)		0.04
= **Total variable Kosten**		**1.46**
+ **Deckungsbeitrag**		**2.24**
= Verkaufspreis		3.70

Kosten- und Erlösübersicht

Transportertrag (Einnahmen)	80 000 km • 3.70/km	296 000
./. Variable Kosten (Ausgaben)	80 000 km • 1.46/km	– 116 800
= **Deckungsbeitrag**	80 000 km • 2.24/km	**179 200**
./. Liquiditätswirksame Fixkosten		– 115 000
= **Cashflow**		**64 200**
./. Abschreibungen		– 42 000
= **Gewinn vor Zinsen**		**22 200**
./. Kalkulatorischer Zins		– 11 700
= **Gewinn**		**10 500**

a) Gewinn = **CHF 10 500.–**

b)

Rendite	$\dfrac{\text{Gewinn + Zinsen}}{\varnothing \text{ Kapitaleinsatz}}$	$\dfrac{22\ 200}{195\ 000}$	**11,4%**

c)

Fixkosten bei Nutz-schwelle in CHF/km	$\dfrac{\text{Fixkosten}}{80\ 000\ \text{km}}$	$\dfrac{168\ 700}{80\ 000\ \text{km}}$	CHF 2.11/km
Break-even-Verkaufs-preis in CHF/km	Fixkosten/km + variable Kosten/km	2.11 + 1.46	**CHF 3.57/km**

d)

Nutzschwelle in km	$\dfrac{\text{Fixkosten}}{\text{DB je km}}$	$\dfrac{168\ 700}{2.24}$	**75 313 km**

e)

Payback-Dauer	$\dfrac{\text{Investition (Kapitaleinsatz)}}{\text{Cashflow p. a.}}$	$\dfrac{300\ 000}{64\ 200}$	**4,7 Jahre**

43.16

Kosten und Erlöse

Verkaufserlös (Einnahmen)		1 000	100%
./. Betriebskosten variabel (Ausgaben)		– 100	10%
= **Deckungsbeitrag**		**900**	**90%**
./. Betriebskosten fix (Ausgaben)		– 500	
= **Cashflow**		**400**	
./. Abschreibung	3 200 : 20	– 160	
= **EBIT**		**240**	
./. Kalk. Zins	1 600 • 6%	– 96	
= **Gewinn**		**144**	

a)

Rendite	$\dfrac{\text{EBIT}}{\varnothing \text{ investiertes Kapital}}$	$\dfrac{240}{1\,600}$	**15%**

b)

Payback-Dauer	$\dfrac{\text{Kapitaleinsatz}}{\text{Cashflow}}$	$\dfrac{3\,200}{400}$	**8 Jahre**

c)

Betriebskosten fix	500	
+ Abschreibungen	160	
+ Kalk. Zins	96	
= Fixkosten total	756	→ 90%
Verkaufserlös	**840**	← 100%

d)

Cashflow bisher		400
./. Abschreibung neu	3 000 : 20	– 150
./. Kalk. Zins neu	1 700 • 6%	– 102
= Gewinn neu		148
./. Gewinn vorher		– 144
= **Gewinnsteigerung**		**4**

oder

Minderabschreibung	200 : 20	10
./. Mehrzins	100 • 6%	– 6
= **Gewinnsteigerung**		**4**

Dynamische Rechenverfahren

44.01
Aufzinsung

a) $K_1 = K_0 + K_0 \cdot \dfrac{6}{100} = K_0 \left(1 + \dfrac{6}{100}\right) \qquad = K_0 \cdot 1{,}06$

b) $K_2 = K_1 + K_1 \cdot 0{,}06 = K_1 \cdot 1{,}06 = K_0 \cdot 1{,}06 \cdot 1{,}06 \qquad = K_0 \cdot 1{,}06^2$

c) $K_3 = K_2 \cdot 1{,}06 = K_0 \cdot 1{,}06^2 \cdot 1{,}06 \qquad = K_0 \cdot 1{,}06^3$

d) $K_n \qquad = K_0 \cdot 1{,}06^n$

Abzinsung

e) $K_0 = \dfrac{K_1}{1{,}06} \qquad = K_1 \cdot \dfrac{1}{1{,}06} = K_1 \cdot 0{,}943$

f) $K_0 = K_2 \cdot \dfrac{1}{1{,}06} \cdot \dfrac{1}{1{,}06} \qquad = K_2 \cdot \dfrac{1}{1{,}06^2} = K_2 \cdot 0{,}890$

g) $K_0 \qquad = K_3 \cdot \dfrac{1}{1{,}06^3} = K_3 \cdot 0{,}840$

h) $K_0 \qquad = K_n \cdot \dfrac{1}{1{,}06^n}$

Dynamische Rechenverfahren

44 Lösung 01

Abzinsungstabellen

i) 1000 · 0,943 = **943.–**
   1000 · 0,890 = **890.–**
   1000 · 0,840 = **840.–**

k) 1000 · 2,673 = **2 673.–**

l) 1000 · 4,212 = **4 212.–**

m) Variante 1:   840.– = 1. Rente
                 792.– = 2. Rente
                 747.– = 3. Rente
                 705.– = 4. Rente
                 665.– = 5. Rente
                 3 749.– = Total

Variante 2:   Rente für 7 Jahre   5 582.–
            – Rente für 2 Jahre   1 833.–
              Rente total   **3 749.–**

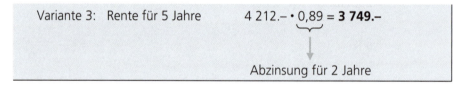

Variante 3:   Rente für 5 Jahre   4 212.– · 0,89 = **3 749.–**

Abzinsung für 2 Jahre

44.02

a)

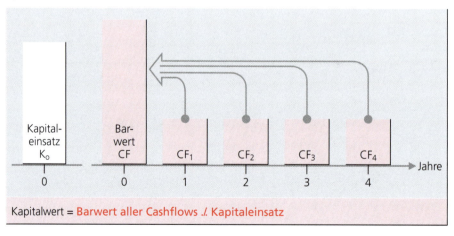

Kapitalwert = Barwert aller Cashflows ./. Kapitaleinsatz

Dynamische Rechenverfahren — 44 Lösung 02

b)

	Cashflow		Abzinsungs-faktor 12%	Barwert	
	X	Y		X	Y
1. Jahr	100	250	0,893	89,3	223,2 [1]
2. Jahr	200	250	0,797	159,4	199,2 [1]
3. Jahr	300	250	0,712	213,6	178,0 [1]
4. Jahr	400	250	0,636	254,4	159,0 [1]
Total	1 000	1 000	3,038	716,7	759,4 [1]

	X	Y
Barwert der Cashflows	716,7	759,4
./. Kapitaleinsatz	– 750	– 750
= Kapitalwert (NPV)	– 33,3	+ 9,4
Rangfolge	2	1

44.03

a)

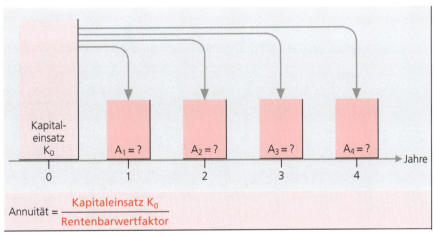

$$\text{Annuität} = \frac{\text{Kapitaleinsatz } K_0}{\text{Rentenbarwertfaktor}}$$

[1] Einfacher wäre: 250 • 3,037 = 759,3

Der bei dieser Rechnung verwendete Rentenbarwertfaktor von 3,037 stammt aus Tabelle 2 im Anhang des Lehrbuchs. Weil dort mit mehr Dezimalstellen gerechnet wurde, ergibt sich eine kleine Rundungsdifferenz gegenüber der obigen Berechnung des Rentenbarwertfaktors von 3,038.

b)

Anlage X		
Ø Cashflow = $\frac{716,7}{3,037}$		236,0
Annuität = $\frac{750}{3,037}$	=	247,0
Fehlbetrag	=	11,0
Die Investition ist abzulehnen.		

Anlage Y		
Ø Cashflow		= 250,0
Annuität		= 247,0
Überschuss		= 3,0
Die Investition lohnt sich.		

c)

	Anlage X	Anlage Y
Durchschnittlicher Cashflow	250	250
./. Jährliche Abschreibungen	− 188	− 188
./. Kalkulatorischer Zins	− 45	− 45
= Jährlicher Reingewinn	17	17
Rangfolge	1	1

d) Da bei den statischen Methoden der zeitliche Anfall nicht gewichtet wird, fährt Investition X, bei welcher die höheren Cashflows gegen Ende der Nutzungsdauer anfallen, zu gut. Statisch gerechnet wären die beiden Investitionen einander ebenbürtig.

44.04

a)

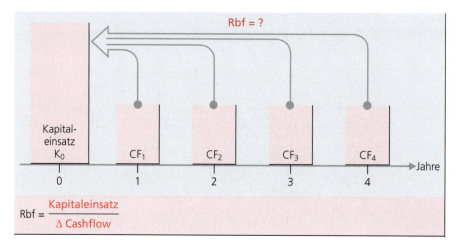

b) Investition Y

1. Schritt: $Rbf = \dfrac{\text{Kapitaleinsatz}}{\varnothing \text{ Cashflow}} = \dfrac{750}{250} = 3$

2. Schritt: Zinsfussbestimmung $\xrightarrow[\text{4 Jahre}]{\text{Tabelle 2}}$ = **13%**

Die Investition liegt über der geforderten Minimalverzinsung.

Investition X

1. Schritt: $\varnothing$ Cashflow = 250

2. Schritt: Annäherung = $\dfrac{750}{250}$ = 3 ⟶ 13%

3. Schritt: Korrektur: Cashflows ansteigend, d.h. Korrektur nach unten

4. Schritt: Kontrolle:

	10%	12%
1. 0,909 · 100 =	90,9	89,3
2. 0,826 · 200 =	165,2	159,4
3. 0,751 · 300 =	225,3	213,6
4. 0,683 · 400 =	273,2	254,4
	754,6	716,7

leicht > 10%

Die Investition genügt der minimalen Verzinsung von 12% nicht.

c)

	Anlage X	Anlage Y
Rendite	$\dfrac{62}{375}$ = 16,5%	$\dfrac{62}{375}$ = 16,5%
Rangfolge	1	1

d) Aufgrund der statischen Berechnung weisen beide Investitionen dieselbe Rentabilität auf. Dieses Resultat ist jedoch nicht richtig, da Investition Y mit gleichmässigen Cashflows von Beginn der Nutzungsdauer an, Investition X, welche die hohen Cashflows mehr gegen Ende der Nutzungsdauer aufweist, vorzuziehen ist. Diese bessere Bewertung kommt mit dem höheren internen Ertragssatz bei Y zum Ausdruck.

Durch die Abzinsung werden die in der Zukunft liegenden Cashflows beschnitten, weshalb die dynamisch ermittelten Renditen unter den statisch berechneten Sätzen liegen.

44.05

a)

Anlage X

Jahr	Cashflow	Abzinsungs-faktor 12%	Barwert Cashflow	Kumulierter Barwert	NPV
1	100	0,893	89,3	89,3	– 660,7
2	200	0,797	159,4	248,7	– 501,3
3	300	0,712	213,6	462,3	– 287,7
4	400	0,636	254,4	716,7	– 33,3

Die Wiedergewinnungszeit ist grösser als 4 Jahre. Die Investition lohnt sich nicht, der NPV ist negativ.

Anlage Y

Jahr	Cashflow	Abzinsungs-faktor 12%	Barwert Cashflow	Kumulierter Barwert	NPV
1	250	0,893	223,2	223,2	– 526,8
2	250	0,797	199,2	422,4	– 327,6
3	250	0,712	178,0	600,4	– 149,6
4	250	0,636	159,0	759,4	+ 9,4

Die Wiedergewinnungszeit beträgt $3 + \frac{149,6}{159} = 3 + 0,9 =$ **3,9 Jahre.**

Die Investition lohnt sich, da die Wiedergewinnungszeit kleiner ist als die Nutzungsdauer. Es resultiert ein positiver NPV.

b)

	Anlage X	Anlage Y
Wiedergewinnungszeit	3,4 Jahre	3 Jahre
Rangfolge	2	1

Die statischen Wiedergewinnungszeiten liegen unter den dynamisch ermittelten Amortisationszeiten, da sie keine Verzinsung des investierten Kapitals berücksichtigen und die Cashflows nicht diskontiert werden.

Da hier die tatsächlichen und nicht die durchschnittlich zurückfliessenden Cashflows berücksichtigt werden, ist die so ermittelte Priorität zugunsten Anlage Y richtig.

Ergänzende Lösungshinweise zu den statischen Wiedergewinnungszeiten finden Sie auf der nächsten Seite.

Anlage Y

Der jährliche Cashflow beträgt regelmässig 250. Bei Anlage X ergibt sich deshalb eine Wiedergewinnungszeit von genau 3 Jahren (Kapitaleinsatz 750 : jährlicher Cashflow 250).

Anlage X

Sofern bei Anlage X mit dem durchschnittlichen Cashflow über die ganze Nutzungsdauer gerechnet würde, ergäbe sich dasselbe Resultat wie für Anlage Y. Da die Cashflows bei Anlage X über die Jahre ungleich verteilt sind, muss die Wiedergewinnungszeit mithilfe einer Tabelle ermittelt werden.

Jahr	Geldflüsse	Total amortisiert
Anfang 1. Jahr (Investition)	– 750	– 750
Ende 1. Jahr	100	– 650
Ende 2. Jahr	200	– 450
Ende 3. Jahr	300	– 150
Ende 4. Jahr	400	250

Wiedergewinnungszeit $= 3 \text{ Jahre} + \dfrac{150}{400} =$ **3,4 Jahre**

44.06

a) NPV V = 175 000 · 6,71 (= 1 174 250) – 937 000 = **237 250 (Überschuss)**
   NPV W = 125 000 · 7,536 (= 942 000) – 1 075 000 = **– 133 000 (Fehlbetrag)**
   Entscheid für V, da NPV grösser.

b) V Kapitaleinsatz : durchschnittlicher Cashflow = 937 000 : 175 000 = 5,354
   Aus der Tabelle 2 (auf Zeile «10 Jahre») ergibt sich ein Zinsfuss von etwa **13–14 %**.

   W Kapitaleinsatz : durchschnittlicher Cashflow = 1 075 000 : 125 000 = 8,6
   Aus der Tabelle 2 (auf Zeile «12 Jahre») ergibt sich ein Zinsfuss von etwa **5–6 %**.
   Entscheid für V, da IRR grösser.

c) Annuität V $= \dfrac{937\,000}{6{,}710} =$ **139 642.–**

   Annuität W $= \dfrac{1\,075\,000}{7{,}536} =$ **142 649.–**

   Bei V resultiert ein jährlicher Überschuss von 35 358.– (175 000 – 139 642), bei W ein jährlicher Fehlbetrag von 17 649.– (125 000 – 142 649), also Entscheid für V.

44.07

Aufgabe	Kapitaleinsatz	Jährlicher Cashflow	Nutzungsdauer in Jahren	Interner Ertragssatz
a)	150 000	24 992	14	14%
b)	681 400	100 000	12	10%
c)	200 000	40 000	14	18%
d)	80 000	20 000	15	24%

Lösungshinweise

a) Der Rentenbarwertfaktor (Rbf) beträgt bei einem Zinsfuss von 14% und einer Nutzungsdauer von 14 Jahren 6,002.

Cashflow	$\dfrac{\text{Kapitaleinsatz}}{\text{Rbf}}$	$\dfrac{150\ 000}{6{,}002}$	**24 992**

b) Der Rentenbarwertfaktor (Rbf) beträgt bei einem Zinsfuss von 10% und einer Nutzungsdauer von 12 Jahren 6,814.

Kapitaleinsatz	Cashflow · Rbf	100 000 · 6,814	**681 400**

c) Zuerst wird der Rentenbarwertfaktor ermittelt.

Rbf	$\dfrac{\text{Kapitaleinsatz}}{\text{Cashflow}}$	$\dfrac{200\ 000}{40\ 000}$	**5,000**

In der Rentenbarwertfaktoren-Tabelle findet sich in der Spalte 18% der Rentenbarwertfaktor von 5,008, sodass die Nutzungsdauer ziemlich genau 14 Jahre beträgt.

d) Zuerst wird der Rentenbarwertfaktor ermittelt.

Rbf	$\dfrac{\text{Kapitaleinsatz}}{\text{Cashflow}}$	$\dfrac{80\ 000}{20\ 000}$	**4,000**

In der Rentenbarwertfaktoren-Tabelle findet sich auf der Zeile 15 Jahre der Rentenbarwertfaktor von 4,001, sodass der Zinsfuss ziemlich genau 24% beträgt.

44.08

Q Kapitaleinsatz : durchschnittlicher Cashflow = 2 050 000 : 650 000 = 3,154
Aus der Tabelle 2 ergibt sich ein interner Zinsfuss von 10%. Da die Cashflows nicht gleichmässig verteilt sind, stimmt dieser Zinsfuss noch nicht genau. Die Cashflows sind am Anfang eher überdurchschnittlich, weshalb der effektive interne Zinsfuss etwas über 10% liegt. Die Aufgabe muss nun noch nachgerechnet werden, z.B. mit einem Zinsfuss von 12%, um zu überprüfen, ob die Annahme stimmt. (Der effektive interne Ertragssatz liegt knapp unter 12%.)

R Kapitaleinsatz : durchschnittlicher Cashflow = 1 400 000 : 625 000 = 2,24
Aufgrund dieser Rechnung ergibt sich ein Zinsfuss von 28%. Da die Cashflows gegen Ende deutlich höher sind, ist der effektive Zinsfuss deutlich tiefer, weshalb mit z.B. 24% nachgerechnet werden sollte. (Der effektive interne Ertragssatz liegt knapp unter 24%.)

Entscheid für R, da IRR grösser.

44.09

a) und b)

Jahr	CF Fitness-Center	CF Schreine-rei	Abz.-Faktor 10%	Fitness-Center Barwert	Kumulierter Barwert	NPV	Schreinerei Barwert	Kumulierter Barwert	NPV
1	50 000	45 000	0,909	45 450	45 450	– 204 550	40 905	40 905	– 209 095
2	50 000	45 000	0,826	41 300	86 750	– 163 250	37 170	78 075	– 171 925
3	60 000	60 000	0,751	45 060	131 810	– 118 190	45 060	123 135	– 126 865
4	70 000	75 000	0,683	47 810	179 620	– 70 380	51 225	174 360	– 75 640
5	75 000	85 000	0,621	46 575	226 195	– 23 805	52 785	227 145	– 22 855
6	75 000	100 000	0,564	42 300	268 495	**18 495**	56 400	283 545	**33 545**
Total	380 000	410 000		268 495			283 545		
Rangfolge					2			1	

Beide Investitionen bringen im 6. Jahr einen positiven Kapitalwert, d.h. die Wiedergewinnungszeit beträgt knapp 5½ Jahre. Wirtschaftlich gesehen, handelt es sich um gleichwertige Anlagen. Die Entscheidung hat aufgrund anderer Präferenzen zu erfolgen.

44.10
Kapitalwert

	Projekt I	Projekt II
Barwert Cashflows	1,736 · 60 000 = 104 160	4,355 · 25 000 = 108 875
./. Kapitaleinsatz	– 100 000	– 100 000
= Kapitalwert	4 160	8 875
Rangfolge	2	1

Interner Ertragssatz

	Projekt I	Projekt II
Rbf	$\frac{100\,000}{60\,000} = 1{,}667$	$\frac{100\,000}{25\,000} = 4$
Interner Ertragssatz	13%	13%
Rangfolge	1	2

Aufgrund der Kapitalwertmethode müsste Projekt II den Vorzug erhalten. Da aber bei Projekt I der interne Ertragssatz auch 13% beträgt, das Risiko jedoch viel geringer ist (Amortisation bereits nach 1,7 Jahren [100 000 : 60 000]), wäre trotzdem Projekt I zu forcieren.

44.11

a) Barwert Cashflows   7 000 · 4,968   = 34 776
   ./. Kapitaleinsatz   45 000 + 3 000 – 10 000   = – 38 000
   Fehlbetrag   = – **3 224**

b) Interner Ertragssatz $\frac{38\,000}{7\,000} = 5{,}43$ Tabelle 2 / 8 Jahre   ~ **10%**

c) Cashflow   = 7 000
   ./. Annuität $\frac{38\,000}{4{,}968}$ – 7 649
   = Fehlbetrag   – **649**

d) Fehlbetrag gemäss a)   – 3 224
   ./. Grossrevision   2 000 · 0,636   – 1 272
   + Liquidationserlös   6 000 · 0,404   + 2 424
   = Fehlbetrag   – **2 072**

Alle Verfahren zeigen, dass sich die Anschaffung der neuen Maschine nicht lohnt.

44.12

a)

	Statisch		Dynamisch	
	Investition X	Investition Y	Investition X	Investition Y
Rendite bzw. Interner Ertragssatz	13,3%	22,2%	12%	8%
Rangfolge	2	1	1	2
Gewinnvergleich bzw. Kapitalwert	183	608	449	594
Rangfolge	2	1	2	1

Ergänzende Lösungshinweise zu den statischen Berechnungen:

	Investition X		Investition Y	
Ø Cashflows	(3000 + 2000 + 1000) : 3	2 000	(−2000 − 2000 + 14000) : 3	3 333
./. Abschreibungen	5 000 : 3	− 1 667	7 500 : 3	− 2 500
= Gewinn vor Zinsen		333		833
./. Zinsen	5000 : 2 · 6%	− 150	7500 : 2 · 6%	− 225
= Gewinn vor Zinsen		**183**		**608**
Renditen	$\dfrac{333}{5000:2}$	**13,3%**	$\dfrac{833}{7500:2}$	**22,2%**

Ergänzende Lösungshinweise zu den dynamischen Berechnungen:

	Investition X		Investition Y	
Rbf	5000 : 2000	2,500	7500 : 3333	2,250
Ungefährer Zinsfuss	Zeile 3 Jahre, Rbf 2,486	10%	Zeile 3 Jahre, Rbf 2,246	16%
Probe	Der effektive IRR ist höher, weil die Cashflows am Anfang höher sind.	①12%	Der effektive IRR ist deutlich tiefer, weil die Cashflows am Ende viel höher sind.	①8%

① Probe:

	X bei 12%	Y bei 8%
1. Jahr	3 000 · 0,893 = 2 679	− 2 000 · 0,926 = − 1 852
2. Jahr	2 000 · 0,797 = 1 594	− 2 000 · 0,857 = − 1 714
3. Jahr	1 000 · 0,712 = 712	14 000 · 0,794 = 11 116
Barwert	4 985	7 550
Kapitaleinsatz	5 000	7 500
Fehlbetrag/Überschuss	− 15	50

	Investition X		Investition Y	
Barwert CF 1. Jahr	3000 · 0,943	2 829	− 2000 · 0,943	− 1 886
+ Barwert CF 2. Jahr	2000 · 0,890	1 780	− 2000 · 0,890	− 1 780
+ Barwert CF 3. Jahr	1000 · 0,840	840	14000 · 0,840	11 760
= Barwert Cashflows		5 449		8 094
./. Kapitaleinsatz		− 5 000		− 7 500
= NPV		**449**		**594**

b) Diese Darstellung zeigt ein widersprüchliches Bild und macht die Schwächen bestimmter Methoden sichtbar, sobald nicht mit gleichmässig verteilten Rückflüssen gerechnet werden kann. Bei sehr unterschiedlichen Cashflow-Rückflüssen vermögen die statische Renditerechnung und der Gewinnvergleich absolut nicht zu genügen.

Sogar die dynamische Kapitalwertrechnung ist hier unvollkommen, da sie bei tiefem Diskontierungssatz die unterschiedlichen Cashflow-Anfälle, insbesondere die anfänglich negativen Rückflüsse, zu wenig gewichtet.

Aussagekräftiger sind hier einerseits der interne Ertragssatz und anderseits die Payback-Perioden, welche diese beiden sehr unterschiedlichen Investitionen von verschiedenen Gesichtspunkten beleuchten und zuverlässig beurteilen.

Ein Entscheid müsste zugunsten von Investition X ausfallen.

44.13

a)

Zinsfuss	Dauer			
	10 Jahre	25 Jahre	50 Jahre	Ewig ∞
10%	6,145	9,077	9,915	10,000
20%	4,192	4,948	4,999	5,000
30%	3,092	3,329	3,333	3,333
40%	2,414	2,499	2,500	2,500
50%	1,965	2,000	2,000	2,000

b) Sie streben gegen den Wert $\dfrac{100}{\text{Zinsfuss}}$

c) Barwert = 12 000.− · 9,077 = 108 924.−

d) Barwert = 1 000.− · 10,0 = 10 000.−

e) $K_0 = R \cdot Rbf \quad\quad = R \cdot \dfrac{100}{P}$

Dynamische Rechenverfahren 44

44.14

a) 435 000 : 100 000 = 4,35 **16 %**

b) 435 000 : 100 000 = 4,35 **ca. 6 Jahre**

c) 435 000 : 5,335 = **CHF 81 537.–**

d) Nach ca. 6 Jahren (wie Teilaufgabe b)

e)

Jahr	Cashflow (Annuität)	Zins	Rückzahlung	Restschuld
1	100 000	43 500	56 500	378 500
2	100 000	37 850	62 150	316 350
3	100 000	31 635	68 365	247 985
4	100 000	24 799	75 201	172 784
5	100 000	17 278	82 722	90 062
6	100 000	9 006	90 062	– 932 (Überschuss)
			435 000	

44.15

a) **Kapitalwert**

	Cashflow		Abzinsungs-faktor 10%	Barwert	
	A	B		A	B
1. Jahr	40 000	70 000	0,909	36 360	63 630
2. Jahr	45 000	60 000	0,826	37 170	49 560
3. Jahr	60 000	55 000	0,751	45 060	41 305
4. Jahr	75 000	45 000	0,683	51 225	30 735
5. Jahr	80 000	40 000	0,621	49 680	24 840
Total	300 000	270 000		219 495	210 070
– Kapitaleinsatz				– 150 000	– 150 000
Kapitalwert				69 495	60 070
Rangfolge				1	2

b) **Interner Ertragssatz**   A   B

1. Schritt: $Rbf = \dfrac{\text{Kapitaleinsatz}}{\varnothing\text{-Cashflow}} = \dfrac{150\,000}{60\,000} = 2,5 \qquad \dfrac{150\,000}{54\,000} = 2,8$

2. Schritt: $\dfrac{\text{Tabelle 2}}{5\text{ Jahre}} \longrightarrow$ **29 %**   **24 %**

	A = 24%	B = 26%
Barwert total	151 935	151 345
Rangfolge	2	1

3. Schritt: Korrektur — nach unten, da steigende Cashflows — nach oben, da sinkende Cashflows

4. Schritt: Probe mit korrigierten Sätzen

c) Eine Verschiebung von A zu B ergibt sich wegen der starken Beschneidung der weit in der Zukunft liegenden Cashflows bei hohen internen Ertragssätzen. Da bei Maschine A die Cashflows steigend sind, wirkt sich hier die Abzinsung viel stärker aus.

Der Kapitalwert steht in Abhängigkeit zum Kalkulationszinssatz:

▷ Mit zunehmendem Kalkulationszinsfuss werden weiter in der Zukunft liegende Rückflüsse abgewertet und verlieren an Gewicht auf das Endergebnis.

▷ Mit zunehmendem Kalkulationszinsfuss ändern sich auch die Reinvestitionsmöglichkeiten. Je höher der Zinsfuss, desto schwieriger wird es, die Rückflüsse sofort zum selben Satz wieder investieren zu können.

Beim kritischen Zinsfuss, der **«Fisher-Rate»,** weisen die beiden Projekte A und B den gleichen Kapitalwert auf. Hier tritt eine Umkehrung der Investitionsentscheidung ein (Maschine B anstelle von Maschine A).

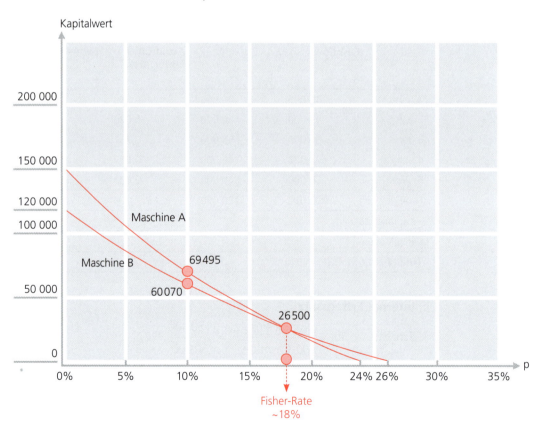

Dynamische Rechenverfahren — 44

44.16

a)

	Maschine A	Maschine B
Kaufpreis	200 000	300 000
+ Installationen	50 000	50 000
+ Umschulung	8 000	4 000
= Abzuschreibende Investition	258 000	354 000
+ Erhöhung Umlaufvermögen	60 000	70 000
= Total investiertes Kapital	318 000	424 000

	Maschine A	Maschine B
Nettoumsatz	450 000	500 000
./. Baraufwand	– 400 000	– 430 000
./. Abschreibungen	①– 29 000	– 35 400
./. Zinsen	②– 20 200	– 24 700
= Reingewinn	800	9 900
Rangfolge	2	1

b)

		Maschine A	Maschine B
Cashflow	50 000 • 5,335	266 750	
	70 000 • 6,145		430 150
Umlaufvermögen-/Schrottwert-Rückfluss	86 000 • 0,467	40 162	
	70 000 • 0,386		27 020
Total Barwert		306 912	457 170
./. Kapitaleinsatz		– 318 000	– 424 000
Kapitalwert		– 11 088	33 170
Rangfolge		2	1

c) Kapitaleinsatz Maschine B   424 000
   ./. Barwert Rückfluss Umlaufvermögen   – 27 020
   = Barwert Cashflows   396 980

$$\text{Jährlicher Cashflow} = \frac{396\,980}{6{,}145} = \mathbf{64\,602}$$

① (258 000 – 26 000) : 8 = 29 000

② (318 000 + 86 000) : 2 · 10% = 20 200

44.17
Richtig sind a, c, d, f, g, l und m.

44.18

	Rechenverfahren	
	Statische (buchhalterische) Verfahren	**Dynamische (finanzmathematische) Verfahren**
	▷ Kostenvergleich	▷ Kapitalwertverfahren
	▷ Gewinnvergleich	▷ Annuitätenmethode
	▷ Renditerechnung	▷ Interner Ertragssatz
	▷ Amortisationsrechnung	▷ Dynamisierte Payback-Methode
Hauptmerkmale	▷ Basiert auf Durchschnittsbetrachtung. ▷ Zeitlicher Anfall der Zahlungen wird nicht gewichtet.	▷ Einbezug der gesamten Laufzeit. ▷ Gewichtung der Zahlungen mittels Zinseszinsrechnung.
Abschreibungen	Kapitaleinsatz wird mittels Abschreibungen periodisiert (= Kosten)	Da Gesamtbetrachtung, fallen keine Abschreibungen an (Investition als Ausgabe).
Zinsen	Zinsen werden als kalkulatorische Kosten einbezogen.	Zinsen gewichten Zahlungsströme über Abzinsungsfaktoren.
Liquidationserlös	Vermindert Abschreibungsbetrag und erhöht Ø-Kapital.	Zusätzliche (abzuzinsende) Einnahme am Ende der Nutzungsdauer.

44.19

a)

Cashflow		Rentenbarwertfaktor 16%	Barwert	
A	B		A	B
90 000	50 000	3,274	294 660	163 700
./. Kapitaleinsatz			– 250 000	– 100 000
= Kapitalwert			44 660	63 700
Rangfolge			2	1

b) Differenz Kapitalwert zugunsten B total   19 040

   Differenz Kapitalwert zugunsten B pro Jahr $\frac{19040}{3,274}$ 5 816

   Stückzahl = $\frac{\text{Ø Kapitalwertdifferenz pro Jahr}}{\text{Mehr-Cashflow pro Stück bei A}}$ = $\frac{5816}{80}$ = 73 Stück

   Maschine A ist ab **574 Stück** günstiger.

c) Differenz Kapitaleinsatz zulasten A   150 000
   Differenz Cashflow pro Jahr zugunsten A   40 000

   Rentenbarwertfaktor = $\frac{150\,000}{40\,000}$ = 3,75

   Zinsfuss: $\xrightarrow[\text{5 Jahre}]{\text{Tabelle 2}}$ ~ **10%**

44.20

Vermietungseinnahmen	550
./. Betriebsausgaben	– 150
Cashflow	400
./. Abschreibungen	– 150
./. Zinsen	– 150
Reingewinn	100

a) Payback-Dauer = $\frac{\text{Kapitaleinsatz}}{\text{Cashflow}}$ = $\frac{3000}{400}$ = **7,5 Jahre**

b) ROI = $\frac{\text{Reingewinn + Zinsen}}{\text{Ø Kapitaleinsatz}}$ = $\frac{250}{1500}$ = **16,7%**

c) Rentenbarwertfaktor (Rbf) = $\frac{\text{Kapitaleinsatz}}{\text{Cashflow}}$ = $\frac{3000}{400}$ = 7,5

Aus der zweiten Tabelle folgt aus einem Rentenbarwertfaktor von 7,5 bei einer Nutzungsdauer von 20 Jahren ein interner Zinsfuss von ca. **12%**.

d) Barwert der Cashflows = Cashflow · Rbf = 400 · 8,514 = 3 406

./. Kapitaleinsatz − 3 000

Kapitalwert (NPV) 406

Die Investition (Kapitaleinsatz) dürfte sich um **406** verteuern.

e) Annuität des Kapitalwerts $= \dfrac{\text{Kapitalwert}}{\text{Rbf}} = \dfrac{406}{8{,}514} = 47{,}7$

Prozentuale Verminderung der Mieteinnahmen $= \dfrac{47{,}7}{550} = 8{,}7\%$

Es dürften im Durchschnitt höchstens **8 Bootsplätze** unvermietet bleiben (8% von 100 Plätzen).

44.21

Jahre		Leasing		Kauf	
Ende Jahr 0	1.000	− 200 000	− 200 000	− 480 000	− 480 000
Ende Jahr 1	0.909	− 120 000	− 109 080		0
Ende Jahr 2	0.826	− 120 000	− 99 120		0
Ende Jahr 3	0.751	− 120 000	− 90 120		0
Ende Jahr 4	0.683	− 10 000	− 6 830	− 30 000	− 20 490
Ende Jahr 5	0.621	− 10 000	− 6 210		0
Ende Jahr 6	0.564	20 000	11 280	40 000	22 560
Barwerte			500 080		− 477 930

a) Bei einer zehnprozentigen Verzinsung ist die Kaufvariante um **22 150** günstiger.

b) Cashflow $= \dfrac{477\,930}{4{,}355} = \mathbf{109\,743}$

c) Rbf $= \dfrac{500\,080}{120\,000} = 4{,}167 \xrightarrow[\text{6 Jahre}]{\text{Tabelle 2}} \sim 12\%$

Der interne Ertragssatz beträgt **ca. 12%**.

44.22

Barwert der Rente im Zeitpunkt der Pensionierung	12 000 · 9,712 = 116 544
Barwert der Rente im heutigen Zeitpunkt	116 544 · 0,312 = 36 362
Jährliche Einzahlung in die Pensionskasse bis zur Pensionierung	$\dfrac{36\,362}{11{,}47} = 3\,170$
Monatlicher Arbeitnehmerbeitrag	3 170 : 2 : 12[1] = **132**

[1] Der Einfachheit halber ohne Zinseszins innerhalb eines Jahres.

44.23

a) Kapitaleinsatz: Waschstrasse   350 000
                    Landkosten (1200 · 200)   240 000
                                                                    _____
                                                                    590 000
   ./. Kapitalrückfluss aus Grundstückverkauf (240 000 · 0,404)   − 96 960
                                                                    _____
                                                                    493 040

   Jährlicher Erlös: (7.40 pro Auto · 36 000)   266 400
   ./. Jährliche Kosten: Personal   54 600
                        Sozialleistungen 15%   8 190
                        Unterhalt   10 000
                        Übriger Aufwand   30 000
                        Energie, Wasser   36 000
                        Autoschäden   9 000   − 147 790
                                                         _____
   = Jährlicher Cashflow   118 610

   Barwert aller Cashflows (118 610 · 4,968)   589 255
   Kapitalwert   **96 215**

   Die Anschaffung der Waschanlage lohnt sich.

b) Mögliche Fixkostenerhöhung = $\frac{96\,215}{4,968}$ 19 367

   Personalkosten (54 600 + 8 190)   62 790
   Unterhalt   10 000
   Übriger Aufwand   30 000
                                                          _____
   Jährliche mögliche Fixkosten   **122 157**

c) Baurechtskosten (25 000 · 4,968)   124 200
      Kaufpreis   240 000
      ./. Verkaufserlös   − 96 960   143 040
                                                                    _____
   Überschuss zugunsten Baurechtvariante   **18 840**

d) Jährliche Gesamtkosten: Personal   62 790
                          Energie, Wasser usw.   36 000
                          Autoschäden   9 000
                          Unterhalt   10 000
                          Übriger Aufwand   30 000
                          Abschreibungen①   43 750
                          Zinsen②   49 800
                                                         _____
   Selbstkosten total   241 340
   Selbstkosten pro Auto 241 340 : 36 000   **6.70**

① Es muss nur die Waschanlage abgeschrieben werden, das Land nicht.
② Zinsen = (350 000 : 2 · 12%) + (240 000 · 12%) = 49 800

44.24

a)
Jährlicher Ertrag (3 000 Std. zu 120)		360 000
./. Fixe Betriebskosten		− 70 000
./. Variable Betriebskosten (3 • 76 000)		− 228 000
Jährlicher Cashflow		62 000

Variante 1: Kauf

Anschaffungswert	360 000 • 1,000	− 360 000
Cashflow	62 000 • 6,145	+ 380 990
Liquidationswert	20 000 • 0,386	+ 7 720
Net Present Value		**+ 28 710**

Variante 2: Leasing

1. Rate	120 000 • 1,000	− 120 000
10 weitere Raten zu	40 000 • 6,145	− 245 800
Cashflow (wie Variante 1)	62 000 • 6,145	+ 380 990
Net Present Value		**+ 15 190**

Der Entscheid lautet zugunsten von Variante 1 (Kauf), weil diese den höheren Kapitalwert hat.

b)
Durchschnittlicher jährlicher Cashflow	62 000
./. Abschreibungen (360 000 − 20 000) : 10	− 34 000
./. Zins (360 000 + 20 000) : 2 • 10%	− 19 000
Durchschnittlicher jährlicher Reingewinn	9 000

Rendite = (Reingewinn + Zins) : durchschnittliches Kapital
= (9 000 + 19 000) : 190 000 = **14,7%**

c) Je höher der gewählte Zinsfuss ist, desto besser schneidet Variante 2 (Leasing) ab, da die Ausgaben später anfallen und kein Liquidationserlös vorhanden ist.

d) Weil bei den dynamischen Methoden der Investitionsrechnung die später anfallenden Cashflows diskontiert werden (und deshalb «weniger wert» sind).

e) 360 000 + 28 710 = **388 710**

f) Verminderung des jährlichen Cashflows = 15 190 : 6,145 = 2 472
Verminderung des Preises für eine Flugstunde = 2 472 : 3 000 = 82,4 Rappen
Verminderung des Verkaufspreises in Prozenten = 0,824 : 120 = **0,69%**
Diese Sensitivitätsanalyse zeigt eindrücklich, dass es sehr wenig braucht, um die geforderte Minimalverzinsung von 10% zu unterschreiten.

Dynamische Rechenverfahren 44

44.25

a)

Kosten- und Erlösübersicht

Betriebserlös (Einnahmen)	300	100%
./. Variable Betriebskosten (Ausgaben)	– 60	– 20%
= **Deckungsbeitrag**	240	80%
./. Fixe Betriebskosten (Ausgaben)	– 40	
= **Cashflow**	200	
./. Abschreibungen	– 125	
= **Gewinn vor kalkulatorischem Zins**	75	
./. Kalkulatorischer Zins	– 30	
= **Gewinn**	45	

b)

Rendite	$\dfrac{\text{Gewinn + Zins}}{\text{Ø Kapitaleinsatz}}$	$\dfrac{75}{500}$	**15%**

c)

Payback	$\dfrac{\text{Kapitaleinsatz}}{\text{Cashflow}}$	$\dfrac{1000}{200}$	**5 Jahre**

d)

B/E-Umsatz	$\dfrac{\text{Fixkosten}}{80\%}$	$\dfrac{30 + 125 + 40}{0{,}8}$	**244**

e)

Gewinnzunahme wegen tieferer Abschreibungen	25
Gewinnabnahme wegen höheren kalkulatorischen Zinses	– 6
Gewinnzunahme	**19**

f)

Barwert Cashflows	200 · 6,210	1 242
./. Grossrevision	100 · 0,747	– 75
+ Liquidationserlös	200 · 0,627	125
./. Kapitaleinsatz		– 1 000
= **NPV**		**292**

g)

Annuität	$\dfrac{\text{Kapitaleinsatz}}{\text{Rentenbarwertfaktor}}$	$\dfrac{1000}{6{,}210}$	**161**

h) Die Investition ist aus wirtschaftlicher Sicht sinnvoll. Der geplante (erwartete) Cashflow von 200 ist höher als die für den dynamischen Break-even benötigte Annuität von 161.

44.26

a)

Text	Berechnung	Ergebnis
Barwert jährliche Cashflows	1 000 · (7,139 − 0,926) = 1 000 · 6,213	6 213
./. Renovation Ende 20_1	1 000 · 0,926	− 926
+ Liquidationserlös Ende 20_11	2 000 · 0,429	858
./. Kaufpreis Anfang 20_1	4 000 · 1,000	− 4 000
= NPV		2 145

b)

Kaufpreis gemäss Ausgangslage	4 000
+ NPV gemäss Aufgabe a)	2 145
= Kaufpreis mit NPV = 0	6 145

c)

Kaufpreis	4 000
+ Barwert Renovation	926
./. Barwert Liquidationserlös	− 858
= Mittels Cashflow zu amortisierender Betrag	4 068

Annuität	4 068 : 6,213	655

oder:

Geplanter Cashflow	1 500 − 500	1 000
./. Ø jährlicher NPV	2 145 : 6,213	− 345
= Kaufpreis mit NPV = 0		655

Dynamische Rechenverfahren — Lösung 26

d)

Jahr	Nominalwert Zahlungen	Barwertfaktor	Barwert Zahlungen	NPV (nicht amortisierter Restbetrag)
Kaufpreis Anfang 20_1	– 4 000	1,000	– 4 000	– 4 000
./. Renovation Ende 20_1	– 1 000	0,926	– 926	– 4 926
+ Cashflow 20_2	1 000	0,857	857	– 4 069
+ Cashflow 20_3	1 000	0,794	794	– 3 275
+ Cashflow 20_4	1 000	0,735	735	– 2 540
+ Cashflow 20_5	1 000	0,681	681	1 859
+ Cashflow 20_6	1 000	0,630	630	– 1 229
+ Cashflow 20_7	1 000	0,583	583	– 646
+ Cashflow 20_8	1 000	0,540	540	– 106
+ Cashflow 20_9	1 000	0,500	500	394
+ Cashflow 20_10	1 000	0,463	463	857
+ Cashflow 20_11	1 000	0,429	429	1 286
+ Liquidationserlös 20_11 [1]	2 000	0,429	858	2 144

Payback-Dauer	8 Jahre + $\dfrac{106}{500}$ **8,2 Jahre**

Alle durchgeführten Berechnungen zeigen, dass die Investition wirtschaftlich sinnvoll ist.

[1] Für die Ermittlung der Payback-Dauer genügte es, bis zum Jahr 20_9 zu rechnen. Die bis zum Ende der Nutzungsdauer fortgeführte Tabelle zeigt den bei Aufgabe a) errechneten NPV, wobei eine Rundungsdifferenz von 1 besteht.

Cashflow-basierte Unternehmungsbewertung

45.01

	20_1	20_2	20_3	20_4	20_5	20_6ff.
Gewinne vor Zinsen	25	30	35	40	40	45
+ Abschreibungen	15	20	20	25	30	30
= Cashflows (Praktikermethode)	40	50	55	65	70	75
./. Investitionen ins Umlaufvermögen	– 3	– 3	– 4	– 4	– 5	– 5
= Cashflows	37	47	51	61	65	70
./. Investitionen ins Anlagevermögen	– 15	– 50	– 35	– 25	– 20	– 30
= Free Cashflows	22	– 3	16	36	45	Free CF = 40
						Endwert[1] = 333
Abzinsungsfaktoren	0,893	0,797	0,712	0,636	0,567	0,567
= Discounted Free Cashflows	19,6	– 2,4	11,4	22,9	25,5	188,8

[1] Endwert = 40 : 0,12 = 333,3

Der Unternehmungswert entspricht der Summe aller Discounted Free Cashflows, d.h. CHF 265 800.–.

45.02

	20_1	20_2	20_3	20_4	20_5	20_6
Reingewinn	4	3	4	5	4	4
+ Abschreibungen	2	2	2	2	3	3
+ Fremdzinsen	2	1	1	1	2	2
± Veränderungen Forderungen L+L	0	– 1	– 1	– 2	– 1	0
± Veränderungen Lager	1	3	– 1	– 2	– 2	0
± Veränderungen Verbindlichkeiten L+L	– 2	– 1	1	2	2	0
Cashflow	7	7	6	6	8	9
./. Investitionen Anlagevermögen	– 1	– 2	– 4	– 3	– 5	– 3
Free Cashflow	6	5	2	3	3	6
Endwert						50
Barwertfaktoren (12 %)	0,893	0,797	0,712	0,636	0,567	0,567
Barwerte	5,358	3,985	1,424	1,908	1,701	28,350
Total Barwerte = Unternehmungswert			42,726